"十三五"国家重点图书出版规划项目

交通运输科技丛书·公路基础设施建设与养护

新一代路线计算机辅助设计(CAD)软件研发与设计实践

刘利民　著

廖朝华　审

人民交通出版社股份有限公司

北京

内 容 提 要

本书主要依托新一代路线与互通立交 CAD 系统——JSL-路线专家系统,系统地介绍了 JSL-路线专家系统的设计思想、研究和解决的主要问题及应用流程等,重点介绍了软件应用的数十项创新和专利技术,包括桩号的表达、虚拟设计线、三段式数据组织及优先级规则、保证平纵面及其相关数据一致性的方法、保证横断面设计及其相关成果一致性的方法等,彻底解决了连接部的参数化自动设计和相距较近的横断面参数化自动设计等两个行业 CAD 难题。并对《公路路线设计规范》(JTG D20—2017)的部分条款和相关专业知识进行了深入研究和探讨,包括平面设计线、纵面设计线和超高旋转轴之间的相互关系、回旋线的逼近与绘制、点对应桩号、回旋线参数的取值方法、S 形曲线、卵形曲线、超高渐变率、超高设置和合成坡度等内容。

本书内容涉及道路桥梁工程与应用软件技术二者交叉领域,应用范围为公路(或城市道路)CAD 软件研发、公路路线与互通立交设计,适合路线 CAD 软件开发人员、路线与互通立交设计人员、路线规范编写人员和高等院校道路桥梁专业师生等参考阅读。

图书在版编目(CIP)数据

新一代路线计算机辅助设计(CAD)软件研发与设计实践 / 刘利民著. — 北京 : 人民交通出版社股份有限公司, 2020. 12

ISBN 978-7-114-16875-8

Ⅰ. ①新… Ⅱ. ①刘… Ⅲ. ①公路线形—线形设计—计算机辅助设计—AutoCAD 软件 Ⅳ. ①U412. 3

中国版本图书馆 CIP 数据核字(2020)第 187021 号

"十三五"国家重点图书出版规划项目
交通运输科技丛书 · 公路基础设施建设与养护
Xinyidai Luxian Jisuanji Fuzhu Sheji(CAD) Ruanjian Yanfa yu Sheji Shijian

书　　名: **新一代路线计算机辅助设计(CAD)软件研发与设计实践**
著 作 者: 刘利民
责任编辑: 李　沛　王景景　李学会
责任校对: 孙国靖　扈　婕
责任印制: 刘高彤
出版发行: 人民交通出版社股份有限公司
地　　址: (100011)北京市朝阳区安定门外外馆斜街 3 号
网　　址: http://www. ccpcl. com. cn
销售电话: (010)59757973
总 经 销: 人民交通出版社股份有限公司发行部
经　　销: 各地新华书店
印　　刷: 中国电影出版社印刷厂
开　　本: 787 × 1092　1/16
印　　张: 10.75
字　　数: 248 千
版　　次: 2020 年 12 月　第 1 版
印　　次: 2020 年 12 月　第 1 次印刷
书　　号: ISBN 978-7-114-16875-8
定　　价: 80.00 元

总　　序

科技是国家强盛之基,创新是民族进步之魂。中华民族正处在全面建成小康社会的决胜阶段,比以往任何时候都更加需要强大的科技创新力量。党的十八大以来,以习近平同志为核心的党中央做出了实施创新驱动发展战略的重大部署。党的十八届五中全会提出必须牢固树立并切实贯彻创新、协调、绿色、开放、共享的发展理念,进一步发挥科技创新在全面创新中的引领作用。在最近召开的全国科技创新大会上,习近平总书记指出要在我国发展新的历史起点上,把科技创新摆在更加重要的位置,吹响了建设世界科技强国的号角。大会强调,实现“两个一百年”奋斗目标,实现中华民族伟大复兴的中国梦,必须坚持走中国特色自主创新道路,面向世界科技前沿、面向经济主战场、面向国家重大需求。这是党中央综合分析国内外大势、立足我国发展全局提出的重大战略目标和战略部署,为加快推进我国科技创新指明了战略方向。

科技创新为我国交通运输事业发展提供了不竭的动力。交通运输部党组坚决贯彻落实中央战略部署,将科技创新摆在交通运输现代化建设全局的突出位置,坚持面向需求、面向世界、面向未来,把智慧交通建设作为主战场,深入实施创新驱动发展战略,以科技创新引领交通运输的全面创新。通过全行业广大科研工作者长期不懈的努力,交通运输科技创新取得了重大进展与突出成效,在黄金水道能力提升、跨海集群工程建设、沥青路面新材料、智能化水面溢油处置、饱和潜水成套技术等方面取得了一系列具有国际领先水平的重大成果,培养了一批高素质的科技创新人才,支撑了行业持续快速发展。同时,通过科技示范工程、科技成果推广计划、专项行动计划、科技成果推广目录等,推广应用了千余项科研成果,有力促进了科研向现实生产力转化。组织出版“交通运输建设科技丛书”,是推进科技成果公开、加强科技成果推广应用的一项重要举措。“十二五”期间,该丛书共出版72册,全部列入“十二五”国家重点图书出版规划项目,其中12册获得国家出版基金支持,6册获中华优秀出版物奖图书提名奖,行业影响力和社会知名度不断扩大,逐渐成为交通运输高端学术交流和科技成果公开的重要平台。

“十三五”时期,交通运输改革发展任务更加艰巨繁重,政策制定、基础设施建设、运输管理等领域更加迫切需要科技创新提供有力支撑。为适应形势变化的需要,在以往工作的基础上,我们将组织出版“交通运输科技丛书”,其覆盖内容由建设技术扩展到交通运输科学技术各领域，汇集交通运输行业高水平的学术专著，及时集中展示交通运输重大科技成果，将对提升交通运输决策管理水平、促进高层次学术交流、技术传播和专业人才培养发挥积极作用。

当前，全党全国各族人民正在为全面建成小康社会、实现中华民族伟大复兴的中国梦而团结奋斗。交通运输肩负着经济社会发展先行官的政治使命和重大任务，并力争在第二个百年目标实现之前建成世界交通强国，我们迫切需要以科技创新推动转型升级。创新的事业呼唤创新的人才。希望广大科技工作者牢牢抓住科技创新的重要历史机遇，紧密结合交通运输发展的中心任务，锐意进取、锐意创新，以科技创新的丰硕成果为建设综合交通、智慧交通、绿色交通、平安交通贡献新的更大的力量！

杨传堂

2016 年 6 月 24 日

前　言

现代管理学大师彼得·德鲁克在《创新与企业家精神》中将企业家精神总结为:“颠覆现状,推陈出新”,核心就是创新,创造性破坏。创新不是单个高层、中层和员工个人的事情,而是“集体的创新”——企业家精神,也就是说每个员工均具有企业家精神。笔者在路线CAD(计算机辅助设计,Computer Aided Design)软件研发过程中,一直努力创新,践行企业家精神。

公路设计是一个传统行业,设计模式和设计手段发展较为缓慢。就路线CAD软件而言,现行大部分路线CAD软件是20世纪90年代中后期或21世纪初开发完成。在这20多年的时间里,计算机软硬件尤其是软件飞速发展,但路线CAD软件并未紧随高速发展。这受制于路线CAD软件设计之初的设计理念,除非推倒重来,否则难以进行大规模地迭代与优化。借开发新路线CAD软件的机会,笔者结合现行规范进行深入研究,带领团队开发出贴合工程实际需求,同时紧跟时代软件发展方向的新一代路线CAD软件——JSL-路线专家系统。

笔者毕业于东南大学交通土建工程专业,在中交第二公路勘察设计研究院有限公司的路线设计与专业软件研发生产一线工作20余年,具有丰富的公路勘察设计经验,对总体设计与路线专业以及相关规范有深刻的理解和研究。主持和参与的公路项目遍布国内十多个省份,其中湖北省兴山县古夫至昭君桥高速公路接线路工程被誉为“最美水上公路”,入选了“伟大的变革——庆祝改革开放40周年大型展览”。笔者对计算机有浓厚的兴趣,进行了系统地学习,包括数据结构、数据库原理、编译原理和汇编语言等10多门计算机软件专业课程,具有扎实的计算机理论基础,其间编写和主持的路线平纵横计算与绘图、挡土墙绘图等数十个工具软件及JSL-路线专家系统等大型CAD软件应用至今。

本书主要依托JSL-路线专家系统和《公路路线设计规范》(JTG D20—2017)(以下简称“路线规范”)编写。本书主要内容,一方面是新一代路线CAD软件研究和解决的主要问题、系统设计及应用流程等,重点介绍了软件应用的大大小小数十项创新和专利技术,包含桩号的表达、虚拟设计线的发明、三段式数据组织及优先级规则、保证平纵面及其相关数据一致性的方法发明、保证横断面设计及其相关成果一致性的方法等，彻底解决了连接部的参数化自动设计和相距较近的横断面参数化自动设计等两个行业CAD难题；另一方面是路线规范条款和相关专业知识的深入研究和探讨，包括平面设计线、纵面设计线和超高旋转轴之间的相互关系、回旋线的逼近与绘制、点对应桩号、回旋线参数的取值方法、S形曲线、卵形曲线、超高渐变率、超高设置和合成坡度等内容。本书是笔者和JSL-路线专家系统团队研发成果的结晶，也是笔者及单位众多路线设计人员设计经验的总结，部分研究成果是第一次公开。

本书所属领域为建筑与城乡规划→土木建筑工程→道桥工程与电子信息→软件技术→应用软件技术交叉领域，应用范围为公路（或城市道路）CAD软件研发、公路路线与互通立交设计，适用的读者对象包括路线CAD软件开发人员、路线与互通立交设计人员、路线规范编写人员和高等院校路桥专业师生等。编写本书的宗旨如下：第一，将路线CAD软件的新理念、新技术和新模式介绍给广大路线设计人员、路线CAD软件开发人员、高等院校师生以及科学研究机构技术人员，推动行业CAD软件发展；第二，将路线规范部分内容深入解读的研究成果介绍给广大设计人员和规范编写人员，使设计人员能够更好地应用规范，也希望能推动规范的研究，在后续的规范修订中进一步完善；第三，介绍JSL-路线专家系统的设计理念和设计思想，使设计人员能够更好地理解与应用JSL-路线专家系统。

本书第1~3章由刘利民、刘东升执笔，第4章由刘利民、董继恩执笔，第5~12章由刘利民执笔，全书由刘利民统稿。

本书在编写过程中参考了国内外有关的著作和论文，最后列出了主要的参考文献，在此对其作者表示衷心的感谢；感谢JSL-路线专家系统团队的卢昶、何腾、代恩等同事在项目中的贡献及长期的支持；感谢在JSL-路线专家系统开发和维护过程中提供过意见和建议的同仁，在此不一一列举。最后感谢本书编写过程中，给予过宝贵审核意见的孙代文、李世纬两位教授级高级工程师，感谢国家设计大师廖朝华作为本书的主审。受作者水平限制，书中的内容不尽完善，热忱希望同行专家以及阅读本书的读者提出宝贵意见，也欢迎一起探讨。

刘利民
2019年12月

目　　录

1 绪　　论

1.1 公路设计特点

公路是带状的三维空间工程实体，工程规模大，影响因素多。公路设计是一项复杂的系统工程。随着工程勘测技术和计算机辅助设计（CAD）技术的发展，目前在各级公路勘察设计中，已全面采用CAD技术方法，与传统的纸上定线方法比较，路线设计与优化的效率显著提高。公路设计的主要特点如下。

1.1.1 多人多专业协同作业

公路设计是一项多人多专业的协同作业。公路设计主要分为总体设计、路线、路基路面、桥梁涵洞、隧道、路线交叉、交通工程及沿线设施、环境保护与景观设计，以及工程造价等专业。公路设计的各个专业之间相互关联、相互影响。路基路面、桥梁涵洞、隧道、路线交叉和交通工程等均依赖于路线，路线设计也需要各专业的设计成果资料。路基路面设计除了需要路线专业资料外，还需要桥梁涵洞、隧道、路线交叉专业的设计成果资料，如挡土墙需要与桥梁侧墙或耳墙相接，涵洞若处于挡土墙中，出口需要按挡土墙要求设置出口。桥梁涵洞设计、隧道设计和路基路面设计一致，与其他专业紧密相关。交通工程设计，需要路线、路基路面、桥梁涵洞、隧道和路线交叉等专业的设计成果资料，一般在这些专业完成后再进行设计。环境保护与景观设计、工程造价计算相对独立，一般在路线、路基路面、桥梁涵洞、隧道和路线交叉专业完成后再进行设计或计算。整个设计过程中，任何一个专业不合理将影响相关的一个或几个专业。

1.1.2 设计过程循序渐进、循环往复

公路设计过程是一个循序渐进、循环往复的过程。一方面，公路建设的策划决策到勘察设计阶段，即预可行性研究、工程可行性研究、初步设计和施工图设计是一个大的“重复设计”。在该过程中，设计精度越来越高，越来越精细，设计范围也越来越明确。另一方面，公路工程的投资规模大，影响因素多，设计反复多。在这些反复的工作中，一部分是必要的反复，就是较多设计工作需要经过多次反复、逐渐深入才能达到要求的设计深度，比如平面设计、纵断面设计等；一部分是不必要的反复，就是由于设计人员的疏忽、失误等因素造成的返工，如设计人员的输入错误、资料提交不及时等。

1.1.3 路线设计是整个公路设计的基础

路线设计是确定公路中线的空间位置和各部分几何尺寸的工作。路线设计分解为平面设计、纵断面设计和横断面设计三部分。路线的平、纵、横设计确定了公路各部分的空间位置，直

接影响路基路面、桥梁涵洞、隧道、路线交叉、交通工程及沿线设施等设计,是整个公路设计的基础。同理,路线 CAD 软件是其他专业 CAD 软件的基础,为其提供平纵横设计成果资料。

路线 CAD 软件是公路路线设计的重要生产工具,其易用性、适应性及自动化、智能化程度直接影响公路设计的生产效率和文件质量。公路路线 CAD 软件为公路设计服务,只有深刻地理解和掌握公路计算机辅助设计的特点,或者说路线 CAD 软件针对公路的计算机辅助设计特点提出针对性的解决方案,才有可能开发出最适合公路工程实际需要的路线 CAD 软件。

1.2　国内路线 CAD 软件发展历程

国内公路部门应用计算机从 20 世纪 70 年代末期开始,逐步发展、应用,到 90 年代末期完全实现计算机辅助设计,到现在离不开计算机辅助设计,经历了大致四个阶段。

第一阶段:探索阶段。

20 世纪 70 年代末期至 80 年代初期,有关公路科研单位、高等院校和公路测设部门开始研制与开发公路设计计算与优化程序,并取得了初步成果。受计算机软硬件环境的限制,当时所编制的程序以替代手工计算为目的,功能单一,缺乏系统性,应用面较窄。

第二阶段:初级发展阶段。

20 世纪 80 年代中后期,原交通部第二公路勘察设计院(中交第二公路勘察设计研究院有限公司,简称“中交二公院”)、原交通部公路规划设计院(中交公路规划设计院有限公司)、东南大学、原西安公路学院(长安大学)等开发完成高等级公路综合优化及计算机辅助设计系统。这一阶段公路设计软件的特点是计算分析和成图一体化,以提高软件的自动化程度为目标,大多缺乏交互性能或交互性能不高,软件的子系统之间接口繁多,没有统一的数据管理,设计数据以文件管理为主。开发语言以 Basic 或 QBasic 为主,图形输出以 DXF 文件或 AutoCAD Script 文件为主。

第三阶段:提高普及阶段。

20 世纪 90 年代至 21 世纪初是公路路线 CAD 软件的商品化快速发展阶段。这期间路线 CAD 软件发展的特点表现为:软件支撑平台由 DOS 系统过渡到 Windows 系统,软件界面及交互性能有所改善;个别软件自主开发了专业的图形支撑平台,系统具有较强的针对性和实用性;路线 CAD 软件的应用程度和广度均有较大提高,开始了领域内不同新技术的集成研究。开发语言以 AutoLISP 或 AutoCAD 的 ADS(Advanced Development System),或者后来的 AutoCAD ARX(AutoCAD Runtime eXtenion)为主。设计数据依然以文件管理为主,甚至一直延续到现在。个别软件开始采用二进制流文件存储。经过 20 多年的发展,逐渐走向成熟。软件完全按照行业规定生成图纸,可控性强,运行速度快。一般外挂于 CAD 平台,有自己专用的数据文件格式,根据项目数据文件,在 AutoCAD 中生成图纸,表格可直接输出至 Word、Excel。国内的公路设计软件产品较多,开发人员包括大专院校的老师、勘察设计单位的 CAD 中心以及个人,超过百种。但应用较广的公路设计软件主要有纬地、金思路公路与互通立交集成 CAD 系统 JSL-Road、DPX(DICAD PRO)、EICAD 等。

第四阶段:高度发展阶段。

随着计算机软硬件技术的发展,网络技术、数据库技术、建筑信息模型(Building Information Modeling,BIM)技术等随之发展,路线 CAD 软件一方面自动化和智能化程度越来越高,另一方面也逐渐采用互联网、BIM、面向对象编程和新的高效率开发语言来发展路线 CAD 软件。这阶段路线 CAD 发展主要表现在采用面向对象编程,开发效率更高、维护更简单;放弃传统的文件管理,采用数据库管理项目数据;与互联网进行融合,实现协同设计;采用 BIM 技术,进行三维展示和信息管理。系统集成度更高,扩展性更好。中交二公院 2013 年 9 月发布的 JSL-路线专家系统是全新研发的公路路线 CAD 软件,抛开了历史包袱,采用了多种新技术,应用了数十项创新和专利技术,是新一代路线 CAD 软件的代表。

1.3 路线 CAD 软件面临的困难

做软件其实是做标准化,通过分析、总结与归纳,将非标准行为尽量归纳为标准行为,然后用软件来实现。路线 CAD 软件在国内经过近 40 年的发展,已经取得了巨大的进步,在提高企业设计效率、优化设计方案、减轻技术人员的劳动强度、缩短设计周期、提高设计标准化等方面起到了重要的作用。虽然路线 CAD 软件取得了较大的进步,但在其研发过程中还是面临不少困难,主要如下:

第一,《道路工程术语标准》(GBJ 124—1988)和《公路工程名词术语》(JTJ 002—1987)已颁布 30 余年,并未改变。随着公路设计、测量以及路线 CAD 软件的发展,公路领域也随着发生了较多变化,原有的名词术语已经不能满足设计和路线 CAD 软件的需要。在本书第 3.2 节里,为方便研发,会尽可能准确定义一些专业词汇,来满足路线 CAD 软件开发的需要。

第二,路线 CAD 软件已经发展多年,不同时期制定的路线规范也在不断完善优化,但二者并未相互关联,也未相互促进发展。路线规范的个别条款,随着路线 CAD 软件的发展,已经变得不合时宜,应该予以舍弃;少数条款应随路线 CAD 软件的发展做适应性变化,来满足路线 CAD 软件的需要,也促进路线 CAD 软件发展。

第三,公路设计软件的接口标准不统一,数据输入、输出标准化程度低。虽然路线 CAD 软件经过了近 40 年的发展,专业设计软件分为路线与互通立交、桥梁、涵洞、隧道、挡土墙等各种软件,各种专业软件百花齐放,公路设计已经完全实现了计算机绘制,大部分图表均有相关软件进行图表输出。但由于缺乏统一的数据输入、输出标准,各个软件各自为政,格式均不相同。各个软件之间的数据交换并不能无缝衔接,只能实现一些最基本的数据传输。

第四,缺乏独立的 CAD 平台。路线 CAD 软件依赖图形平台,通过大量的交互设计来完成路线平纵横设计。而现有大部分路线 CAD 都依赖于公共 CAD 图形平台,与图形平台联系紧密,依赖程度非常高。

第五,公路设计低精度要求与计算机精确表达存在矛盾。公路设计是一项工程设计,其精度要求较低。目前公路设计其实是近似设计,如桩号是水平长度来代表空间长度。公路本身是个复杂的三维带状实体,并不存在一个或多个 $H=f(x,y)$ 的函数来表达公路三维空间实体,是用平面+纵面+横断面三个二维组合来表达。平面由直线、回旋线和圆曲线三种完全不同性质的线元组成,纵断面由直线和圆曲线两种线元组成,设计高程的计算采用抛物线公式近似计算,横断面设计采用离散的典型横断面来代表整个公路并不规则的横断面。这样就需要在公路 CAD 软件中研究如何精确地表达与计算公路的二维线形、三维实体,如何提高计算、绘图与显示速度等。

这些问题,是每一个路线 CAD 软件都必须面对和解决的问题。

1.4 路线 CAD 软件未来发展趋势

虽然面临一些困难,但随着计算机软硬件技术的发展,未来路线 CAD 软件也将进一步发展。结合现阶段路线 CAD 软件的现状、计算机水平的发展、设计的实际需要,路线 CAD 软件将向以下方向发展。

1.4.1 向自动化、智能化程度更高发展

公路设计软件经过近 40 年的发展,逐步走向成熟,智能化、自动化大大减少了设计人员的工作量。但是现阶段公路设计软件的智能化、自动化程度整体来说还不高,如平面定线、横断面设计、图表输出等还需要设计人员进行大量、重复性工作,自动布线也在不断探索之中,还有提升空间。

在路线 CAD 软件中,可以让经验丰富的设计人员提供经验参数,同时可建立相关数学模型,通过内置的参数配置,在软件中进行智能判断,进一步提高软件的智能化和自动化水平,未来可能进一步应用人工智能。

1.4.2 向系统化、集成化平台发展

现有路线设计、桥梁设计、运行速度计算、涵洞设计以及其他辅助设计的专业软件产品较多,但功能单一,未形成系列软件,完成设计需要使用多个软件厂商的软件;即使个别厂商形成了系列软件,但也还不完整,还是采用简单的文本文件进行项目管理,各种设计基础数据和设计成果数据难以在整个工程项目和所有专业之间实现无缝共享。

将功能和数据管理集成,使公路各专业设计形成一个系统化、集成化的平台,实现数据的无缝衔接,是路线 CAD 的一个重要发展趋势。另一方面,除了专业间实现系统化、集成化外,将设计与管理进行集成也是另一个发展方向。

1.4.3 向网络协同设计发展

公路设计是一项系统工程,专业较多,各专业之间相互关联、相互影响。其中路线专业是整个公路设计的灵魂和基础,路基路面、桥梁涵洞、隧道及交通工程等专业均依赖于路线专业的平纵横设计资料,路线专业也需要其他各专业的设计资料,专业间相互依赖程度较高,设计时需要相互提交设计成果资料。目前公路设计行业中,各专业的资料互提(包括资料更新)基本以纸质文件为主、电子文件为辅,缺乏电子数据顺畅流转的控制手段。这样,资料容易出错,而且重复录入工作多。

网络协同设计系统既可以实现设计数据的实时共享,又可以使各专业人员各司其职,让所有专业人员在同一软件系统下分工协作,这是公路设计系统发展的最终方向。

1.4.4 向三维设计和人工智能发展

在传统的公路工程设计中,通常采用三视图来进行二维设计,以二维的方式来表达公路平面图、纵断面图和横断面图等设计成果。随着计算机软硬件技术的发展,建筑和机械等行业已经开始使用三维设计。相比二维设计,三维设计更直观,能更加明确的展示三维空间关系。路线设计由于是在平面、纵断面和横断面三个独立的二维平面上进行,因此往往没有考虑到一些空间上的重叠、交叉以及其他相互影响。在公路设计中可以应用三维可视化技术,将公路设计过程中及设计结果数据转换为三维的图形及图像并进行交互处理。借助这一技术,能在设计过程中逼真呈现公路建成后的场景,给工程设计人员、决策者以直观的三维立体印象,从而为公路几何线形评价,平纵横的整体协调、行车安全审计、环境影响评估等提供决策依据。

目前 BIM 技术在建筑行业应用广泛,但是在公路设计领域的应用还处于研究起步阶段,如果能找到合适的契机应用到整个公路设计全过程,不仅会带来全新的公路设计理念,还会引发公路设计领域的革命。BIM 技术的本质是三维模型 + 信息,是在三维模型的基础上附着模型及其相关信息,通过对模型的展示来实现对信息的利用。

总体而言,随着 AutoCAD 二次开发、Google Earth 二次开发、三维仿真、地理信息系统(GIS)技术、BIM 技术等最新软件技术的发展,以及公路设计经验、设计水平的日益提高,路线 CAD 也需要适应新的公路设计发展趋势。

2 路线 CAD 软件总体设计

2.1 路线 CAD 软件现状

国内常见路线 CAD 软件,最初版本绝大部分均在 20 世纪 90 年代中后期或 21 世纪初开发完成,该时期是计算机软硬件技术高速发展的时期。中央处理单元(CPU)从单核的 80486/奔腾,发展到两核/四核/八核的酷睿,内存容量从之前的 4M/8M/16M 发展到 4G/8G/16G 甚至更大,个人机(PC)运行速度已经足够满足常规计算的需要。开发语言从 Visual Basic/C/Visual C + + 发展到了 Visual Basic/ Visual C + +/ Visual C#. NET 等;开发方法从面向过程逐渐向面向对象过渡,到完全的面向对象;数据库从很少应用到广泛应用,软件开发效率越来越高,软件维护越来越方便。互联网从互联网 1.0 到互联网 2.0,再到互联网 + 以及移动互联网,改变了几乎所有人生活、工作的方方面面,成为人们工作、生活离不开的必需品。大部分路线 CAD 软件受制于软件最初开发底层的限制,只能进行一些小的更新,难以进行大规模的迭代,难以充分利用现有的软硬件条件。主要问题如下:

第一,软件第一版 10 多年前甚至 20 多年前完成,软件整体架构和底层设计思想较为老旧,如由面向过程的开发方法开发。虽然经过一些升级,但底层设计难以进行较大变动。这一点可以从桩号的表达、数据存储等方面看出。

第二,设计线大部分以单条设计线为基础进行设计,管理不便,更谈不上建立设计线与设计线之间的逻辑关系。而事实上,整体式路基与分离式路基之间、互通主线和匝道之间均存在严密的逻辑关系。

第三,大部分软件以文本文件进行输入、输出,存储效率和便利性低。大部分软件虽然名义上是项目管理,实际上一个项目只有一条设计线,要么由多个文本文件组成,要么只有一个二进制文件,难以满足数据版本控制和未来协同设计的需求。

第四,部分问题的参数化自动设计在路线 CAD 软件中尚未得到彻底解决。如互通连接部的参数化自动设计,目前大多数解决方案都是手工修改、半手工半自动设计等。两个距离较近的横断面设计也同样如此。

随着中西部地区山区高速公路地形、地质条件越来越复杂,相应的设计越来越复杂;老路的改扩建越来越多,其设计较新建工程复杂得多;高速公路设计经验、设计水平的日益提高,设计人员对公路设计软件的要求也越来越高。基于此,需要有全新架构、全新设计,适应现有软硬件技术水平的新一代路线 CAD 软件来提高路线与互通立交设计水平。JSL-路线专家系统就是在这样的背景下诞生的。作为新一代的路线 CAD 软件,整个系统从零开始进行全新开发。系统采用的开发环境,设计数据的存储与输入、输出方式,整个系统的总体架构、图形平台的选择等均需要进行研究。

2.2 系统设计目标

通过分析公路设计、建设和运营维护的流程与特点，认为开发出符合公路设计流程、最大限度地避免不必要的返工、方便设计修改的软件，是公路设计软件研发的重点。设计数据的存储也是必须重点考虑的一个问题，需便于进行设计协同作业的数据传输，同时兼顾后期建设、运营、维护管理的需要。因此，根据目前公路设计的实际需要，进行路线专家系统开发的最终目的不仅是开发一套路线设计软件，还是以路线 CAD 软件为基础，构建公路设计集成系统。

考虑到路线设计在公路设计中的重要地位以及与其他专业的密切关系，确定公路设计集成系统开发的总体思路为：先开发路线 CAD 软件，然后以路线软件为基础搭建公路设计协同作业平台，之后陆续开发完成公路设计各个专业软件，逐渐形成公路设计集成系统。公路设计集成系统是一个以路线设计为基础平台，包含路基路面、挡土墙、桥梁、涵洞、隧道、地勘以及交通工程等专业设计子系统的系统。整个系统以数据库管理、多人网络协同作业为基础。各个子系统相对独立，又可有机地组合在一起协同作业（图 2-1）。

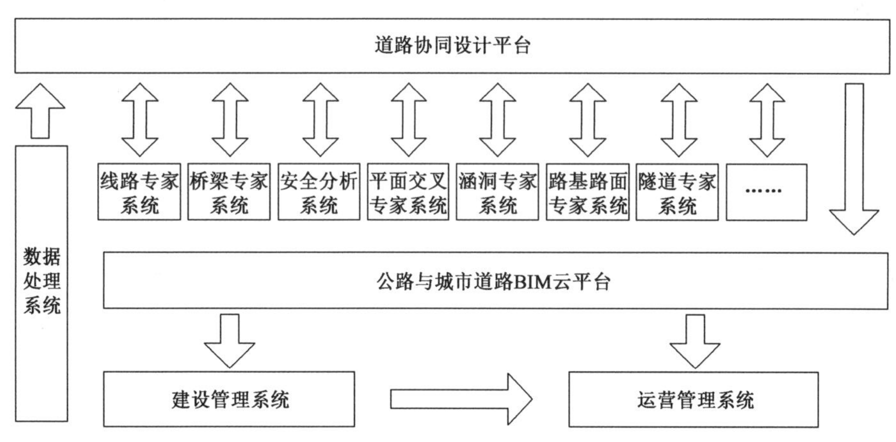

图 2-1 道路协同设计平台

系统工作的基本流程为：路线设计人员通过路线设计系统完成平纵横设计后，向专业组长或项目负责人提交平纵横资料。平纵横资料经过路线组长或项目负责人审核，确认正确无误后提交到网络数据库。桥梁涵洞、路基路面等专业的设计人员通过基础资料输入、输出系统（或桥梁涵洞、路基路面等专业设计系统）输入桥涵构造物、土石方成分等基础资料，同样通过专业组长的审核后提交到网络数据库。网络数据库的资料更新后，各专业设计系统和基础资料输入、输出系统把本地数据库和网络数据库进行比对，若有不同，则提醒设计人员更新本地数据库相关资料。这样，各专业设计人员通过网络数据库实现了资料的共享和协同作业，路线设计人员不再需要输入桥梁等其他专业的资料，其他专业的设计人员也可以使用所有专业的资料。

基于对路线 CAD 软件现状和未来技术发展趋势的研究，新一代路线 CAD 软件的研发目标如下：能够接纳和处理传统测绘数据和新兴测绘成果［如网络免费的数字高程模型（DEM）、数字正射影像图（DOM）］，完成公路及互通立交平纵横设计和土石方调配；进一步提高系统自动化、智能化水平,减少设计中的手工重复劳动和因人为疏忽或错误导致的返工;搭建公路设计集成系统底层平台,为后续系统构建和网络协同设计做好准备;兼顾未来三维设计需要,为扩展三维设计建立基础。

2.3 系统设计理念

作为新一代的公路路线 CAD 软件,通过对公路设计过程的分析与研究,认为需要贯彻以下理念:

(1)系统要贴近工程实际需要,适应面广。

系统设计以工程实际的需要为主要出发点,以中交第二公路勘察设计研究院有限公司在国内及世界各地的丰富工程勘察设计经验为依托,并调研国内多个省市设计院的需求,尽量使系统的实用性强、适应面广。

设计过程实际上符合二八法则,也就是用大部分的精力在处理少部分的特殊情况。因此,系统设计应尽可能适应各种设计情况的需要。系统的适应性是否广,并不在于对普遍情况的处理,而在于对特殊情况的处理。提高系统的灵活性,以增加系统的适应性。不为特定地区、特定工程、特定单位和特定个人的不同需求做特定的功能,但可以做一些选项来适用不同需求。对于设计中的一些情况,系统能做和不能做是质变,做的顺与不顺是量变,优先保证系统能做,至于做的是否方便顺畅,是由功能的特点决定的。这样做,能使每一个做出来的功能均能被应用,而不是被设计人员束之高阁。

(2)系统符合路线设计循序渐进的过程。

前面已经分析过,路线设计乃至整个公路设计是一个循序渐进的过程,各个阶段的数据精细程度是完全不一样的,对路线 CAD 软件的需求也是不同的。系统设计需要考虑设计的过程特点,不同阶段进行不同的数据输入以满足设计需要,如在方案设计阶段尽可能以最少的输入来取得最快捷的结果;在施工图阶段,设计数据比较详尽,系统也能录入设计数据满足设计要求。

(3)设计、数据和图表输出分开。

在系统设计之初,就确定了设计过程,数据输入、输出和图表输出各自独立的思想。路线设计主要包括平面设计、纵断面设计和横断面设计等。设计的结果是数据,如平面设计的结果是平面交点数据、断链数据和线元数据;纵断面设计的结果是变坡点数据。设计是数据的充分条件,而非必要条件,也就是说可以没有设计,直接得到数据,或者说数据输入的过程就是设计过程。这样的软件系统设计方式能够方便设计人员灵活进行公路设计。在得到数据之后,设计人员可以输出设计图表。从这里可以看出,数据是整个系统的核心,它一方面可以让输入多样化,不管通过什么样的方式得到数据均可行;另一方面,有了数据之后,无论是输出图表还是模型均不是问题。设计实际上是系统输入,图表是系统输出,数据是成果存储,是系统输入和输出的桥梁,同时也不限定系统的输入方式,更不限定系统的输出方式。采用设计、数据和图表各自独立的系统设计方式,增加了系统的灵活性和扩展性。尤其是数据,为未来的工程数据归集、大数据分析等工作奠定了物质基础。

(4)系统功能设计尽量简化。

路线设计应该尽量简化,方便设计,方便施工。把复杂问题简单化,而不是把简单问题复杂化。这反映在系统设计上,是尽量简化输入,操作过程简单,输出简单等。简化数据输入、数据编辑来简化设计过程是一个重要方式。简化数据输入、输出主要体现在两方面:一方面,对于各种不同的设计状况,需要的数据就填写,不需要的数据就不填写,这样最大限度地减少数据输入;另一方面,采用三段式数据组织和数据优先级规则(将在第4.2节详细介绍)来进行数据填写,也可以大大减少数据的输入和编辑。除了简化数据输入、输出外,在系统功能上,如何在合理又满足实际工程需求的前提下,尽可能地简化功能设计是一个自始至终都需要贯彻的理念。例如图表输出时,所有图表的风格设置均做成样式,就是简化设计过程的体现。

(5)提高必要重复工作的自动化、智能化水平。

设计工作是一个循序渐进、由浅入深的过程。通过反复的平纵横设计和土石方计算,来使路线或互通方案逐渐经济、合理。这些重复工作是设计的一个重要组成部分。因此,提高这些工作的自动化、智能化程度是有效提高设计效率的手段。例如并行横断面设计,原来不能自动设计,现在实现了自动化设计,这是系统重点解决的问题之一。

(6)减少不必要的重复工作。

设计中经常出现由于个人疏忽、错误等原因,导致一些不必要的平纵横设计重复工作。不仅如此,由于路线平纵横设计资料会直接影响路基路面、桥梁与涵洞、隧道和路线交叉等相关专业,路线平纵横设计的返工往往也同时会导致这些专业设计的返工。因此,降低路线平纵横设计的不必要返工意义重大。

针对减少路线设计的返工,可以通过自动设置、规范的符合性检查、系统性的指标检查、数据一致性保证措施等手段和方式来提醒设计人员,减少设计疏忽和错误。例如通过A值自动推荐,可以使超高缓和段的长度满足规范要求;通过规范符合性检查来提醒设计人员避免小偏角、最小回旋线长度等指标不满足规范要求;通过平面和纵面的指标统计来使设计人员满足规范和设计习惯的要求;通过平纵面版本,保证平纵面及其相关数据的一致性;通过横断面的错误消息、提醒消息机制,保证横断面及其相关数据、图表的一致性。通过这些手段与方式,将设计中不必要的返工尽量避免或降到最低。

(7)简单重复工作尽量实现批量化。

软件最擅长的就是同样的工作重复做,但同样的工作重复做对设计人员来说就是费时费力。在路线设计中,存在很多重复工作。例如一次算100个桩号的平面坐标,或者生成一个枢纽互通八条匝道的线位图,类似的工作在实际设计中无处不在。对路线CAD软件而言,解决方案就是实现批量操作(图2-2)。

通过分析研究,路线设计中的重复工作主要分为两类:一是同一设计线的某项工作重复,如前述的一次算一条设计线的100个桩号的平面坐标;二是不同设计线做某项同样的工作,如前述的生成一个枢纽互通8条匝道的线位图。对于第一类而言,除了在功能内实现单个计算或单个操作外,还需要在功能内实现批量处理。对于第二类而言,需要实现设计线的多重选择(图2-3)。设计线间的批量处理,使得设计人员既可以单个操作,也可以批量操作,自由选择。

(8)按功能特点进行设计。

为尽可能提高开发效能,新路线CAD软件的功能开发自始至终都贯彻的一个理念,就是针对功能的重要性、使用频率等因素进行功能设计。

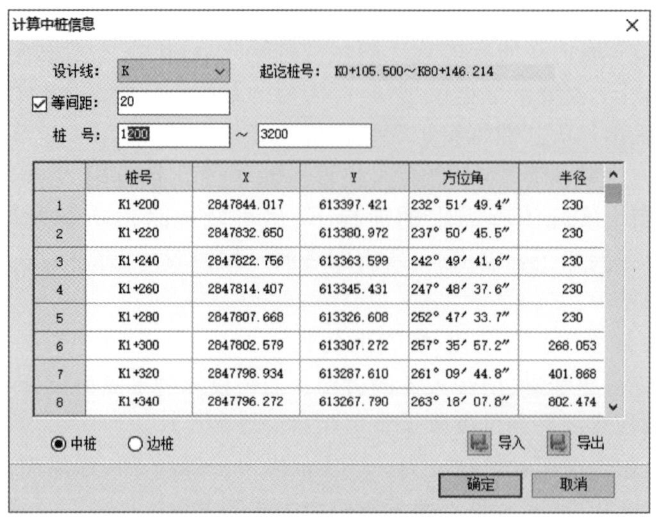

	桩号	X	Y	方位角	半径
1	K1+200	2847844.017	613397.421	232° 51′ 49.4″	230
2	K1+220	2847832.650	613380.972	237° 50′ 45.5″	230
3	K1+240	2847822.756	613363.599	242° 49′ 41.6″	230
4	K1+260	2847814.407	613345.431	247° 48′ 37.6″	230
5	K1+280	2847807.668	613326.608	252° 47′ 33.7″	230
6	K1+300	2847802.579	613307.272	257° 35′ 57.2″	268.053
7	K1+320	2847798.934	613287.610	261° 09′ 44.8″	401.868
8	K1+340	2847796.272	613267.790	263° 18′ 07.8″	802.474

图 2-2　设计线内的批量操作示例

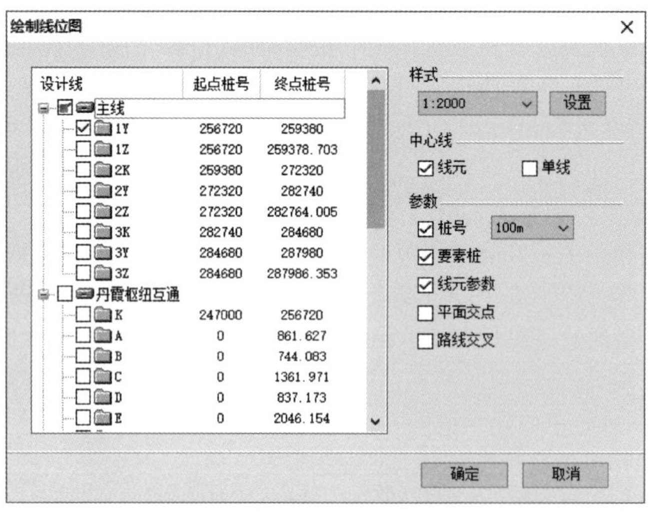

设计线	起点桩号	终点桩号
主线		
1Y	256720	259380
1Z	256720	259378.703
2K	259380	272320
2Y	272320	282740
2Z	272320	282764.005
3K	282740	284680
3Y	284680	287980
3Z	284680	287986.353
丹霞枢纽互通		
K	247000	256720
A	0	861.627
B	0	744.083
C	0	1361.971
D	0	837.173
E	0	2046.154

图 2-3　设计线间的批量操作示例

在路线 CAD 软件中,从功能重要性来看,功能分为主要功能、辅助功能和工具等。主要功能是必不可少的,是系统完备的重要组成部分,如横断面自动设计。辅助功能和系统相关,有则更方便,没有也不影响主体功能使用。工具是和系统关系小甚至完全无关系的功能。从使用频率来看,有的功能使用频率高,如绘制线位图,一个设计人员一天可能使用几十次;有的功能使用频率低,如 DWG 文件转 KML 文件,可能一个月也用不了几次,如 TIFF 文件拼图,可能一年也用不了三五次。根据功能的重要性、使用频率来进行软件开发设计,重要性高、使用频率高的功能,以"顺"为目标,要对功能的运行速度、易用性等方面重点优化,要尽善尽美,效率、易用性要到极致,优化到能点击一次鼠标解决,不要点击两次鼠标完成;使用频率低的辅助功能或工具,以"通"为目标,不追求效率和易用性。这样,可以将有限的精力投入到重点功能的研发上。

在路线 CAD 软件研发之初,做了大量的批量处理工作。即便如此,在后来的应用中,根据设计人员的需求,增加了不少设计线内和设计线间的批量处理,使得路线设计更为高效、简单。

(9)设置合理的默认值和建立输入参数的保存机制。

系统功能越强大,输入的参数就越多,而易用性越好的话,参数输入越少越方便。由此看来,功能强大和易用性是矛盾的,但实际上可以通过一定的手段来解决两者的矛盾,即默认值的合理设置。默认值是否能够满足大多数情况的要求,需要做大量的调研。功能强大需要足够多的参数时,绝大部分参数默认值设置合理的话,实际输入的参数并不会多,大大降低用户的输入工作量。

前面说过的样式设置,实际上就是一种参数保存方式。除此之外,有些参数不需要长时间复用,也就是不需要保存成固定的配置文件,只需要短期复用,那么通过系统注册表将用户界面参数保存是一个好方法。界面关闭后,下次打开时从系统注册表重新读取显示到界面上,也能大大降低用户的输入工作量。对于设置复杂、长期可以复用的参数,可以将输入的参数保存起来,下次可以复用,也同样可以减少用户输入工作量。因此,系统设计和需求调研时区分参数保存机制,开发时分情况采用。通过不同的参数保存机制,最大限度地减少用户重复输入,提高用户的便利性。

2.4 开发语言选择

路线 CAD 在图形环境下的交互操作众多,路线设计难以脱离 AutoCAD 环境,因此开发语言的选择离不开图形平台的支持。就目前而言,AutoCAD 是工程设计人员最常用的图形操作环境,是一种极其灵活的应用软件,用户可以通过编程的方式对其进行定制和二次开发。它支持的开发语言具体如下:

2.4.1 AutoLISP/Visual LISP

AutoLISP 是 AutoCAD 最早的一种二次开发语言,于 1986 年推出。它是一种嵌入在 AutoCAD 内部的 CmmonLISP 程序设计语言子集,并扩充了较强的图形处理功能。它易学易用,但随着 AutoCAD 编程逐渐复杂,代码越来越庞大,AutoLISP 难以满足大型程序的开发需要。Visual LISP 是为加速 AutoCAD 程序开发、于 1998 年推出的软件工具,是 AutoLISP 的换代产品,但它只是 AutoLISP 功能的扩展,没有实质较为强大的功能。

2.4.2 ObjectARX

ARX(AutoCAD Runtime eXtension)是 AutoCAD R13(1995 年)之后推出的一个全新的、真正意义上的面向对象的开发环境和应用程序接口。ARX 应用程序本质上是 Windows 动态链接库(DLL)程序,通过与 AutoCAD 共享地址空间,直接调用 AutoCAD 核心函数,可直接访问 AutoCAD 数据库的数据结构和代码。ARX 应用程序与 AutoCAD、Windows 之间均采用 Windows消息传递机制直接通信。ARX 应用程序以 Visual C + + 语言为开发基础,功能强大、运行速度快。

2.4.3 ActiveX 与 VBA

从 AutoCAD R14(1996 年)开始支持 ActiveX 编程。ActiveX 技术允许一个应用程序驱动另一个应用程序。VB 为自动化客户端,VB 环境下的 AutoCAD ActiveX 就是指用 VB 驱动和操纵 AutoCAD,AutoCAD 为自动化服务器。

VBA(Visual Basic for Applications)是 Visual Basic 的一种宏语言,是微软开发出来在其桌面应用程序中执行通用的自动化(OLE)任务的编程语言,主要能用来扩展 Windows 应用程序的功能。AutoCAD VBA(1997 年)通过 AutoCAD ActiveX Automation 接口向 AutoCAD 发送信息,它允许 VB 环境与 AutoCAD 在同一处理空间运行,并通过 ActiveX Automation 接口提供 AutoCAD 的编程控制。在 AutoCAD 中使用 VBA 的好处是 Visual Basic 编程环境易学易用,使用方便且开发速度较快。

2.4.4 AutoCAD .NET

从 AutoCAD 2006 开始支持 AutoCAD .NET 编程。.NET 是 Microsoft XML Web services 平台。XML Web services 允许应用程序通过 Internet 进行通信和共享数据,而不管所采用的是哪种操作系统、设备或编程语言。开发语言支持 VB. NET、C#. NET 和 C + + . NET。一方面,基于. NET 平台对 AutoCAD 进行二次开发,可充分利用. NET 的各种优势;另一方面,AutoCAD . NET API 在具有 ObjectARX 强大功能的同时具有 VBA 使用方便易用的优点,同时具有 C + +的强大功能,在保证功能强大的前提下,大大提高开发速度,是较为理想的开发工具。

2.4.5 Java Script

从 AutoCAD 2014 开始支持 Java Script 编程,总体来讲,这还处于发展阶段。对于公路和城市道路行业来讲,也还没发展到需要使用 Java Script 编程的阶段。

JSL-路线专家系统研发开始于 2011 年,根据当时的操作系统、开发工具和开发语言等综合考虑,结合开发效率、易维护性等因素,选择的开发工具为 Microsoft Visual Studio 2010,选择的开发语言为 C#,C#的开发应用程序效率高。

2.5 图形平台选择

路线 CAD 软件需要进行图形绘制及展示,因此离不开图形平台。目前国内外路线 CAD 软件的图形平台不外乎两种方式,一种是采用通用 CAD 平台,如 AutoCAD 和 MicroStation,绝大部分路线 CAD 软件均基于 AutoCAD,即采用 AutoCAD 二次开发,运行于 AutoCAD 内部;另一种是采用自己开发的专用 CAD 平台,典型代表是 CARD/1。采用专用 CAD 的研发工作量大,成为路线 CAD 发展的制约因素,也存在专用 CAD 文件输出和通用 CAD 平台的兼容性问题。通用 CAD 平台功能强、升级更新快,但一方面存在依赖性强、维护工作量大等问题,另一方面通用 CAD 平台对路线 CAD 软件是黑盒子,系统的稳定性难以得到保证。

以笔者多年的 AutoCAD 二次开发经验来看,从 20 多年前的 AutoCAD R12 用 ADS(AutoCAD Development System)开发(那时 Windows 95 健壮性较差,ADS 程序导致 AutoCAD R12 崩溃,从而导致 Windows 95 崩溃,开发 ADS 程序就是噩梦,每天不停地系统崩溃;后来 Windows 98 发布,操作系统健壮性得到明显改善,ADS 程序导致 AutoCAD R12 崩溃,但不会导致操作系统崩溃),到后来的 AutoCAD R14/2002 ARX 开发,再到现在 AutoCAD .NET 开发,AutoCAD的二次开发工具处在持续地发展中,二次开发过程由复杂变得相对简单,二次开发程序稳定性也越来越好。但不管如何发展变化,它毕竟只是二次开发,二次开发程序的稳定性与 AutoCAD 的稳定性是深度绑定的。如何尽可能地减少二次开发程序与 AutoCAD 的关联,减少对其依赖,减少其升级换代的影响,提高二次开发软件的稳定性,是笔者多年来一直思考的问题。

经过充分的研究和论证,新路线 CAD 软件采用通用 CAD 平台 AutoCAD,同时开发独立的代数和几何库进行代数计算和几何计算,核心计算不调用 AutoCAD 的相关函数,这样使得核心计算与 AutoCAD 无关,AutoCAD 仅作为系统的输入和输出平台,这样可以充分保证系统的稳定性和相对独立性,也便于未来进行移植与扩展。

在路线 CAD 软件中开发了自己的代数库和几何库(图 2-4),虽然耗费了不少时间和精力,但得到的结果令人满意。AutoCAD 在大部分时候只是图形输入、输出平台,系统平纵横的核心计算均与 AutoCAD 无关,不用随着 AutoCAD 的升级而升级,出现问题也与 AutoCAD 无关。原来即使最简单的极坐标计算,也是调用 ads_polar,到 acutPolar,再到现在自主开发的 Polar,这不是简单的量变,而是一个质的飞跃。

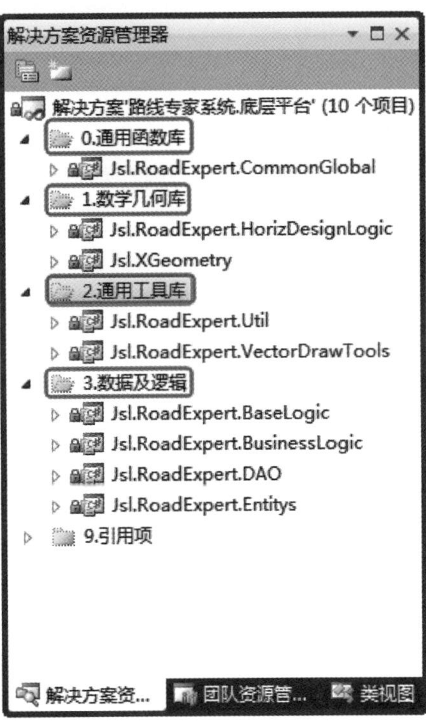

图 2-4　通用函数库和数学几何库

2.6 数据存储选择

早期的路线CAD软件均采用文本文件存储项目设计数据,一般情况下,一个文件存储一项设计数据,那么,一个项目包含若干个文本文件。由于文本文件不便于管理,存储效率较低,后来出现了采用二进制文件存储项目设计数据的做法。无论是文本文件还是二进制文件,均属于普通文件(File System)。由于文件存储常见、简单,且操作系统提供完善的应用程序接口(API),所以国内早期路线CAD软件全部使用普通文件作为存储载体。

使用普通文件存储的优点是读写简单,开发工作量小。其缺点是:当文件变大时,使用普通文件将会变得非常慢,访问速度制约了应用性能;普通文件在顺序访问时具有优势,但是在随机访问数据时可能非常困难,除非将整个文件读入内存中,在内存中进行修改,然后将整个文件写回去。数据库(Database)相对于普通文件的优点:提供了比普通文件更快的访问速度;可以随机访问数据,容易查找并检索满足特定条件的数据集合。数据库的缺点:数据库设计较复杂,数据维护较文本文件复杂;读写机制较复杂,系统并不提供数据库读写接口,需要单独开发。

作为新一代路线与互通立交CAD系统,需要考虑软件的可维护性以及可扩展性,满足未来协同作业的需要,同时要求系统部署简单,灵活性强。数据库开发与应用技术已经相当成熟,通过多方研究和对比,新路线CAD系统最终确定采用轻型的数据库SQLite来存储。

SQLite是一款轻型数据库,是遵守ACID的关系型数据库管理系统,占用资源非常低,它能够支持Windows/Linux/Unix等主流操作系统,同时能够跟多种程序语言相结合,比如C#、PHP和Java等,还有ODBC接口,比起MySQL、PostgreSQL这两款著名的开源数据库管理系统来讲,它的处理速度更快。SQLite数据库的主要优势:①是一个轻量级、跨平台的关系型数据库,操作起来像普通文件一样方便、快捷;②开源、免费;③为单一文件,数据库中所有的信息(如表、视图、触发器等)均包含在一个文件内;④是内存数据库,API不区分当前操作的数据库是在内存还是在文件(对于存储介质是透明的),开发方便;⑤绿色,核心引擎本身不依赖第三方软件,使用它也不需要安装、部署,能够省去不少麻烦。JSL-路线专家系统开发了完善的SQLite然后接口,后续的平面交叉系统、路基路面排水设计系统等系统开发时,只需要进行数据库设计,然后调用已经开发好的数据库读写接口即可实现数据库的读写,一劳永逸。如果SQLite未来不满足应用需要,可以方便地更换到其他数据库,如MySQL、Oracle或SQL Server等。

3 专业基础研究

路线 CAD 软件为路线设计服务,路线设计需要遵循现有的规范,因此开发路线 CAD 需要研究现有规范的条款,将规范内容以合适的形式在路线 CAD 软件中展现。另外,公路的计算机辅助设计虽然发展了多年,但目前尚未形成相关标准或规范,一些做法、专业用语均尚未标准化。路线 CAD 软件研发从某种意义上来说,就是做标准,将设计行为标准化,将专业用语标准化,将设计成果标准化等。为此,在新路线 CAD 软件研发前期以及研发过程中,对路线相关的专业术语以及路线 CAD 软件的基础内容做了大量的研究工作,来保证软件的适应性,在满足设计需要的同时,尽可能降低软件开发复杂度。

3.1 规 范 研 究

路线设计需要满足实际需要,需要满足国家标准、行业标准以及相关办法的要求,路线 CAD 软件的研发也需要满足这些标准和规定的要求。

在路线 CAD 软件研发的过程中,对路线及相关规范做了大量的研究。并不是一味地生搬硬套规范要求,而是研究规范的适用性与实际应用的差距,从而确定路线 CAD 软件该如何研发,满足实际需求,但不增加系统研发的复杂度,降低系统研发工作量。

3.1.1 路线 CAD 软件与规范的关系

路线 CAD 软件研发需要用到的规范很多,主要有《公路工程技术标准》(JTG B01—2014)(以下简称"技术标准")、《公路路线设计规范》(JTG D20—2017)(以下简称"路线规范")、《公路立体交叉设计细则》(JTG/T D21—2014)、《公路工程基本建设项目设计文件编制办法》(交公路发〔2007〕358 号)(以下简称"文件编制办法")等。路线 CAD 软件依赖于相关规范而存在,但不一定与规范完全一致,是规范研究的升华。两者的关系如下:

(1)路线 CAD 软件需要满足规范的要求。

路线 CAD 软件为路线与互通立交设计服务,设计需要遵循规范的要求,因此路线 CAD 软件也必须遵循规范的要求,规范是路线 CAD 软件研发的基础。研发路线 CAD 软件需要深入研究相关规范、细则和规定的内容要求,并反映到路线 CAD 软件中。

(2)路线 CAD 软件需要对规范进行甄别和取舍。

规范的一些条款是多年沿袭下来的做法,其合理性难以探究。如路线规范第 8.1.1 条"新建公路的路基设计高程……二级公路、三级公路、四级公路宜采用路基边缘高程"(本书第 3.3.2.2 节详细阐述),路线 CAD 软件如果考虑满足该规定,设计高程可以设置在路基边缘,无疑会大幅度增加软件设计的复杂度和开发难度,最终决定在新的路线 CAD 软件中不采用这一规定,而采用设计高程在路幅中心线位置。经过五六年的实际应用,几千公里二级、三级、四级公路的设计证明,这种做法并不影响设计成果的正确性。

因此,在路线 CAD 软件的研发过程中,对相关的现行规范、细则和规定,特别是规范用词程度不一的条款,如“可”“宜”“应”和“必须”等,需要仔细地研究、深入生产实践调查来甄别和取舍。针对规范的要求,做一些合理的取舍。

3.1.2 规范的理解与应用

规范的条款有一部分看上去明确,但实际操作中存在一些理解误区或偏差,在这里进行探讨。

3.1.2.1 规范条款约束力优先级

路线设计牵涉到的规范较多,有国家标准和行业标准。各个标准之间可能出现冲突和矛盾,那么其约束力或者说优先顺序是不一样的。一般情况下,国家标准高于行业标准,行业强制性标准高于推荐性标准,年代新近的标准高于年代久远的标准。这是一些常规做法,具体情况需要具体对待。对于同一标准,条款的特殊说明高于一般要求。

3.1.2.2 规范的适应性研究

规范里有些条款是按公路等级进行规定的,但各个等级有不同的设计速度,甚至还有一些特例,那么规范条款到底是以设计速度来应用指标还是以公路等级来应用指标,就会有分歧。笔者认为,与设计速度相关的指标,应该以设计速度来进行指标适用;与设计速度无关的指标,应该以公路等级来进行适用。

如路线规范第 7.10.1 条“三级公路、四级公路在自然展线无法争取需要的距离以克服高差,或因地形、地质条件所限不能采取自然展线时,可采用回头曲线。”按照该要求,只有三级公路、四级公路可以采用回头曲线,那么问题就出现了,设计速度 40km/h 的二级公路是否可以采用回头曲线,若不采用回头曲线,工程规模势必会增加较多,在一些交通量小的地区必要性也小。设计速度 40km/h 并未出现在路线规范表 2.1.4 中,而是在路线规范第 2.2.3 条里作为一个特例存在。路线规范第 7.10.3 条“设计速度为 40km/h 的公路根据地形条件可选用 35km/h 或 30km/h 的回头曲线设计速度。”从字面理解来讲,路线规范第 7.10.3 条与第 7.10.1 条是矛盾的,此处不再探究二者的矛盾,实际工程中设计速度 40km/h 的二级公路可以采用回头曲线,这是符合实际工程需要的,也是务实的做法。总体而言,公路等级是一个宏观的概念,设计速度是具体的标准,不同的设计速度采用相应的技术指标,与设计速度匹配而非公路等级匹配,是没有问题的。其他与设计速度无关但与等级相关的指标,如净高和用地,设计速度 40km/h 的二级公路均应该按照二级公路的要求来适用。

3.1.2.3 规范理解差异

中国地域广阔,各个地方的发展差异较大,对规范的理解和应用差异也较大。日本、美国和欧盟的规范,规范文本块头均比较大,将条款的来龙去脉介绍得十分清楚。相比之下,国内路线规范的块头相当“苗条”,规范条款只讲是什么,未讲为什么,这样各地区在理解上出现偏差也就在情理之中。

比如规范的“宜”,表示允许稍有选择,在条件许可时首先应这样做。有的地方对于

"宜"要求严格按照规范来实施,有的地方对于"宜"没有要求那么严格。路线规范第9.2.4条第4款中关于卵形曲线规定"两圆曲线的间距,以 $D/R_2=0.003\sim0.03$ 为宜(D 为两圆曲线间的最小间距)",这里 R_2 为小圆曲线半径。某项目存在一个卵形曲线,在施工初期经检查不满足该要求,要求改线。当时桥梁墩台均已施工,若改线肯定存在一定的浪费且影响较大。后来通过数学证明(本书第5.3.8节),在半径较大的情况下,该要求根本达不到,才未改线。

类似的事情,估计在国内不少项目中均出现过。出现这种现象的原因,不在于规范使用者本身,而在于规范的条款不够明确,对于规范条款的来源、值的选取、设置原因及设置目的等并未讲述清楚,那么规范使用者只有生搬硬套,严格按规范要求执行来保证设计的合规性。有些规范条款,规范使用者可以自己研究,但更多的情况下,规范条款难以追本溯源,这给规范的应用带来一些困扰和争议。这样,规范的灵活运用也难以做到。

3.1.2.4 设与不设的理解

规范执行严格程度的用词有"必须""应""宜""可"等写法。对于"必须""应"一般比较明确,但对于"宜""可",存在多种理解,如何理解就是一个值得探讨的问题。如路线规范第7.4.1条"高速公路、一级公路、二级公路、三级公路的直线同小于表7.4.1不设超高的圆曲线最小半径径向相接处,应设置回旋线。四级公路的直线同小于表7.4.1不设超高的圆曲线最小半径径向相接处,可不设置回旋线,但应设置超高、加宽过渡段。"设计速度为60km/h时,1500m半径可以不设回旋线。某项目1600m半径设置了 $L_s=100$m 的回旋线,此时 $A=400$,小于 $R/3$(500)。笔者认为:第一,可不设回旋线的圆曲线,但设置了回旋线,是合适的,更利于提高行车舒适性;第二,该处回旋线满足回旋线最小长度的要求,但不满足规范半径与 A 值的关系要求,在有条件的情况下,应尽量满足。同理,四级公路可不设回旋线,但设置回旋线时必须满足 A 值与半径的要求,满足超高与加宽的要求。

3.2 术语定义

《道路工程术语标准》(GBJ 124—1988)于1988年3月颁布,到目前已有30余年未进行过修订。而公路工程在不断发展,计算机辅助设计也在不断发展,较多新出现的专业用语没有统一的术语,不便于进行理解和交流,也不利于公路工程发展。路线CAD软件中必须用到的一些概念和术语,在现有标准及规范性文档中,并无专业术语。因此,需要对这些概念以明确的定义,以方便用户理解和使用。本着科学、严谨的态度来研究,使新的专业术语尽可能让专业设计人员一看命名就明白是什么,使用时就没有问题。

3.2.1 设计线、虚拟设计线及分类

3.2.1.1 设计线

一条或一段拟建公路,在计算机中表达没有统一的专业用语。公路是带状的三维空间工程实体,在设计中,用平面设计、纵断面设计、横断面设计及其相关设计来综合表达。在路线CAD软件里,统称为设计线。设计线是一条或一段拟建公路的平纵横设计及其相关构筑物设

计在计算机里表达的总称。一条设计线对应一条或一段拟建公路,拟建公路的所有设计基础数据和设计成果数据均围绕设计线来组织。更具体地说,一个公路项目,设计的推荐方案、比选方案、互通匝道及地方道路改建等其中的一项或者一段,均可以是一条设计线;每项内容的平面、纵面、路基横断面、桥梁、涵洞、隧道、互通立交、交通工程及沿线设施等均是设计线的一部分。

3.2.1.2　虚拟设计线

虚拟设计线,顾名思义,非真实的设计线,是多条或多段首尾顺接(真实)设计线的组合,表达一条或一段拟建公路。构建虚拟设计线的目的是将原本有关联,但在计算机内无关联的(真实)设计线之间的逻辑关系建立,目的是方便设计、简化设计和图表输出,将在本书第3.5节详细阐述。

3.2.1.3　设计线分类

设计线和虚拟设计线较多时,为便于设计线管理,引入了设计线分类概念。设计线分类其实就是将设计线进行分组的一种做法。有了设计线分类后,一方面便于设计人员将不同属性或类型的设计线归类到一起便于统一管理,如互通匝道、主线比选方案、地方路改建等;又如同一设计线分类的图号相同,那么就不需要每条设计线单独设置,只需设置设计线分类的图号即可。另一方面便于进行批量操作,比如将某互通的匝道和主线归集到“互通”分类后,可以一次选择“互通”分类实现整个互通线位图绘制、连接部生成等功能,相对多次选取匝道和主线,一次选择效率显然高得多。不同设计线分类下的设计线可以重名,同一设计线分类下的设计线不许同名。

关于分类的级数,经过深入调研和认真分析,分类只设了一级,也就是设计项目→分类→设计线,足以满足公路设计中的各种需求。当然,在设计线较少的工程项目中,设计线分类是可缺的,也就是设计项目→设计线。

3.2.2　平面设计线与纵面设计线

公路的几何特性由平面、纵断面、横断面共同描述。《道路工程术语标准》(GBJ 124—1988)中,道路中线一般指“道路路幅的中心线”;道路轴线指“作为线形控制所选择的与路幅中心线相隔一定距离的平行线”;道路路线指“道路中线的空间位置”;道路线形指“道路中线的立体形状”;平面线形指“道路中线在水平面上的投影形状”;纵面线形指“道路中线在纵剖面上的起伏形状”。《现代汉语词典》(第7版)中,“形状”的解释为“物体或图形由外部的面或线条组合而呈现的外表”。从定义可知,平面线形、纵断面线形分别指的是道路中线(更广意义是道路轴线)在平面、纵面上的投影形状,平面线形并不包含所有直线(实际上是线段)、圆曲线(实际上是圆弧)和回旋线平面线元本身,纵断面线形也并不包含所有直线坡(实际上是线段)和圆曲线(实际上是圆弧)纵面线元本身,但在实际生产中,还是经常与所有线元本身混淆。

基于此,为进一步明确概念,根据道路轴线的定义与设计的实际情况,提出了平面设计线和纵面设计线。平面设计线是一条由首尾顺接的直线、圆曲线和回旋线构成的平面轴线,与路幅中心线的平面投影重合或平行,是拟建公路的平面设计成果。纵面设计线是一条由首尾顺接的直线和圆曲线(或抛物线)构成的纵面轴线,与路幅中心线的纵面投影重合或平行,是拟建公路的纵断面设计成果。

特别说明平面设计线、纵面设计线与平面线形、纵面线形的关系:平面设计线由直线、圆曲线和回旋线三种平面线元组成,纵面设计线由直线和圆曲线(或抛物线)两种纵面线元组成。根据前面的论述,平面线形是指平面设计线的形状,纵面线形是指纵面设计线的形状。反过来说,平面设计线体现平面线形,纵面设计线体现纵面线形。平面线形、纵面线形关注线元的类型、长度、参数及线元之间的组合关系,是平面设计线、纵面设计线的范畴之一。而平面设计线、纵面设计线除了关注线形外,还关注其在空间的位置、在路幅中的位置、与其他轴线的关系以及相互影响等。

平面设计线和纵面设计线是设计线的两个具体展现形式,是设计线的三条最重要轴线中的两条。

3.2.3 桩号与桩号前缀

公路设计中经常说到桩号,但在《新华字典》《现代汉语词典》(第7版)、《道路工程术语标准》(GBJ 124—1988)和《公路工程名词术语》(JTJ 002—1987)中并不能查到桩号的确切定义。在这里之所以要讲述桩号,是因为桩号是设计线上表示位置的简单、直观的标识。

桩号应该是里程桩号的简化说法,是公路管理部门对于一条公路,确定起点为零公里或者前一段终点的里程数字,按照公路前进方向以里程长度递增的方式标记公路上任一点的一种位置表示方法。换句话说,桩号是通过至起点的距离(以米为单位)来表示位置。在公路设计中,借鉴里程桩号来表示设计线上任意一点的位置。设计桩号的起点桩号大多数是假定数字,因此与建成通车之后的真实里程桩号一般不相同,仅在少数改扩建项目中起点桩号与真实里程桩号一致。

桩号以K千米数(Kilometer)+米数表示,如K12+345.678,表示该桩号至起点的距离为12345.678m。桩号表示的是至平面设计线起点的距离,而不是平面设计线对应的道路轴线起点的空间三维距离,是空间三维距离的近似值。

为了区分多条设计线的桩号,也会出现AK3+456.340或B1K15+234.678等。在这里,桩号里"K"前面所冠字母,没有专业术语,路线CAD软件定义它为"桩号前缀",顾名思义,是桩号前面的部分,如前面两个桩号的"A""B1",用以区分不同设计线的桩号或同一设计线的不同路段桩号。

桩号前缀用于平纵横计算结果的里程桩号和图表中的里程桩号输出,主要是用来区分不同设计线的桩号或同一设计线不同段落的桩号。桩号前缀可能与设计线名称相同,也可能与设计线名称不同。如同一条设计线中的左幅或右幅,一般在桩号前加"Z"或"Y"来区分。

3.2.4 标准路幅

在专业术语中,并不存在"标准路幅"的说法。日常工作中,见得最多的是"标准横断面"和"路基标准横断面图"。路线规范第6.1.1条"整体式路基的标准横断面应由车道、中间带(中央分隔带、左侧路缘带)、路肩(右侧硬路肩、土路肩)等部分组成。分离式路基的标准横断面应由车道、路肩(右侧硬路肩、左侧硬路肩、土路肩)等部分组成"。"路基标准横断面图"是文件编制办法要求出版的路基、路面图纸之一,要求"示出路中心线、行车道、拦水缘石(如果有)、路肩、路拱横坡、边坡、护坡道、边沟、碎落台、截水沟、用地界碑等各部分组成及其尺寸,路面宽度及概略结构"。而《道路工程术语标准》(GBJ 124—1988)中有专业术语"路幅",指的是"由车行道、分隔带和路肩等组成的道路横断面范围"。由此可知,"标准横断面"与"路幅"的范畴完全一致,"标准横断面"与"路基标准横断面图"的范畴差异较大,"路基标准横断面图"包含"标准横断面",但在实际设计中,往往混为一谈。

综上所述,为清晰地进行概念界定,将路线规范中的"标准横断面"定义为"标准路幅"更为明确。"标准路幅"与道路工程术语一脉相承,与"路基标准横断面图"泾渭分明。标准路幅模板的定义将在本书第 4.3.1 节讲述。

对于标准路幅的组成部分,除了道路工程术语、路线规范第 6.1.1 条有论述之外,路线规范第 6.4.1 条规定"高速公路、一级公路应在右侧硬路肩宽度内设右侧路缘带",第 6.4.2 条规定"1 高速公路、一级公路的分离式路基,应设置左侧路肩,其宽度规定如表 6.4.2 所示。左侧硬路肩内含左侧路缘带,左侧路缘带宽度为 0.5m。2 高速公路整体式路基双向八车道及以上路段,宜设置左侧硬路肩,其宽度应不小于 2.5m"。这里出现了三个问题:

第一,中间带所含的中央分隔带与左侧路缘带无论从功能、结构还是外形等方面来看,二者完全不同。中央分隔带的功能是在构造上起到分隔对向交通的作用,左侧路缘带的功能是提供侧向余宽;中央分隔带一般为水平,无完整路面结构,而左侧路缘带横坡一般与行车道一致,路面结构与行车道一致。二者均属中间带,仅仅是空间位置均处于路幅中部,实际意义不大,将中央分隔带与左侧路缘带分开更为合理。

第二,左侧路缘带在整体式路基中属于中间带或者说独立存在,而在分离式路基中从属于左侧硬路肩,右侧路缘带从属于右侧硬路肩,同样功能的组成部分在路幅中的地位不一致。

第三,整体式路基双向八车道及以上路段设置左侧硬路肩时,左侧硬路肩内含左侧路缘带(路线规范条文说明图 6-5),与整体式路基双向八车道以下路幅标准不一致。

为了明确概念,简化系统设计,在路线 CAD 软件里,基于路幅组成部分的功能、结构等因素划分,标准路幅由中央分隔带、行车道、硬路肩(左侧硬路肩、右侧硬路肩)和土路肩四个部分组成,左侧路缘带、右侧路缘带分别包含在左侧硬路肩、右侧硬路肩中。其实这里与路线规范最大的不同就是将整体式路基标准路幅中属于中间带的左侧路缘带,改为左侧硬路肩,左侧硬路肩内含左侧路缘带,与其他说法完全保持一致。

3.2.5 渐变段

超高和加宽设计中,横坡和宽度变化段落的称谓,各标准的术语不统一。《公路工程名词术语》(JTJ 002—1987)中称为"超高缓和段""加宽缓和段"。《道路交通标志和标线 第 3 部分:道路交通标线》(GB 5768.3—2009)中宽度变化段称为"渐变段";路线规范中第 7.5.4 条称"超高渐变率",第 7.5.6 条、第 7.6.4 条称"超高过渡段""加宽过渡段",第 10.5.3 条称变速车道"渐变段",表 11.3.8-1 中称"渐变率""渐变段长度"。因此规范中对于超高和加宽的变化段有"缓和段""过渡段"和"渐变段"三种说法。

根据《现代汉语词典》(第 7 版),"缓和"的解释为两种:①形容词,"(局势、气氛等)和缓";②动词,"使和缓";"过渡"的解释为"事物由一个阶段或一种状态逐渐发展变化而转入另一个阶段或另一种状态";"渐变"的解释为"逐渐变化"。从词语含义来讲,"渐变"最准确,"过渡"次之,"缓和"并不准确。"渐变率"不能称为"过渡率",为方便统一,超高和加宽的变化段,统一称为"渐变段",即"超高渐变段""加宽渐变段",超高和加宽的变化速率称为"渐变率",即"超高渐变率""加宽渐变率"。

3.2.6 附加用地宽度

虽然《公路工程项目建设用地指标》(建标〔2011〕124 号)中有专业术语"用地界宽",表示"公路路堤两侧排水沟外边缘(无排水沟时为路堤或护坡道坡脚)以外,或路堑坡顶截水沟外边缘(无截水沟时为坡顶)以外至用地界的宽度",但该定义容易产生歧义,如护坡道宽、碎落台宽、边沟顶宽等均指自身宽度,用地界宽容易理解为用地界自身的宽度,也容易理解为用地界至平面设计线的宽度。

鉴于此,提出了附加用地宽度概念,指的是公路路堤两侧排水沟外边缘(无排水沟时为路堤或护坡道坡脚)以外,或路堑坡顶截水沟外边缘(无截水沟时为坡顶)以外额外增加的用地宽度。根据公路工程项目建设用地指标要求,路基的附加用地宽度为 1m,桥梁的附加用地宽度为 0m,作为系统默认值设置。

3.3 路线设计轴线

前面进行了设计线的概念定义,设计线在新一代路线 CAD 软件里十分重要,是组织拟建公路设计数据的主绳。设计线的内涵主要通过路线来表达,路线设计主要围绕平面设计线、纵面设计线和超高旋转轴三条轴线来进行。

3.3.1 平面设计线、纵面设计线及超高旋转轴的作用

路线设计的核心内容是确定路线的空间位置和各部分几何尺寸,主要包括平面设计、纵断面设计和横断面设计,通过二维的设计成果来近似的表达三维空间公路。平面设计的成果是平面设计线,纵断面设计的成果是纵面设计线。除了平面设计线、纵面设计线以外,公路设计里还有一条重要的轴线——超高旋转轴,就是设置超高时,横坡变化的基准点。

平面设计线、纵面设计线和超高旋转轴是设计线的重要组成部分,也是公路路线设计中三条最重要的轴线,直接影响公路的工程规模、行车舒适性、使用经济性、运营安全以及路容美观等。

3.3.2 平面设计线、纵面设计线及超高旋转轴的位置

3.3.2.1 平面设计线

路线规范没有平面设计线概念,更没有对平面设计线的位置进行规定。前面已经论述过,平面设计线是平面轴线,平面设计线的形状就是平面线形,因此平面线形靠平面设计线来体现,平面设计线设置的具体位置十分重要。

根据《道路工程术语标准》(GBJ 124—1988),平面线形是针对路幅中心线而言的,实际上就是控制汽车行驶的平面轨迹。对于对向行驶的路幅而言,路幅中心线十分明确。有中央分

隔带的话,路幅中心线处于中央分隔带中心;无中央分隔带的话,路幅中心线处于行车道中心(未加宽的车道宽度中心)。但对于单向行驶的路幅而言,如分离式路基、匝道,路幅中心线是处于整个路幅宽度的中心还是处于行车道中心(未加宽的车道宽度中心),并不明确,从实际意义来说,路幅中心线处于行车道中心(未加宽的车道宽度中心)更为合理。

路线规范对平面设计线的位置无明确要求,在实际工程中,作为体现平面线形的平面设计线,在路幅中的位置与公路等级、路基宽度组成以及设计习惯等因素有关,不一定在路幅中心。平面设计线的位置不合理可能导致平面线形失真,也就是与汽车行驶的真实平面轨迹出入较大,尤其是在曲线半径较小时。各级公路常见的平面设计线位置列举如下:

1)高速公路、一级公路

高速公路、一级公路路基分为整体式路基和分离式路基两种形式。整体式路基均设有中央分隔带,其平面设计线一般为中央分隔带的中心线,尚未见过平面设计线不设置在中央分隔带中心的做法。

分离式路基无中央分隔带,其平面设计线的具体位置与分幅和合幅处的接线方式、路基宽度以及设计习惯等因素有关。根据路线规范关于路幅组成宽度的规定,分离式路基的宽度不一定等于对应整体式半幅的宽度。为保证行车轨迹顺适,分离式路基与整体式路基的行车道严格顺接。因此,在分幅与合幅处,不论分离式路基宽度比整体式路基半幅宽还是窄,其右侧硬路肩、行车道、左侧路缘带与整体式路基的对应部分一一顺接。整体式路基的平面设计线设置在中央分隔带中心,分离式路基设计线与其有两种接线方式:中线直接分离和中线错位的接线方式(图3-1)。

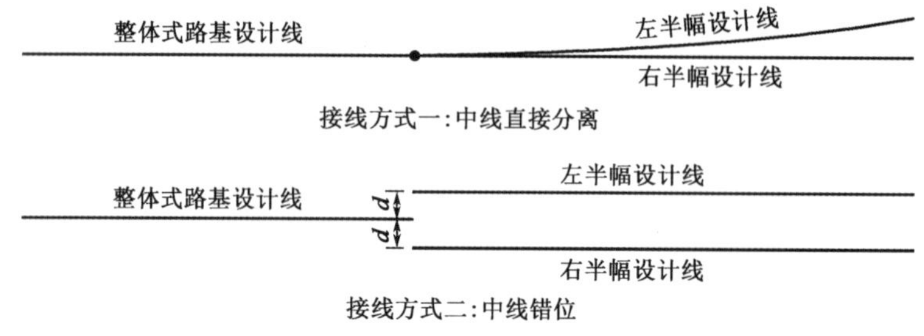

图3-1　分离式路基平面设计线与整体式路基的接线方式

接线方式一:为中线直接分离的接线方式,就是分离式路基设计线直接从整体式路基设计线分离,二者在分幅、合幅处是连续光滑的。分离式路基的宽度存在小于、等于和大于整体式路基半幅宽度的三种情形,其平面设计线在分离式路基路幅中的位置对应也有三种情形:

①在左侧土路肩左边缘外(即在路基外);

②在左侧土路肩左边缘;

③在左侧土路肩中间。

对于第①种情形,平面设计线不在路幅内,显然是不合情理的,且其中桩地面线也不在路幅范围内,纵断面设计图也不是公路范围内地形的真实反映,不能为了减少设计工作量而使设计不合情理。即便如此,有个别设计单位就是这么做的。在深入研究之后,在新路线CAD软件里确定不支持这种做法,若支持则需特殊处理,增加开发工作量。第②、③种情形,平面设计线所在位置除了与整体式路基完全对应外，无其他任何实际意义，虽然不尽合理，但平面设计线在路幅范围内，软件无须特殊处理就可以支持。

接线方式二：为中线错位的接线方式，就是分离式路基与整体式路基设计线在交接处是断开的，在法线方向存在一定的偏距，但方位角完全一致；偏距的大小与平面设计线在分离式路基中的具体位置相关。平面设计线在分离式路基路幅中的位置一般有两种情形：

①在左侧路缘带左边缘（有左侧硬路肩的八车道公路为左侧硬路肩左边缘，以下同），该位置实际上对应整体式路基的中央分隔带边缘；

②在行车道中心。

这两种情形均合情合理。在实际工程中，较多单位采用。

2）二级、三级、四级公路

二级、三级、四级公路为整体式路基，无中央分隔带，平面设计线一般为路幅中心线。

3.3.2.2 纵面设计线

纵面设计线与平面设计线不一定重合，在路幅中的具体位置也与公路等级、路基宽度组成以及设计习惯等因素有关。

1）高速公路、一级公路

路线规范第8.1.1条对高速公路、一级公路的设计高程规定如下："1 新建公路的路基设计高程：高速公路和一级公路宜采用中央分隔带的外侧边缘高程；2 改建公路的路基设计高程：宜按新建公路的规定执行，也可视具体情况而采用中央分隔带中线或行车道中线高程。"在实际设计中，整体式路基设计高程（即纵面设计线）一般在中央分隔带的外侧边缘，很少见到采用中央分隔带中线或行车道中线位置的做法。

分离式路基设计高程的位置，路线规范未作规定。在现行的常规做法中，纵面设计线在分离式路基路幅中有两种可能的位置：

①左侧路缘带左边缘：整体式路基的纵面设计线在中央分隔带边缘，从整体式路基与分离式路基纵面设计线的位置上看，在平面上没有错动，可以保持位置上的连续，二者在分幅、合幅处的高程完全一致，分离式路基和整体式路基纵坡接线简单，不容易出错；

②行车道中心：纵面设计线在分离式路基行车道中心时，与整体式路基纵面设计线是断开的，在分幅、合幅处存在高差，其值与二者的间距及该处的横坡有关。

这两种情形均合情合理。

2）二级、三级、四级公路

路线规范第8.1.1条对二级、三级、四级公路的设计高程规定如下："1 新建公路的路基设计高程：二级公路、三级公路、四级公路宜采用路基边缘高程，在设置超高、加宽路段为设超高、加宽前该处边缘高程。2 改建公路的路基设计高程：宜按新建公路的规定执行，也可视具体情况而采用中央分隔带中线或行车道中线高程。"

路线规范要求二级、三级、四级公路新建公路宜采用路基边缘高程作为设计高程，笔者从过去到现在一直百思不得其解，条文说明解释"主要是考虑易于控制超高路段路基的最低高程"，总觉得理由不够充分，经查证《公路路线设计规范》（JTJ 011—1994），并无条文说明，该条文说明是《公路路线设计规范》（JTG D20—2006）中增加的。笔者觉得理由不够充分有如下四点原因：

①设超高、加宽路段,设计高程处于未加宽的路基边缘,无论采用哪种超高方式,加宽后的路基边缘始终均会因超高产生高差,加宽后的路基边缘才是路幅最低高程处,始终需要检查是否符合设计要求;仅设超高路段,绕中线旋转和绕外侧车道边缘旋转,路基边缘也会因超高在路基边缘处会产生额外的高差,路基边缘处因超高降低,同样需要检查是否符合设计要求。因此,大多数情况下,并不能因设计高程处于路基边缘而直接通过纵断面设计就可以控制路幅的最低高程。

②设计高程处于路基边缘,在超高、加宽路段,超高会导致设计高程处(路基边缘处)产生额外的高差,纵断面设计图并不是真实设计高程的反映。

③设计高程处于路基边缘处,正常路段路幅范围内任意一点高程计算,需先计算行车道中心的设计高程,之后的计算与设计高程处于行车道中心是一致的。超高、加宽路段,先根据路基边缘的设计高程计算出超高旋转轴处的设计高程,然后根据该处的高差计算路幅范围内任意一点高程,不同超高旋转轴位置的横坡正负号还需区分。总之,无论超高、加宽设置与否,计算过程均较烦琐,且容易出错;相比而言,当设计高程处于行车道中心时,计算简单明了,不管超高、加宽设置与否,计算方式均一样,横坡正负定义明确,不容易出错,这里不再展示计算公式来说明。

④若设计高程设置在路基边缘时果真易于控制最低高程,那么高速公路和一级公路岂不是更应该采取此种做法,因为这二者的路基宽度更宽,超高引起的高差更大。

事实上,设计高程处于路基边缘不但不能带来方便,相反会带来更大复杂度。笔者多方面究其原因,始终不得而知。路线规范这么规定,应该有当时的历史原因,目前无从考究。经调查多家设计单位,无论新建公路还是改建公路,目前的做法都是采用路幅中心线高程,即纵面设计线在路幅中心。

3.3.2.3 超高旋转轴

超高旋转轴是超高横坡变化的基准轴线。只有在横坡发生变化时,超高旋转轴才有其实际存在意义。其位置与行车道数、中央分隔带宽度、超高渐变率及路容美观等因素相关。

路线规范第7.5.5条对于超高旋转轴及超高过渡方式的规定如下:

1)无中间带公路

对于无中间带的公路,当超高横坡度等于路拱坡度时,将外侧车道绕路中线旋转,直至超高横坡度;当超高横坡度大于路拱坡度时,应采用绕内侧车道边缘旋转、绕路中线旋转或绕外侧车道边缘旋转的方式。设计中应视情况确定:

①新建工程宜采用绕内侧车道边缘旋转的方式[图3-2a)];

②改建工程可采用绕路中线旋转的方式[图3-2b)];

③路基外缘高程受限制或路容美观有特殊要求时,可采用绕外侧车道边缘旋转的方式[图3-2c)]。

2)有中间带公路

对于有中间带的公路,应采用绕中间带的中心线旋转、绕中央分隔带边缘旋转或分别绕行车道中线旋转的方式。设计中应视情况确定:

①有中间带的公路均可采用绕中央分隔带边缘旋转的方式[图3-3a)]。

②中间带宽度较小的公路还可采用绕中间带中心线旋转的方式[图3-3b)]。

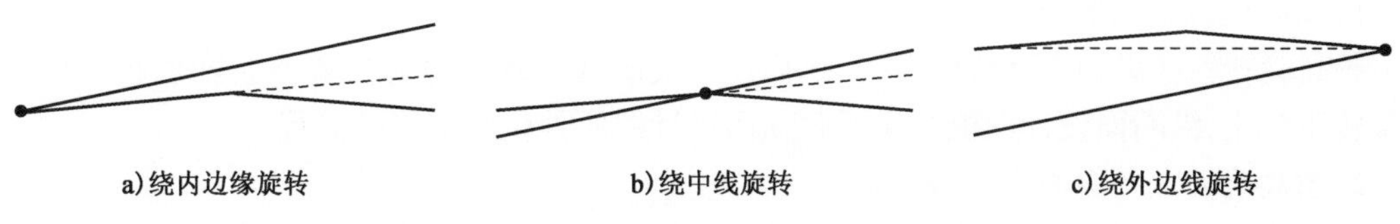

图 3-2 无中间带公路的超高旋转轴及超高过渡方式

③车道数大于 4 条的公路可采用分别绕行车道中线旋转的方式[图 3-3c)]。

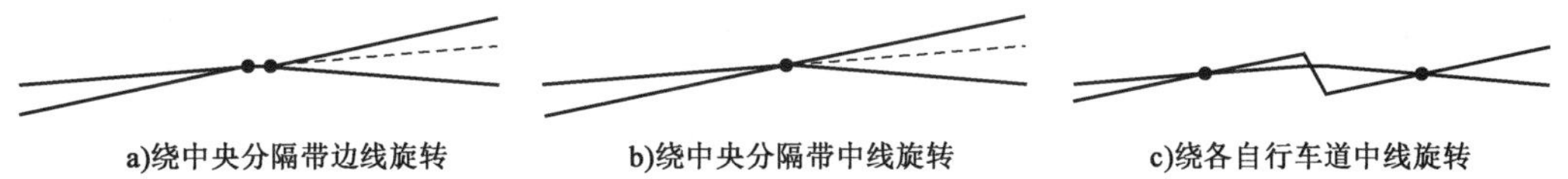

图 3-3 有中间带公路的超高旋转轴及超高过渡方式

有中间带的公路主要为高速公路、一级公路的整体式路基,现行的常规做法采用第①种方式,另外两种方式几乎不采用。无中间带的公路主要是高速公路、一级公路的分离式路基和二级、三级、四级公路。对于高速公路、一级公路分离式路基的超高旋转轴,一般设在左侧路缘带左边缘或者行车道中心线处。对于二级、三级、四级公路,无论新建还是改建,超高旋转轴一般均采用绕路中线旋转。

3.3.3 平面设计线、纵面设计线及超高旋转轴的相互关系

平面设计线、纵面设计线和超高旋转轴,三者相对独立又相互关联,需要探讨三者之间的相互关系。

3.3.3.1 纵面设计线与平面设计线

纵断面地面线是平面设计线铅垂面上地面高程的连线,是纵断面设计的重要依据,纵面设计线是纵断面设计的成果。因此,二者紧密相连。

纵面设计线与平面设计线位置的相对关系有两种:重合和平行。

1)纵面设计线与平面设计线重合

纵面设计线与平面设计线位置重合时,纵断面地面线和纵面设计线是在同一个铅垂面上,纵断面设计图是公路填挖情况的真实反映,是最合理、最常见的设计方式。

2)纵面设计线与平面设计线平行

纵面设计线与平面设计线不重合,即二者平行。这时,纵断面地面线是平面设计线铅垂面上的地面高程,与纵面设计线会存在一个平行的错位。纵断面设计时,会综合考虑横断面方向的总体情况,因此虽存在错位,但对设计影响小。例如高速公路、一级公路的整体式路基平面设计线处于中央分隔带中心,而纵面设计线处于中央分隔带边缘。

3.3.3.2 超高旋转轴与纵面设计线

路基上任意点的设计高程与纵面设计线、超高旋转轴的位置密切相关。超高旋转轴与纵面设计线位置的相对关系也有两种:重合和平行。

1)超高旋转轴与纵面设计线重合

超高旋转轴和纵面设计线重合时,纵面设计线所处位置的设计高程不会随着超高旋转轴的旋转而变化,纵断面设计图能真实反映纵面设计线所处位置的设计高程。

2)超高旋转轴与纵面设计线平行

超高旋转轴与纵面设计线不重合,即二者平行。纵断面设计时,其高程并未考虑超高,在此把纵面设计线拟定的高程暂且称为"理论设计高程"。在超高路段,纵面设计线处会随超高旋转轴旋转,该处高程也会随之发生变化,在此把超高之后纵面设计线处的高程暂且称为"实际设计高程"。由此可知,在超高路段,实际设计高程与理论设计高程必然存在差值,且该差值在超高渐变段内是变化的。这时,纵面设计线处的实际线形不再是直线和常规的竖曲线所能表达的,而是一个复杂的线形。路线纵断面图、路基设计表等图表上反映的纵面线形和设计高程均是"虚拟"的,并不能反映真实的纵面线形和设计高程。同时,对于超高路段的某一点而言,有两个不同的设计高程容易混淆,且实际设计高程计算过程烦琐,容易出错。

为便于研究纵面设计线与超高旋转轴不一致导致的问题,假设某工程为设计速度 80km/h、路基宽度 12m 的二级公路,设计高程(即纵面设计线)处于左侧路基边缘,超高旋转轴在行车道内侧边缘。该工程某段为半径 260m 的左偏圆曲线及同样半径的右偏圆曲线构成的反向曲线,超高为 8%,不设加宽。图 3-4 和图 3-5 分别是左偏圆和右偏圆的全超高横断面,图中由于超高旋转轴的影响,左侧路基边缘处的实际设计高程分别比理论设计高程低 0.12m、高 0.75m。虽然这是比较极端的情况,但由此可说明超高旋转轴与纵面设计线不一致对设计高程的影响相当大。因此,笔者认为超高旋转轴与纵面设计线必须在同一个位置,否则设计高程将会失去它固有的含义。撇开设计高程的位置,单独谈超高旋转轴是欠合理的。

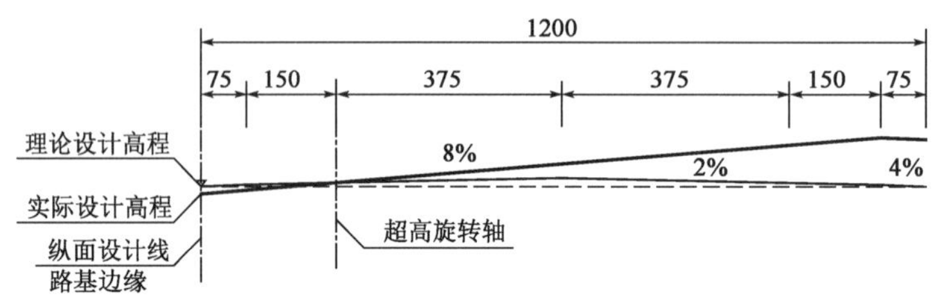

图 3-4　左偏圆曲线的全超高横断面图(尺寸单位:cm)

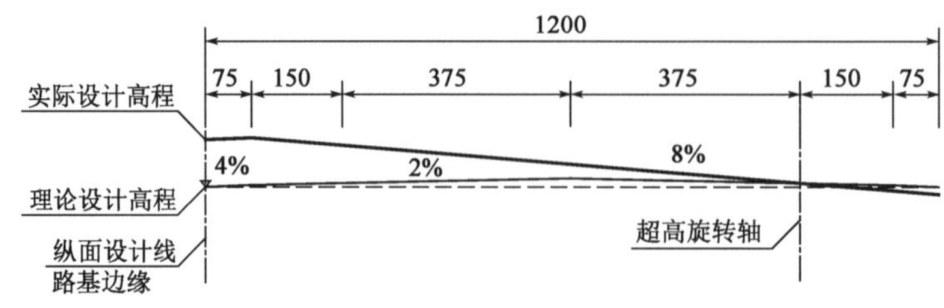

图 3-5　右偏圆曲线的全超高横断面图(尺寸单位:cm)

通过对平面设计线、纵面设计线和超高旋转轴的研究,可以看出设计线在路线设计中承担着重要的作用。新路线 CAD 软件支持纵面设计线与平面设计线不重合,但超高旋转轴必须与纵面设计线位置一致,避免设计高程位置因超高旋转轴引起的附加设计高程,以此来简化设计,降低路线 CAD 软件开发的复杂度。系统经过多年的应用实践,无一例设计人员对此提出异议。

从设计合理性出发,结合规范相关要求,平面设计线、纵面设计线和超高旋转轴的位置设置如下:

第一,对于有中央分隔带的整体式路基而言,平面设计线最好在中央分隔带中心;对于路线 CAD 软件开发而言,可以在中央分隔带任意位置,但不建议在其他位置。纵面设计线(超高旋转轴)在中央分隔带边缘或行车道中心,这是超高渐变率对于超高旋转轴的要求;对于路线 CAD 软件开发而言,可以在路面上(不含土路肩)的任意位置。

第二,对于无中央分隔带的整体式路基而言,平面设计线、纵面设计线(超高旋转轴与之重合)均在路幅中心,设计、施工简单明了。

第三,对于单向的分离式路基、匝道而言,平面设计线可以在路幅内的任意位置,纵面设计线(超高旋转轴与之重合)在与整体式路基中央分隔带纵面设计线对应位置或行车道中心线,这是超高渐变率对于超高旋转轴的要求;对于路线 CAD 软件开发而言,可以在路面上(不含土路肩)的任意位置。

3.3.4 设计线的 CAD 表达

在路线 CAD 软件里,针对公路设计实际需要,基于设计线来进行路线设计。在实际工程设计中,一个公路设计项目,一般含有多条拟建公路(或匝道,或乡村道路改建)或多个方案,一条公路或一个方案对应一条设计线。通过设计线分类,来进行设计线的管理。所有设计都是表现于数据围绕设计线展开,所有成果也是表现于数据围绕设计线展开。因此,设计线是路线 CAD 软件的主绳,所有的设计数据、设计过程、设计成果和图表设置等均围绕设计线进行(图 3-6 ~ 图 3-10)。

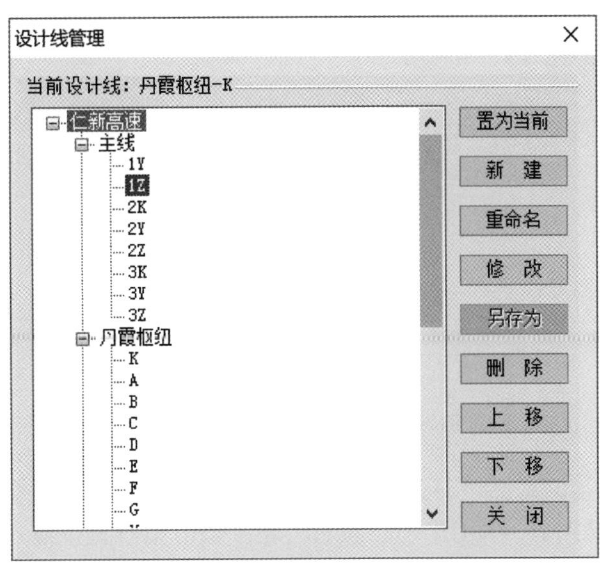

图 3-6 设计线管理界面

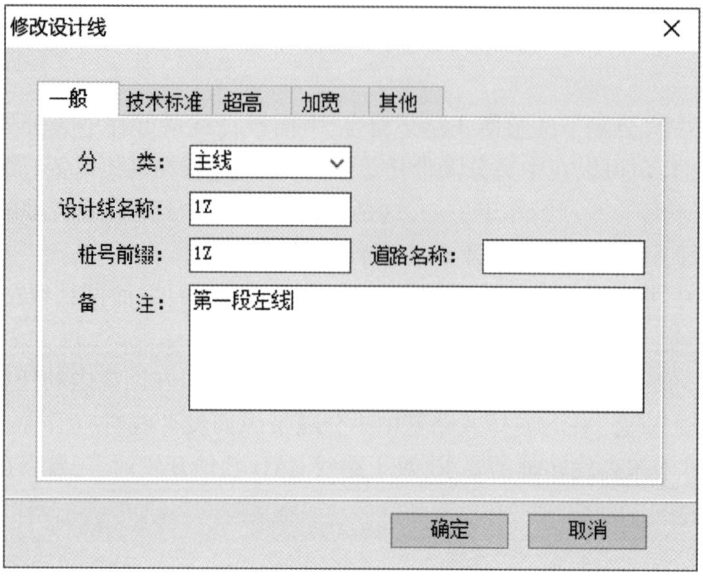

图 3-7　设计线一般设置界面

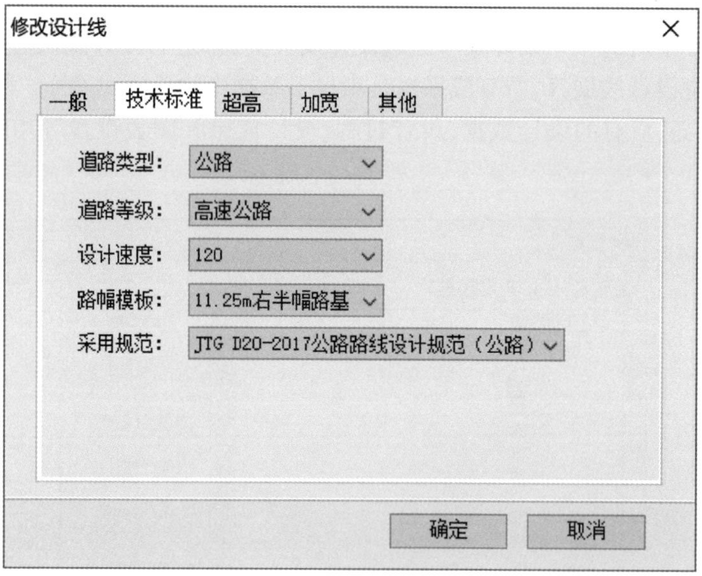

图 3-8　设计线技术标准设置界面

图 3-9 中，宽度 B 指的是旋转轴至行车道(设路缘带时为路缘带)外缘的宽度，可以包含硬路肩也可以不包含硬路肩，可由用户进行设置，还可以由用户直接输入任意值；超高渐变率默认取系统内置的规范值，也可以由用户指定任意值，以方便设计人员使用，也方便设计人员通过渐变率来准确控制超高渐变段长度。

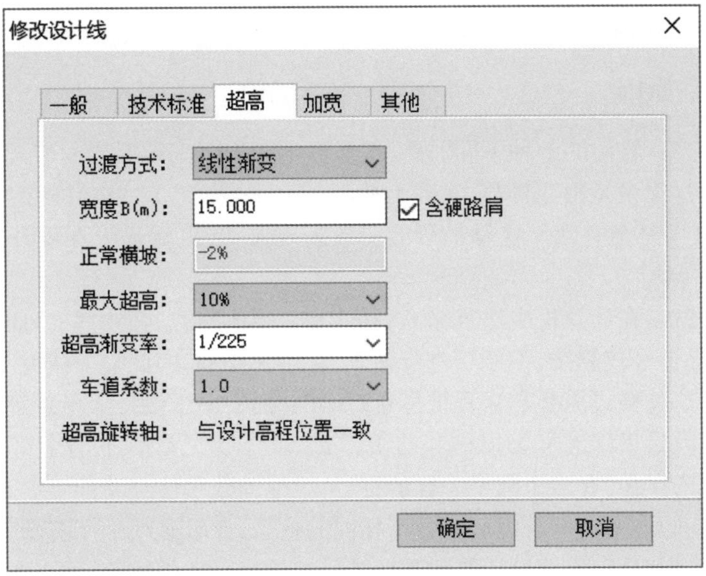

修改设计线

一般 技术标准 超高 加宽 其他

过渡方式： 线性渐变

宽度B(m)： 15.000 ☑含硬路肩

正常横坡： -2%

最大超高： 10%

超高渐变率： 1/225

车道系数： 1.0

超高旋转轴： 与设计高程位置一致

确定 取消

图 3-9 设计线超高设置界面

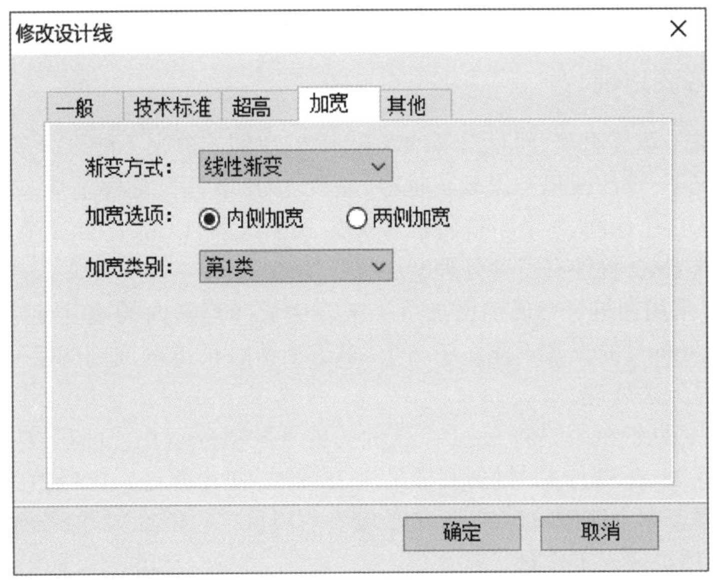

图 3-10 设计线加宽设置界面

3.4 桩号的形式

前面已经介绍过桩号，一般情况下，一条设计线同样的桩号只会出现一次。但“因局部改线或分段测量等原因造成的桩号不相连接的现象。桩号重叠的称长链，桩号间断的称短链”。

正因为长链的出现,桩号会重复出现,而且重复出现的次数未知,因此在路线 CAD 软件里要解决好重复桩号的标示问题,这是一个重要的问题。

3.4.1 产生原因

为满足路线 CAD 软件的各种不同需要,桩号界定为如下三种不同的形式:

①里程桩号,这里说是里程桩号,实际上并不是真正意义上的里程桩号,而是设计里程桩号,形式和里程桩号完全一致。这是桩号的一般表现形式,也就是说在设计文件里的表现形式,如#K## + ###. ###。

②断链桩号,就是在计算机中进行输入、存储和交换的格式,在路线 CAD 软件里命名为断链桩号。由于里程桩号较复杂,不便于进行输入、应用和存储,因此需要研究一种易于输入、应用和存储的格式,这种格式需要与里程桩号有直接的关联,便于设计人员理解和转换。简单地说,断链桩号最好就是里程桩号去掉桩号前缀、“K”和“ + ”之后剩下的字符串。由于断链的存在,主要是长链的存在,有多个数字一样的桩号,单纯的数字已经不能唯一表达一个桩号,因此需要在数字的基础上附加字符以区分数字相同的桩号,此时必须为字符串。

③连续桩号,也就是以平面设计线的起点桩号按长度顺推的数值,用来在计算机内部进行各种加减乘除及四则混合运算。里程桩号、断链桩号格式不能直接进行运算,只有连续桩号才能参与运算。连续桩号对设计人员来讲,不可见,也不关心。这三种桩号的转换关系为:里程桩号⟷断链桩号⟷连续桩号。

3.4.2 桩号表达现状

长链会导致桩号重复出现,而且出现的次数未知,单纯的数字不能区分多个长链桩号。另外在一些特殊情况下,设计线里会出现负桩号,路线 CAD 软件要能够适应。有断链存在时,1 个断链将桩号分为 2 个区间,2 个断链将桩号分为 3 个区间,以此类推,n 个断链将桩号分为 $n+1$ 个区间。路线 CAD 软件有三种处理断链桩号的办法:

(1)JSL-Road 采用在桩号数值前面加负号来表达长链范围内的重复桩号,该做法存在两个问题:①长链重复桩号的次数不能多于 2 个,多于 2 个时长链范围内的桩号无法表达;②特殊情况下的负桩号无法处理。

(2)个别软件的断链桩号是将 $n+1$ 个区间的桩号数值分别在前面冠以字母 a ~ z 或 A ~ Z,如 C13500,支持 26 或 52 个桩号区间,即最多 25 个或 51 个断链。这种做法存在三个问题:①需要记住桩号属于哪个区间,这对于断链数较多的项目存在困难;②桩号前的字母容易与设计线名称混淆;③增加输入工作量。

(3)个别软件的断链桩号识别是将 $n+1$ 个区间的桩号数值分别在尾部加“([数值序号])”区别,数字序号的话从 1 开始,不限区间数量,如 13500(3)。这种做法与第二种做法基本类似,存在两个问题:①需要记住桩号属于哪个区间,这对于断链数较多的项目存在困难;②桩号输入中含有括号,输入不便,增加较多输入工作量。

因此,研究一种高效、简单的桩号输入、应用和存储表示方法十分必要。这里的桩号表示方法主要针对断链桩号;里程桩号格式固定,最多需要给长链桩号加上标示;连续桩号可以表达所有位置,用户不关心和也不直接应用。

3.4.3 桩号解决方案

综合分析了现有的桩号输入和存储方案后，从满足需要、使用方便、输入简单等角度出发，在新路线 CAD 软件里创造了一种全新的桩号输入和存储表示方法。断链桩号规则如下：

①桩号用字符串表示，可支持的数值范围是[-∞ , +∞]；

②桩号数值第一次出现，在桩号数值后面加上“ -1”，变为断链桩号；第二次出现，在桩号数字后面加上“ -2”，以此类推；其中“ -1”可以省略。

这规则定义十分简单，为国内路线 CAD 软件首创。既要考虑输入方便，又要容易理解，还需要避免现有桩号形式的缺陷，经过多次讨论和优化后最终确定。这样的断链桩号优点如下：

①用户应用断链桩号时不需要关心桩号处于第几个断链中间，唯一需要关心的是重复数值的桩号是第几次出现，使用简单，这点是与现行各种断链桩号表达方式最大的区别所在。尤其在断链个数达到十多个时，优势更为明显。

②概念清晰，用户由里程桩号转换为断链桩号直接、明确，不易出错。

③解决了以往长链范围内里程桩号表达不方便的问题，以往里程桩号的长链桩号有的单位在桩号之前加上汉字“长链”二字，如“长链 K5 +320”，现在表达成这样：“K5 +320 -2”。

④输入方便，均在小键盘可以输入。

⑤存储和解析简单。

⑥支持负桩号存在，甚至负长链桩号均支持，如“ -3200 -2”。

⑦桩号重复出现的次数不受限制，也就是长链重复次数不限。

这种断链桩号的表达方式彻底地解决了断链桩号的输入、应用和存储问题，也是虚拟设计线理论的前提，为路线 CAD 软件乃至公路 CAD 软件建立了良好的基础。新路线 CAD 软件针对上述桩号的规则，开发了完善的断链处理方法，进行断链桩号和连续桩号的互转。

3.4.4 桩号存储格式

数据库中桩号是存储连续桩号还是断链桩号，值得探讨。连续桩号对用户来说是未知的，因此各种数据输入的桩号必定是断链桩号。在 JSL-Road 里，文件里存储的桩号是连续桩号。在新路线 CAD 软件里，经过认真研究，认为数据库里存储断链桩号最为合理，因为用户输入的桩号是什么，数据库就存储什么，这是最合适的方式。最关键的是，如果存储连续桩号，那么当断链发生变化时，该断链之后的连续桩号也会发生变化，此时需要同步更新所有数据的连续桩号，这样才能保证桩号所指位置不发生变化；而存储断链桩号时，不管断链如何发生变化，断链桩号均维持不变，当需要进行计算时，实时转换为连续桩号即可参加各种运算，系统也不存储任何断链桩号对应的连续桩号。

3.5 虚拟设计线解决方案

3.5.1 提出缘由

目前，公路设计已完全实现了计算机辅助设计。在路线 CAD 软件中，对于一条拟建公路，一般定义一条设计线与之对应。每条设计线包含拟建公路的平面、纵断面、纵断面地面线、横断面地面线、超高、加宽、边坡和边沟等设计资料。对于只有一条设计线的拟建公路,现有路线CAD 软件能够方便地完成设计。

由于地形或方案比选等原因,拟建公路经常被分成多个路段进行设计,每一个路段对应一条设计线或一条设计线的一段。如受地形条件限制、地物条件限制或有隧道设置要求时,山区公路需设置分离式路基,此时左半幅和右半幅平面线形不同,因此需要采用不同的设计线;另一方面,工程可行性研究和初步设计阶段需要进行路线方案比选,经常出现由多条设计线组成的组合式路线方案,如推荐方案为 K + A + K + C。此时,整个拟建公路由两条或两条以上设计线组成。对于多条设计线组成的拟建公路,现有路线 CAD 软件需要逐条设计线单独完成设计,最后合并设计成果完成整条拟建公路设计。由于不能实现多条设计线之间的衔接设计,一方面其设计过程和图表出版较烦琐,设计工作量较单条设计线的拟建公路明显增大,且随设计线条数的增加而增加;另一方面,部分设计无法实现 CAD 自动设计,如跨两条设计线的桥梁和挡土墙设计。

前面已经论述过,分离式路基和整体式路基的设计线衔接有两种方式:中线直接分离和中线错位分离。若采用中线直接分离的接线方式,只有左线需要增加设计线,一条拟建高速公路有 n 段分离式路基,那么设计线总数是 $n+1$;若采用中线错位分离的接线方式,那么每段整体式路基、左线和右线分别是一条设计线,一条拟建高速公路有 n 段分离式路基,那么设计线总数是 $3n+1$,这样,会大大增加设计工作量。曾经有一条拟建高速公路里程为 74.5km,有 12 段分离式路基,设计线总共有 37 条,这无疑大幅度增加了设计工作量。

3.5.2 解决方案

通过对组成拟建公路的各条设计线的相互关系研究,发明了一种新的公路路线构建方法——虚拟设计线。虚拟设计线的基本思路是:一条虚拟设计线对应一条或一段拟建公路。先对各条设计线进行单独平纵横及其相关设计,然后根据需要构造虚拟设计线。关键要点如下:

①构建各条设计线实际存在的逻辑关系,包括先后顺序、起点桩号、终点桩号、路幅类型(整体式路基、左半幅、右半幅),把多条独立的、不存在关联关系的设计线变成一个有机的整体。在虚拟设计线定义后,要发挥虚拟设计线的作用,必须解决虚拟设计线上的位置标识问题,这是虚拟设计线的核心所在。标识问题主要包括断链和分离式路基左半幅、右半幅的桩号出现歧义等问题。

②根据各条设计线的断链数据和起讫桩号,建立虚拟设计线的左半幅和右半幅的断链表,以便虚拟设计线上的桩号计算。

③制定长链桩号表达方式的规则。长链桩号按照前述断链桩号的规则表达。

④制定左、右半幅桩号的规则。由于左、右半幅的桩号可能一致,也可能不一致,因此对于没有分离式路基的路段,可以直接输入桩号。左、右半幅桩号需要区分时,左半幅的桩号在桩号前加“Z”,右半幅的桩号在桩号前加“Y”,以此来区分左、右半幅的桩号。

虚拟设计线的桩号最多由四个部分组成:代表左、右半幅的前缀(“Z”或“Y”)、里程数值、“ - ”和里程数值出现次数(即在虚拟设计线里的出现次数)。虚拟设计线本身并不包含平面线形、纵断面地面线、纵断面线形、横断面地面线、超高、加宽、边坡和边沟等基本设计资料。一个实际工程项目,可以构建多条虚拟设计线来满足设计需求。

3.5.3 应用

虚拟设计线把多条独立的设计线或多条设计线的部分段落合并为一条设计线，可用于工可、初步设计的方案比选，施工图设计阶段的分离式路基设计，以及互通主线和匝道之间的设计。把原来需要对多条设计线进行的操作和查询简化为对一条设计线的操作。虚拟设计线方便了设计，提高了设计效率和设计质量，主要体现在：

①便于进行坐标计算、点对应桩号计算、设计高程计算等。将原来需要知道在哪条设计线上的计算简化为直接输入桩号和左、右半幅信息即可，系统根据真实设计线的信息和桩号自动查询处于哪条真实设计线，从而进行相应的计算。

②便于一条拟建公路的技术经济指标统计。将原来需要每条设计线分开统计，然后汇总、合并的技术经济指标统计简化，并由系统自动完成。

③便于一条拟建公路进行图、表连续输出。原来需要每条设计线分别输出，中间相接的位置需要手工合并，虚拟设计线将多条设计线变为一条来对待，大大简化了图表输出的工作量，并增加了图纸的完整性。

④便于跨两条或两条以上设计线的桥梁、挡土墙和边坡工点等设计。在无虚拟设计线之前，软件是难以自动处理跨两条或两条以上设计线的桥梁、挡土墙和边坡工点设计的，虚拟设计线让软件自动设计跨设计线的构造物成为可能。

3.5.4 软件实现

在新路线 CAD 软件里已经完全实现了虚拟设计线的基本算法，部分功能也已经实现虚拟设计线的连续设计、图表连续输出，下一步将继续完善，实现所有计算、查询和图表的虚拟设计线功能（图 3-11 ~ 图 3-13）。

图 3-11　虚拟设计线创建/修改界面

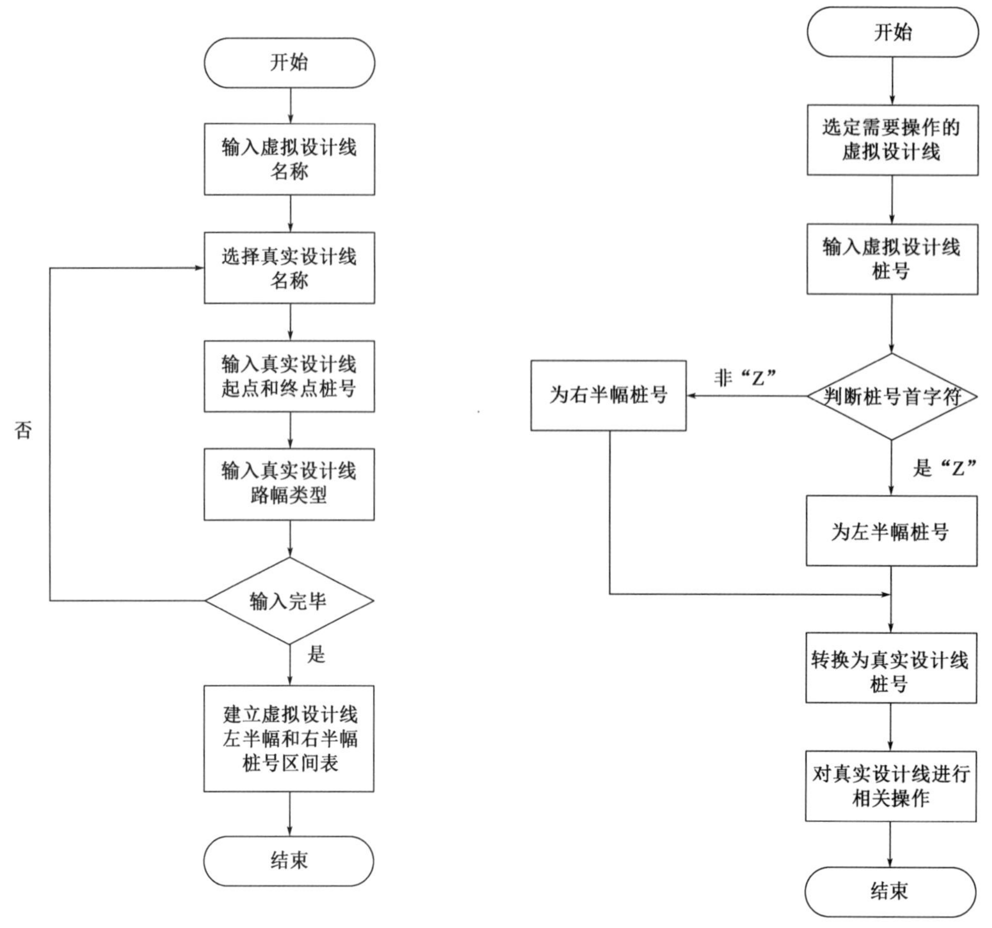

图 3-12　虚拟设计线构建流程图　　图 3-13　虚拟设计线应用流程图

虚拟设计线的概念清晰，桩号处理理论完备，编程实现简单，简化设计明显，是路线 CAD 软件的一个创造性进步。

3.6　系统单位与精度控制

路线设计中，无论是桩号、坐标、高程还是其他尺寸，绝大部分以米为单位。因此新路线 CAD 软件中，系统内数字的单位默认为米。

确定了系统单位之后，精度如何控制是一个重要的问题。工作生活中数字采用十进制，而计算机处理采用二进制。含有小数的十进制数转换成二进制，需要将整数部分和小数部分分别进行转换，整数部分采用“除 2 取余法”，小数部分采用“乘 2 取整法”，最后相加。这样对于小数部分，并不是所有的数都可以正好转换的。如十进制数 0.1 转换成二进制，随便怎么乘 2，最后总有尾数。但存储时使用浮点存储，存储空间有限，也就是能够存储的位数有限，超过的部分只能截去，这样就造成了误差。$(0.1)_{10} \approx (0.00011001100110011)_2 = (0.0999755859375)_{10}$。因此计算机对实数的存储，大部分情况下均为近似值，两个实数难以绝对相等，只能是满足指定精度即认为相等。路线 CAD 软件研发中，精度控制是必须面对的一个重要内容，精度控制贯穿整个软件系统始终，必须引起足够重视，否则会产生较多问题，带来较多麻烦。

对于设计人员而言，明明设置的 +0.3% 的纵坡，路线纵断面图上有时标注的却是 +0.299%，这就是计算机的计算或存储误差导致的。

3.6.1 计算机有效数字

在研究精度之前，必须清楚知道计算机存储的有效数字位数。

IEEE 754 标准是 IEEE 二进位浮点数算术标准的标准编号。它是最广泛使用的浮点数运算标准，为许多 CPU 与浮点运算器所采用。IEEE 754 规定了四种表示浮点数值的方式：单精度(32 位存储)、双精度(64 位存储)、延伸单精度(43 位以上存储，较少使用)与延伸双精度(79 位以上存储)。日常工作中，一般使用单精度数和双精度数。单精度数采用 4 字节存储，即 32 位二进制，具体包括符号位、指数位和有效数位。符号位 S(Sign)为 1 位，指数位 E(Exponent)为 8 位，有效数位 F(Fraction)为 23 位。单精度数能保证的有效数字为 7 位。双精度数采用 8 字节存储，即 64 位二进制。符号位 S 为 1 位，指数位 E 为 11 位，有效数位 F 为 52 位。双精度数能保证的有效数字为 15 位。

在路线 CAD 软件中，实数均采用双精度数进行计算和存储，在不特殊处理的情况下，绝大部分都能满足设计精度要求。

3.6.2 精度控制要求

在公路设计中，长度、里程和高程等标量均以米为单位，坐标和高程的精度一般到毫米，即 10^{-3}m，也就是保留 3 位小数。因此路线 CAD 软件内部的精度至少控制在 10^{-4}m 或 10^{-5}m 以上，才能保证结果达到 10^{-3}m。

新路线 CAD 软件在开发之初便设置了精度控制体系，对不同的数据采用不同的精度以满足各自的要求，如回旋线坐标的计算精度、路基设计线与横断面地面线求交精度分开设置。最初的所有精度均按 10^{-8}m 控制，但开发和实际应用中陆续出现了各种问题，经检查，算法完全没有问题，原因是精度控制过高。由于计算机有效数字限制，原来在理想状态下能够达到的精度，因为数字过大，在计算机有效数字一定的前提下，必然会出现精度损失。经过多年的应用，在未采取特别措施进行精度提高的情况下，路线 CAD 软件内部的精度控制在 10^{-4}m 或 10^{-5}m 合理可行，最终计算结果的精度可以达到 10^{-3}m 的要求。

3.6.3 精度提高方法

一般而言，出现精度损失的根本原因是数字过大，而有效数字最大只有 15 位。在不特殊处理增加有效数字位数的情况下，要提高精度，只有缩小数值。

在公路设计中数值可能较大的有坐标和桩号等。对于坐标而言，横坐标 y 的整数最多是 8 位，小数是 3 位，最多有 11 位有效数字；纵坐标 x 的整数最多是 7 位，小数是 3 位，最多有 10 位有效数字，而双精度数总共能提供的有效数字仅 15 位。对 11 位有效数字的实数进行运算之后，超出 15 位有效数字范围的可能性大，精度会有损失。如在老路拟合等功能中，会出现一些莫名其妙的错误。经检查,算法本身并无任何错误,就是由于坐标 x、y 数值过大,计算过程中有 x^2、x^3、y^2、y^3 等幂运算,造成其结果数字巨大,而有效数字仅 15 位,导致结果的尾数被截断,精度大幅降低而出现错误。

因此,对于路线 CAD 软件而言,将数值变小是一个降低精度对软件开发的影响、提高系统精度的有效方法。对于坐标而言,横坐标进入系统后最好移除带号,减去 500km 或根据实际数字大小减去一个固定的基数,纵坐标也根据实际数字大小减去一个固定的基数,使得横、纵坐标的数值变小,在各种运算中不至于损失有效数字,保证结果的精度。运算结束后,再加上最初减去的基数作为结果返回。当桩号达到百公里或千公里这样的数字时,可把路线中点桩号作为基数,桩号减去基数后再进行运算,运算结束后加上基数来提高精度。若有其他数据较大,也可以此类推。这样,路线 CAD 软件在计算过程中,精度就能够得到有效保证,由精度引起的问题也会大大减少。

3.6.4 输出精度控制

为满足各种图表和各个地区的个性化输出要求,新路线 CAD 软件对精度输出进行了研究,设置“选项”进行输出精度控制(图 3-14),未来也可根据需要进行增加。

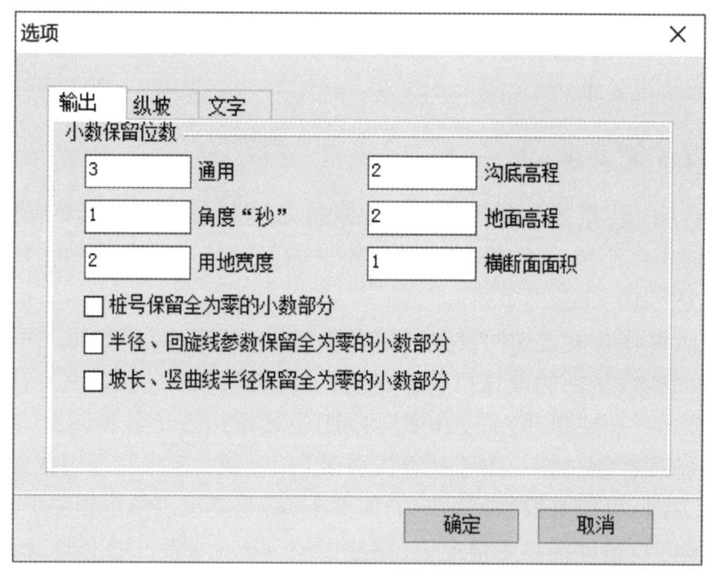

图 3-14 小数保留位数设置界面

3.6.4.1 一般要求

图表输出时,坐标、高程等大部分数据一般保留三位小数,此时进行通用设置即可。

3.6.4.2 特殊要求

用地宽度输出一般保留 2 位小数,偶尔仅需保留 1 位小数,此时根据需要设置即可。像沟底高程、角度“秒”、地面高程、横断面面积等一般不需要保留 3 位小数的数据,均可单独设置。未来如果还有其他数据需要单独设置,只需要增加对应设置即可。

对于桩号、圆曲线半径、回旋线参数、坡长和竖曲线半径等数据，因大部分数据均为整数甚至为整十、整百、整千，且使用频繁，因此通常为了读写简便，将这些数据全部为零的小数部分省去（图 3-14）。新路线 CAD 软件也设置了复选框。

3.6.5 精度控制注意事项

新路线 CAD 软件虽然实施了详细的精度控制方案，采用了较高的控制精度，但在实际使用中还是发现了少量问题。如在线元法定线中（图 3-15），对于半径 140m 的基本型平曲线，用户设置了回旋线长度 45.000m，系统反算 $A\approx79.393$ 显示在界面上，结果在“直线、曲线及转角表”显示为 45.001。用户不明白为什么明明输入的是 45.000，可结果却显示 45.001。

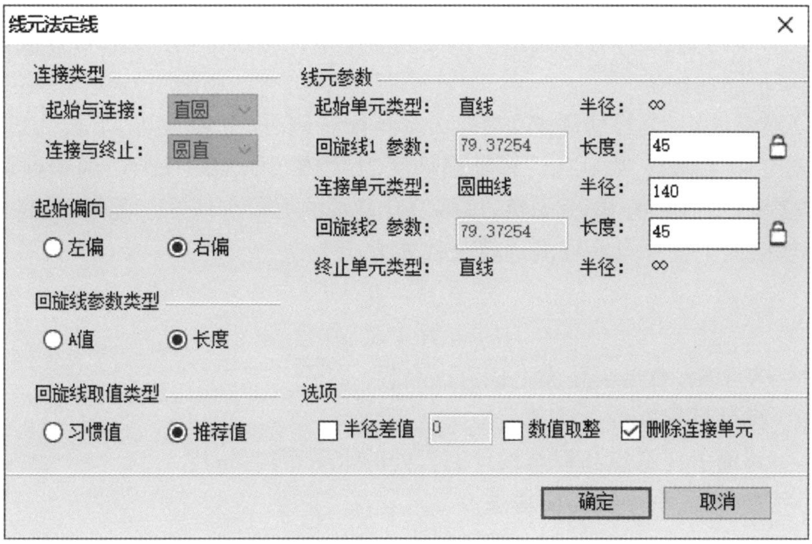

图 3-15 线元法定线界面

根据用户反馈的问题，经过检查线元法的代码，发现无论用户输入 A 值还是长度，系统均获取 A 值来进行后续计算；用户在输入长度后，系统计算 A 值，仅保留 3 位小数显示在界面上，此时 A 值小数位数太少导致精度降低，从而影响了长度的精度。在本例中，用户在输入回旋线长度 45.000 之后，系统计算回旋线的 $A\approx79.373$，根据该 A 值得到的回旋线长度为 $L_s=45.00052$，保留 3 位小数即为 45.001，这就是问题的原因所在。根据出现问题的原因，将 A 值显示位数改为 5 位，即 $A=79.37254$，此时计算得到的回旋线长度 $L_s=45.000001$，精度满足 10^{-3} 要求。类似的问题还出现在移动变坡点等功能中，用户明明输入 3.000%，最后纵断面图上却显示 2.999% 或 3.001%，原因就是移动变坡点等界面上变坡点高程的保留 3 位小数太少。

3.7 坡度符号规定

纵坡和横坡是公路设计中两个重要的概念，广泛应用于纵断面设计和横断面设计中。坡度，毫无疑问，是个标量，但它有上坡和下坡之分。现行规范对于纵坡、横坡的符号并无明确的规定,但对于路线 CAD 软件而言,为简化程序设计,对纵坡、横坡进行正负号规定可让符号参与运算,降低代码复杂度,同时避免上坡、下坡混淆而出错。

3.7.1 纵坡

纵坡是纵断面上同一坡段两点间的高差与其水平距离(即坡长)的比值,以百分比表示。从纵坡的定义可知,纵坡一般通过计算得到。按路线前进方向,高差为正,纵坡为正,也就是上坡;高差为负,纵坡为负,也就是下坡。这样,纵坡加上正、负号之后,可以区分上坡和下坡,而且正、负号规定符合习惯与认知,不存在争议。纵坡默认的基准点实际上是小桩号的点。

3.7.2 横坡

路拱横向的倾斜度,以百分比表示。横坡的来源与纵坡不同,往往来自直接指定,因此其正、负号出现了不同的规定。

JSL-Road 对横坡正、负号的规定如下:从左侧往右侧看,上坡为正,下坡为负。也就是正常路拱的横坡,左半幅坡度为 +2%,右半幅坡度为 -2%。从路中线看,两个横坡完全对称,正、负号规定之后,一个为正,一个为负,这不符合日常的习惯与认知。此外,从高程计算来讲,左半幅、右半幅路面上任一点高程的计算公式如下:

$$h_z = H - B_x \cdot i_z \tag{3-1}$$

$$h_y = H + B_x \cdot i_y \tag{3-2}$$

式中:h_z、h_y——左半幅、右半幅路面上任意点高程(m);

H——设计高程(m);

B_x——路面上任意点高程至设计高程处的水平距离(m);

i_z、i_y——左半幅、右半幅路面横坡。

从式(3-1)可看出,左半幅的公式不符合日常的计算习惯,左、右半幅的符号存在差异使得计算容易出错,路线 CAD 软件经常需要进行特殊处理。因此笔者不建议路线 CAD 软件采用这种规定横坡正、负号的方法。该方法默认的正、负号基准点是左半幅的路基边缘。

既然这种方式不完备,那么需要重新选择基准点。通过研究,将设计高程位置作为基准点是一个不错的选择。这样正、负号的规定如下:以设计高程位置为基准,向两边看,上坡为正、下坡为负。该表示方法中,正常路拱的横坡均为 -2% 或 -1.5%,路面上任意点的高程计算公式如下:

$$h = H + B_x \cdot i \tag{3-3}$$

式中:h——路面上任意点高程(m);

i——路面横坡。

横坡的正负号规定与纵坡一致,可以与纵坡进行叠加。计算公式简单明了,符合日常认知,也无须区分左侧、右侧。

3.7.3 超高渐变率

超高渐变率是旋转轴线与行车道(设路缘带时为路缘带)外侧边缘线之间的相对坡度。实际上,该定义有一点难以理解,像下面这样来解释超高渐变率更容易理解。

某项目设计速度为 80km/h，路基宽度为 25.50m，超高旋转轴处于中央分隔带边缘，中央分隔带边缘至路缘带的宽度为 8.50m。假设纵坡为 0%，不设超高时，路缘带边缘处的纵坡也为 0%；设超高 +2% 时，横坡由 −2% 渐变至 +2% 的超高渐变段长度为 60m，那此时路缘带边缘处由于超高横坡的变化，不再是平坡 0%，将产生一个附加纵坡（上坡），其坡度为 $8.50 \times [2\% - (-2\%)] \div 60 = 0.567\% = 1/176.4$，此处 1/176.4 即为超高渐变率。

超高渐变率本身是标量，始终为正值。计算合成坡度时，它需要与纵坡进行叠加，因此需要设置与纵坡一致的正、负号规则。当横坡变化由小变大（带符号）时，即路基边缘升高时，超高渐变率为正；当横坡变化由大变小（带符号）时，即路基边缘降低时，超高渐变率为负。这样的符号规定，与纵坡的符号规则一致，能够与纵坡直接进行加减运算。

4 设计数据研究

前面已经论述过,路线是整个公路设计的基础,而数据是路线 CAD 软件的基础,也是公路设计的宝贵成果。公路设计数据较多,达数十种,路线 CAD 软件必须考虑所有数据的输入与输出。在新路线 CAD 软件研发期间,对需要用到的数据进行了归纳、整理、分类,并进行了大量的研究,开发了单独的基础数据输入、输出子系统来进行管理,各类数据的内容不仅考虑了路线设计的需要,还考虑了未来路基路面、桥梁、隧道、挡土墙、涵洞与通道 CAD 软件研发和公路协同设计等相关系统的需要。

4.1 数据设计原则

在路线 CAD 软件中,每种设计基础数据的输入内容(字段)较多,对于路线设计而言,部分内容(字段)是必填的,部分内容(字段)是选填的。如涵洞数据中,涵洞的中心桩号、孔数/孔径、结构形式等三个字段是必填内容,而进口涵底高程、出口涵底高程、左侧涵长与右侧涵长等四项是可选字段,当一个涵洞的上述四个字段输入完整后,在"沟底纵坡设计"中会显示该涵洞的进/出口对应的桩号及涵底高程,这样大大方便沟底纵坡设计;若这四项内容未输入,则在"沟底纵坡设计"中不显示涵洞进/出口信息。这就是前面说的随着设计深度增加,设计数据增加的典型例子。

在新路线 CAD 软件中,数据设计的基本原则是:设计需要的数据就输入,设计不需要或暂时用不着的数据就空着,以最少的数据输入来完成设计;数据输入与设计循序渐进、同步进行,设计越深入,数据输入内容也越多,约束也就越多。每项数据的部分内容可选填,若数据输入完整,则相关内容显示完整;若数据未输入或输入不完整,则相关内容不显示或不处理。该设计思想贯穿整个软件。

4.2 数据组织方式

公路设计中,经常需要进行大量的数据处理。如路基标准横断面段落、边坡段落和边沟段落等。设计之初,一般用最常见的设置来进行公路设计。随着设计的深入开展,与常用设置不一致的段落不断增加。一个段落增加 1 个段落后,就变成了 3 个段落,构成了一个首尾相接的连续段落,如图 4-1 所示。

通过分析边坡、边沟设置等数据,发现了一些特点,即其中一部分段落除了起讫桩号不同外,其他信息均相同,也就是这些段落的设置完全一致,如图 4-1 中第 2、4、6…行。同时发现,有时某个桩号的设置不同,也需要单独设置一个段落,一个新增段落将原有的一个段落拆分为

3 个段落。基于这些分析,为了简化用户录入和编辑,新路线 CAD 软件首次创新采用三段式数据组织方式,简化数据输入。数据分为三个层次:典型设置、段落数据和点段落数据(表 4-1)。

边坡段落*

设计线: K　◉左侧　○右侧　调整桩号

序号	起始桩号	终止桩号	挖方边坡模板	填方边坡模板
▶1	216	300	W0.5-10/0.75-10m/1m/0.75	典型横断面模板
2	300	350	W0.75-10m/1m/0.75	T1.5
3	350	414	W0.75-10m/1m/0.75-10m/1m/0.75	典型横断面模板
4	414	434	W0.75-10m/1m/0.75	T1.5
5	434	468	典型横断面模板	T1.5-8m/1m/1.75-8m/1m/0.25
6	468	548	W0.75-10m/1m/0.75	T1.5
7	548	590	典型横断面模板	T1.5-8m/1/1.75-8m/1/2
8	590	620	W0.75-10m/1m/0.75	T1.5

表格中蓝色列头为必填字段，灰色列头为计算字段。

图 4-1　数据编辑界面

三段式数据输入规则　　表 4-1

序号	数 据 规 则	说　明
1	典型设置	全线出现最多的设置
2	段落数据	不同于典型设置的段落
3	点段落数据	不同于典型设置或段落数据的一个桩号,即长度为零的段落

典型设置一般在设计线的属性或典型横断面里进行设置,如设计线的桩号前缀,如图 3-7 所示;有的典型设置是在专有的界面进行设置,不管表现形式如何,设计思想是一致的。段落数据和点段落数据则直接在数据里输入,如图 4-2 所示。设置了典型设置后,若无段落数据或点段落数据,则段落数据可空,所有数据均如此。

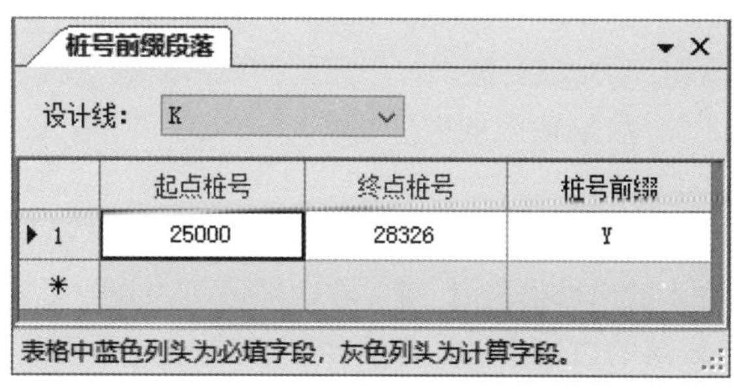

图 4-2　桩号前缀段落输入界面

横断面设计中数据输入相当多,因此增加了典型横断面设置功能,便于横断面设计数据的典型设置一次性完成,如图 4-3 所示。与典型横断面不一样的设置,在段落数据中设置,如边坡数据(图4-4)。

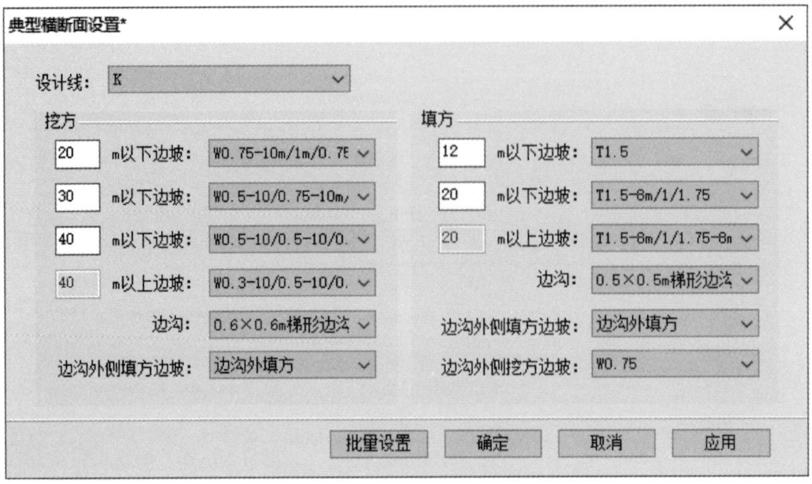

典型横断面设置*

设计线: K

挖方

20 m以下边坡: W0.75-10m/1m/0.7

30 m以下边坡: W0.5-10/0.75-10m/

40 m以下边坡: W0.5-10/0.5-10/0.

40 m以上边坡: W0.3-10/0.5-10/0.

边沟: 0.6×0.6m梯形边沟

边沟外侧填方边坡: 边沟外填方

填方

12 m以下边坡: T1.5

20 m以下边坡: T1.5-8m/1/1.75

20 m以上边坡: T1.5-8m/1/1.75-8m

边沟: 0.5×0.5m梯形边沟

边沟外侧填方边坡: 边沟外填方

边沟外侧挖方边坡: W0.75

批量设置 确定 取消 应用

图4-3 典型横断面设置界面

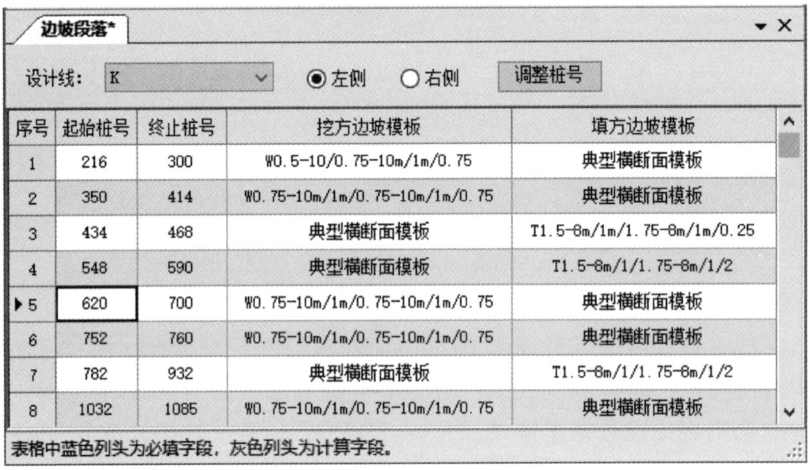

边坡段落*

设计线: K ◉左侧 ○右侧 调整桩号

序号	起始桩号	终止桩号	挖方边坡模板	填方边坡模板
1	216	300	W0.5-10/0.75-10m/1m/0.75	典型横断面模板
2	350	414	W0.75-10m/1m/0.75-10m/1m/0.75	典型横断面模板
3	434	468	典型横断面模板	T1.5-8m/1m/1.75-8m/1m/0.25
4	548	590	典型横断面模板	T1.5-8m/1/1.75-8m/1/2
5	620	700	W0.75-10m/1m/0.75-10m/1m/0.75	典型横断面模板
6	752	760	W0.75-10m/1m/0.75-10m/1m/0.75	典型横断面模板
7	782	932	典型横断面模板	T1.5-8m/1/1.75-8m/1/2
8	1032	1085	W0.75-10m/1m/0.75-10m/1m/0.75	典型横断面模板

表格中蓝色列头为必填字段，灰色列头为计算字段。

图4-4 边坡段落数据输入界面

在采用了三段式数据组织方式后,原来首尾相接的段落数据变成了首尾互不相接的段落,段落的增减与其他段落无关,数据输入的顺序也可以是无序的,输入结束后系统自动进行排序,以方便查阅。

数据使用时采用数据优先级规则,点段落数据优先级最高,其次为段落数据,最后为典型设置。当需要确定某个桩号的边坡模板时,首先在边坡段落中查找是否存在该桩号的点段落。若存在,则直接采用该点段落的边坡模板。若不存在,则再查找是否存在包含该桩号的段落数据:若存在,则直接采用该段落数据的边坡模板;若不存在,最后采用典型横断面设置的边坡模板。三段式数据组织方式和数据优先级规则相对于传统的数据组织方式,优势如下:

①各个段落独立存在,无须首尾相接,改变了传统段落与段落相关的方式,段落直接增减即可,极大地提高了便利性;

②可无序输入,系统自动排序;

③段落数量大大减少。

总之,三段式数据组织方式和数据优先级规则使得数据录入和编辑变得相当简单,数据量大幅减少。虽然数据种类较多,但基于三段式数据组织方式以及数据优先级规则,数据输入简化。

4.3 模板定义

在研究具体的数据类型之前,需要研究模板。模板其实就是参数化的组件,一系列有规则或有关联的数据集合。把数据集合定义成模板,方便多次重复使用。

4.3.1 标准路幅模板

标准路幅模板进行标准路幅定义。新路线 CAD 软件中,可增加或减少路幅组成部分,每一部分均可设置名称、宽度、坡度、与内侧的高差以及设计高程位置(图 4-5)。与内侧的高差主要适用于凸起式中央分隔带,或土路肩边缘有拦水缘石的情况。这里重点说一下设计高程的位置。在不影响应用的前提下,从降低代码开发难度出发,设计高程位置只能设置在每一部分的内侧或外侧边缘,而且根据前面的研究结论,超高旋转轴与设计高程位置必须保持高度一致。系统支持中央分隔带宽度变化,此时设计高程位置也是时刻变化的。

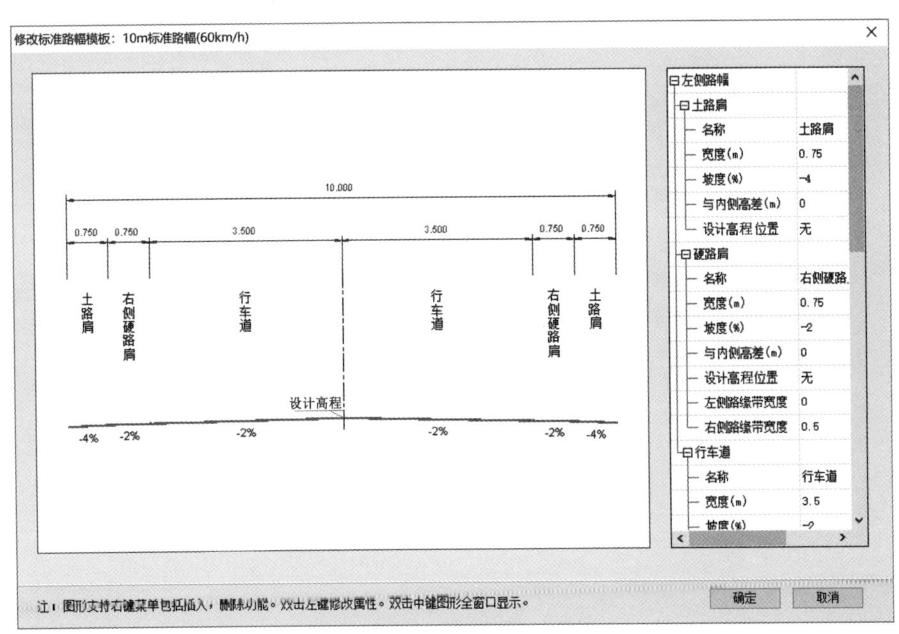

图 4-5 标准路幅模板修改界面

系统已经将常见的高速公路、一级公路整体式路基和分离式路基,二级、三级、四级公路,单车道匝道、双车道匝道总共四十余种标准路幅预定义到系统中。可以根据现有模板新建标准路幅,然后进行编辑以满足项目要求。系统设置模板管理器管理所有标准路幅模板(图 4-6),路面结构、边坡、沟渠及挡土墙模板等管理器与之完全相似。

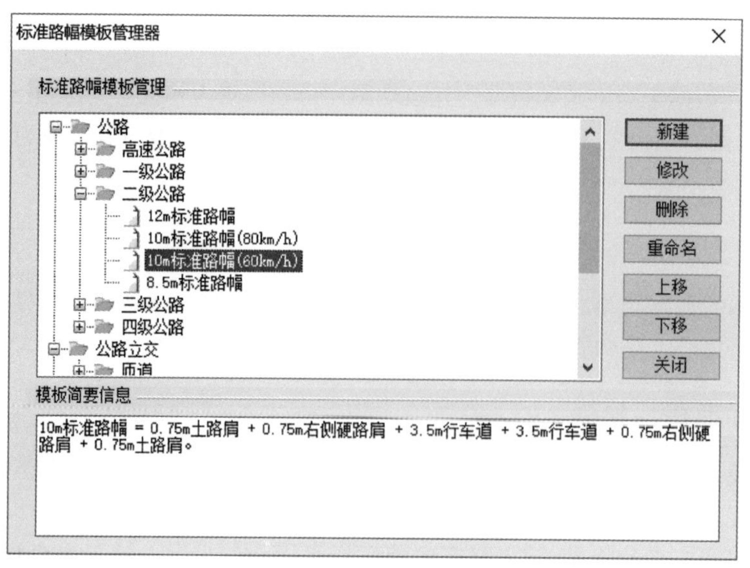

图 4-6　标准路幅模板管理器界面

4.3.2　路面结构模板

路面结构模板进行路面结构定义,包含路面结构层名称、厚度以及路面材料三项内容(图 4-7)。

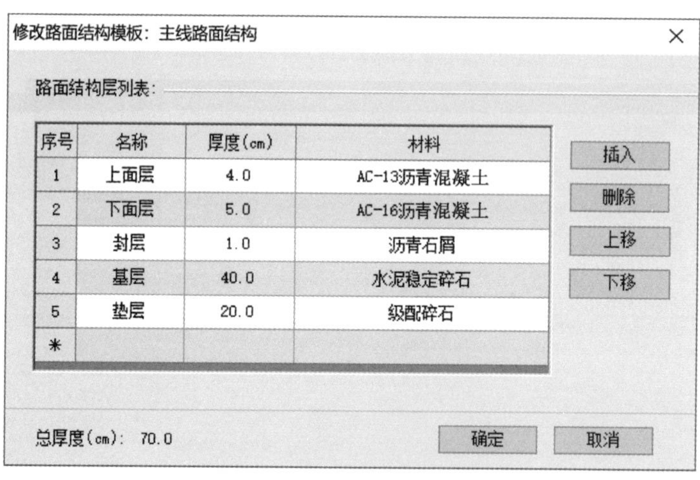

序号	名称	厚度(cm)	材料
1	上面层	4.0	AC-13沥青混凝土
2	下面层	5.0	AC-16沥青混凝土
3	封层	1.0	沥青石屑
4	基层	40.0	水泥稳定碎石
5	垫层	20.0	级配碎石
*			

图 4-7　路面结构模板修改界面

4.3.3　边坡模板

边坡模板进行边坡定义,包括填方和挖方边坡。边坡模板可以定义边坡的高度、坡率以及平台宽度、坡度等。可以将边坡最后一级作为未知高度边坡,也可以将其中任何一级作为未知高度边坡,在横断面自动设计时求解。前一种情况适用于一般边坡,后一种情况适用于有等高护脚或其他特殊情况的边坡。边坡模板修改界面如图 4-8 所示。

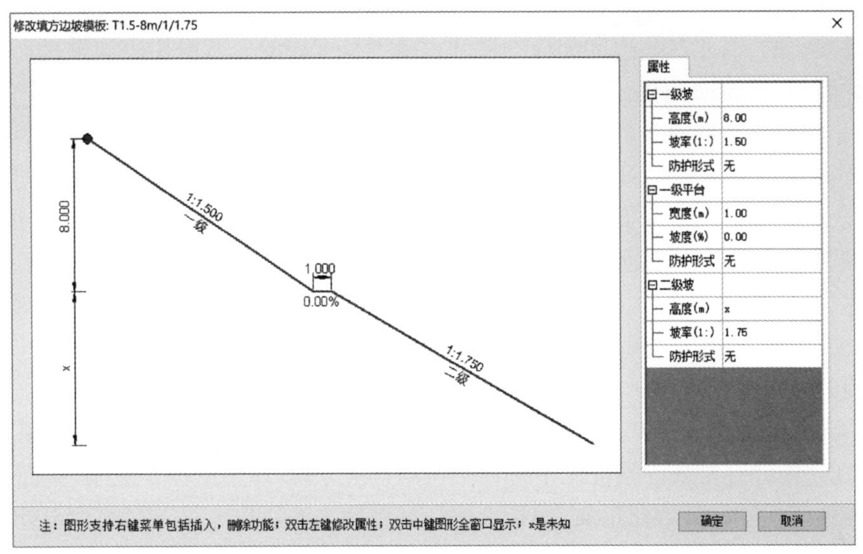

图 4-8　边坡模板修改界面

碎落台纳入挖方边坡。护坡道最初纳入填方边坡,使用中发现,当不设置填方边沟时,护坡道需要同时取消,此时需要更换无护坡道的边坡模板,因此,护坡道纳入边沟管理更为合适。

4.3.4　沟渠模板

沟渠模板进行边沟、水渠和截水沟的尺寸定义。一般情况下,沟渠按梯形定义,包括宽度、深度、内侧坡率、外侧坡率等四个参数。可把底部宽度设置为接近于零,变为 V 形沟;内侧和外侧坡率设为 1∶0,变为矩形沟。新路线 CAD 软件针对设计中常有的边沟加深、尺寸不定的情况,创造了一种全新的沟渠模板定义方法,即深度可变边沟。沟渠模板修改界面如图 4-9 所示。

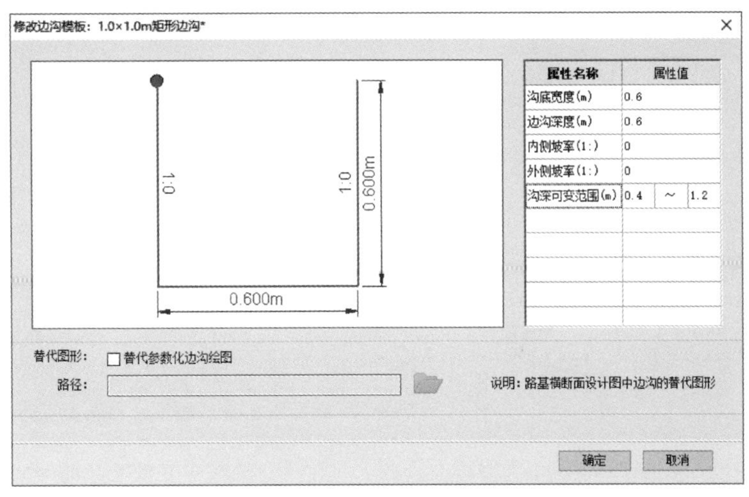

图 4-9　沟渠模板修改界面

在挖方边沟中,经常需要加深边沟。如竖曲线顶部或底部边沟纵坡接近于零,或有时边沟反挖排水,或因超高排水等,边沟需要进行不同程度的加深。由于竖曲线顶部或底部的设计高程不是线性变化的,因此这些边沟加深的尺寸也是没有规律的。若采用边沟模板,只能一种尺寸定义一种模板,较烦琐,增大工作量;若不采用边沟模板,变成特例单独处理,手工或系统修改成指定尺寸,不能实现通常的批量处理。这两种方式均不便于利用边沟模板。因此,必须建立一种有效机制来使这些加深的边沟能够采用边沟模板,实现批量自动设计。换句话说,就是将特殊情况变为一般情况,降低开发工作量和设计人员设计工作量。深度可变边沟就解决了该问题。沟深可变边沟采用通常方式定义,但增加最大沟深和最小沟深两个定义,当沟深处于该范围内时,均可以自动适应,即认为是同一种边沟。超出该沟深范围时,需要采取其他方式来满足设计要求。当最大沟深、最小沟深与沟底深度一致时,即是深度固定边沟,这样就能较好地与常规的边沟模板兼容。

梯形边沟并不能适用所有的情况,如浅碟形边沟,沟形复杂,难以参数化,使用频率也低。新路线 CAD 软件针对复杂沟渠提供了一种半自动解决方案,即根据沟顶宽度、沟底高程,按实际位置对沟渠模板进行参数化定义,用指定图形文件插入图块作为路基横断面设计图的沟渠。路基横断面设计图输出时,若按沟渠模板定义的参数直接绘制沟渠,将不符合设计要求,用事先绘制好的沟渠图形作为图块插入,则能很好地解决该问题,无论是沟顶宽度还是沟底高程都能衔接好。

4.3.5 挡土墙模板

挡土墙模板进行挡土墙标准尺寸定义,包含路堑墙、路肩墙、路堤墙、护肩、护脚等类型。从挡土墙的结构类型来看,挡土墙模板支持仰斜式和衡重式挡土墙,其他类型暂不支持。挡土墙模板修改界面如图 4-10 所示。

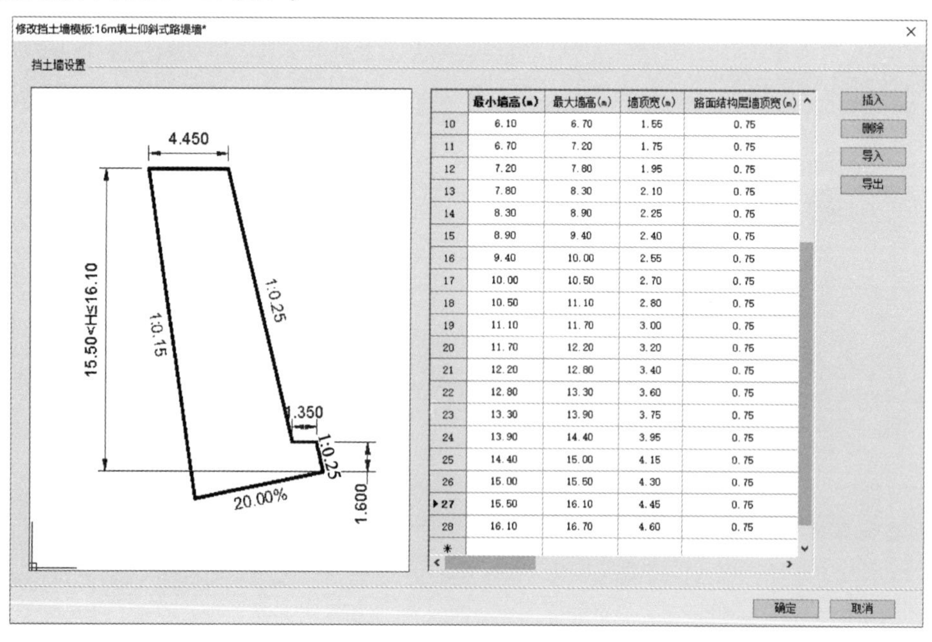

	最小墙高(m)	最大墙高(m)	墙顶宽(m)	路面结构层墙顶宽(m)
10	6.10	6.70	1.55	0.75
11	6.70	7.20	1.75	0.75
12	7.20	7.80	1.95	0.75
13	7.80	8.30	2.10	0.75
14	8.30	8.90	2.25	0.75
15	8.90	9.40	2.40	0.75
16	9.40	10.00	2.55	0.75
17	10.00	10.50	2.70	0.75
18	10.50	11.10	2.80	0.75
19	11.10	11.70	3.00	0.75
20	11.70	12.20	3.20	0.75
21	12.20	12.80	3.40	0.75
22	12.80	13.30	3.60	0.75
23	13.30	13.90	3.75	0.75
24	13.90	14.40	3.95	0.75
25	14.40	15.00	4.15	0.75
26	15.00	15.50	4.30	0.75
27	15.50	16.10	4.45	0.75
28	16.10	16.70	4.60	0.75
*				

图 4-10　挡土墙模板修改界面

挡土墙模板定义并不具备挡土墙设计功能，是为在路基标准横断面设计图中绘制挡土墙而设。

4.4 路线设计数据

公路设计是一个多专业参与的复杂协同设计过程，新路线 CAD 软件充分考虑了各专业的分工与协同，研发了数据输入、输出子系统（图 4-11）。该系统采用完全独立的平台及界面，研发了 57 种公路设计数据的输入、输出（小部分与路线设计无关），能对所有设计数据进行编辑、查询、导入与导出。采用独立数据输入、输出子系统的优势如下：

①实现了所有公路设计数据的输入、输出，数据种类便于增减。

②部分数据通过可视化设计方式得到，将这类数据纳入数据的输入、输出，一方面可以直接输出设计成果，另一方面方便设计人员直接输入设计成果数据，为设计提供另外一种方式。

③独立的数据处理和查看方式，使得各专业设计人员可以各司其职，为协同设计做好准备。

④统一的界面和导入、导出方式，提高了系统标准化，简化了代码设计。

图 4-11 数据输入、输出子系统界面

4.4.1 总体设计数据

4.4.1.1 桩号前缀段落

桩号前缀在本书第 3.2.1 节论述过，主要为区分不同设计线的桩号或同一设计线不同段落的桩号而设。桩号前缀典型设置在设计线中定义（图 3-7）。对于不同于典型设置的桩号前缀，在桩号前缀段落数据中输入（图 4-2）。在少数特殊情况下，设计线中存在里程较长的长链，桩号重复的段落建议冠以不同的桩号前缀来区分，这样桩号不容易混淆和出错，给设计与施工带来方便。

4.4.1.2 施工合同段

为方便工程招标和施工,一条拟建公路往往依照相关专业、工程施工条件、施工布局和地质情况等将全线划分成若干个施工合同段。施工图设计中,根据施工合同段分段进行施工图设计文件出版。这样,一方面在路线 CAD 软件中输出图表时,需要反复输入施工合同段的起讫桩号;另一方面在施工图设计文件中,也需要体现施工合同段的名称、编号以及起讫桩号等信息;另外,不同施工合同段的图号可能不同。为了最大限度地减少手工重复输入桩号的工作,减少文件中合同段信息的修改,达到输出即可出版的效果,可将施工合同段的信息录入系统,方便文件出版(图 4-12、图 4-13)。

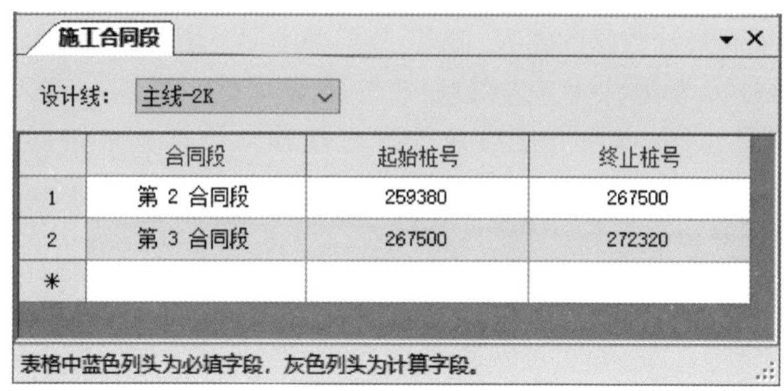

图 4-12　施工合同段输入界面

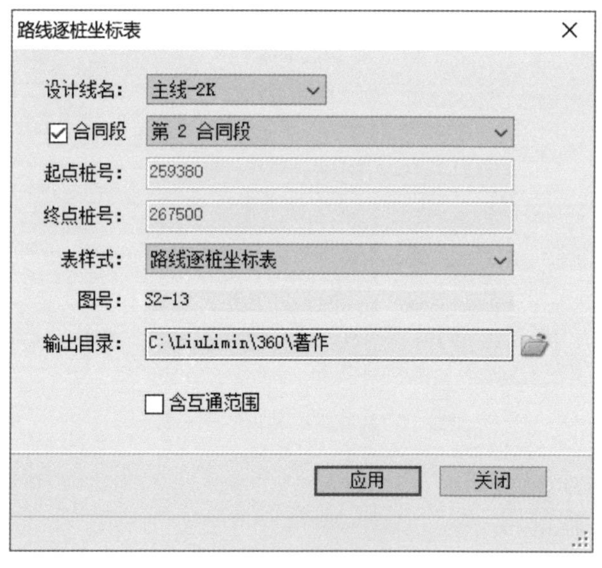

图 4-13　施工合同段应用示例

4.4.1.3 图号

图号输入是为图表输出而设。在《技术制图 标题栏》(GB/T 10609.1—2008)中,标题栏的"图样代号"即为图号。图号是图表输出时需要的信息。为减少图表输出后手工编辑和修改工作量,甚至达到输出即可出版的效果,将图号输入路线 CAD 软件中(图 4-14)。

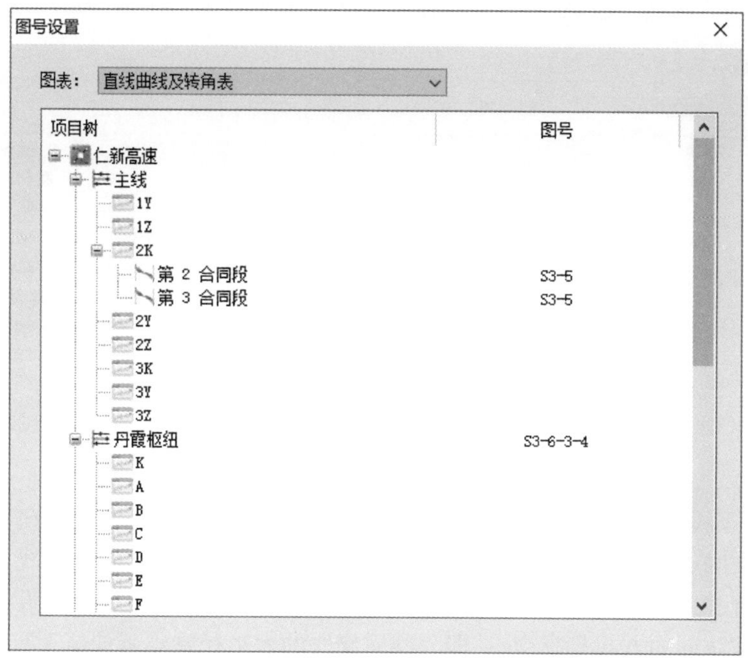

图 4-14　图号设置界面

针对公路设计的特点,各个设计阶段以及各个项目的图号设置需求不同。通过研究可知,每一种文件的图号采用树状设置,分为项目、设计线分类、设计线、合同段四个层次,具体如下:

①项目级:即整个项目的该类文件均使用一个图号,此时图号填写在项目根节点上,如工程可行性研究阶段的直线、曲线及转角表;

②设计线分类级:即一个设计线分类下所有设计线的该类文件均使用一个图号,此时图号填写在设计线分类节点上,如初步设计推荐方案的直线、曲线及转角表或某个互通的路线纵断面图;

③设计线级:即一条设计线使用一个图号,此时图号填写在设计线节点上,如初步设计比较方案的直线、曲线及转角表;

④合同段级:即一个合同段使用一个图号,此时图号填写在合同段节点上,如施工图设计某个合同段的直线、曲线及转角表;

设计人员可根据设计的实际情况,针对不同设计阶段进行每种设计文件的图号设置,最大限度地减少图号设置工作量。

4.4.2　路线平纵数据

4.4.2.1　平面交点

采用线元法定线,不需要交点;采用 GPS-RTK 或全站仪测量,也不再需要交点。平面交点已经失去了一些过去存在的意义,更多的是作为一种习惯或指标存在。文件编制办法需要输出"直线、曲线及转角表",因此需要根据线元生成平面交点。考虑既有平面交点资料的利用,也可以在这里作为基础数据输入。平面交点包括交点编号、X、Y、半径、A1、A2 和交点类型(图 4-15)。

平面交点

设计线: 丹霞枢纽-K　　卵形曲线交点计算方式: 虚交点　　☐编辑

	交点编号	坐标X	坐标Y	半径	A1	A2	交点类型
1	1KQD	2766650.222210	485617.288110	0.000	0.000	0.000	基本型
2	JD01	2764224.004605	486297.610526	3000.000	1020.000	0.000	卵形
3	JD02	2763206.319262	486864.115549	1500.000	800.000	600.000	基本型
4	JD03	2762928.464716	488332.280397	1300.000	559.000	559.000	基本型
5	JD04	2760239.526947	490128.159476	2100.000	735.000	735.000	基本型
6	JD05	2759880.097979	491344.718366	2100.000	735.000	0.000	基本型
7	1KZD	2759748.000844	491570.269194	0.000	0.000	0.000	基本型
*							

表格中蓝色列头为必填字段，灰色列头为计算字段。

图 4-15　平面交点

根据《公路工程名词术语》(JTJ 002—1987),交点解释为“路线改变方向时,两相邻直线段的延长线相交的点”。该解释对于基本型而言,确切无疑,但对于卵形曲线而言,在方向改变时并不存在直线。现有的教科书和文献资料中,对于卵形曲线的交点也没有明确的定义。一种相对比较被认同的方式是虚交点,即公共回旋线的大半径端点延伸至无穷大半径点,该点的切线与两边直线边相交形成的两个交点作为卵形曲线的两个交点。在图 4-16 中,公共回旋线反向延伸到无穷大处(即回旋线原点 O 点),切线与两端的交点线相交于 JD1 和 JD2,即为虚交点。但事实上,部分线形无法通过虚交点的方式生成交点,如匝道线位中只有部分卵形曲线,公共回旋线作为起始线元。

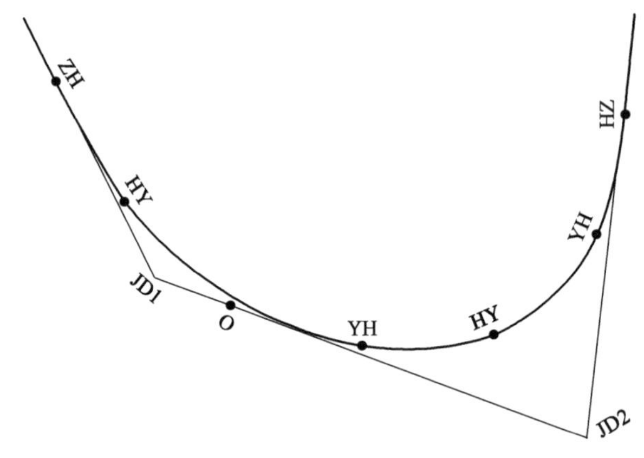

图 4-16　虚交点

卵形曲线交点的另一个方法是在公共回旋线的中点作切线,与两边直线相交,形成两个交点作为卵形曲线的平面交点(图 4-17)。该方法将回旋线分为相等的两段,一个圆曲线归属一段,从而计算交点。笔者认为该方法无实际工程意义,计算复杂,并不推荐,新路线 CAD 软件不予支持。

从方便计算、意义明确的角度出发,同时要能适应主线、互通立交匝道等各种线形的表达,提出了两种简单的交点计算方式:一是与大圆端点相切的直线,公共回旋线归属于小圆所在交点(图 4-18);二是与小圆端点相切的直线,公共回旋线归属于大圆所在交点(图 4-19)。这两种方式计算适用于所有线形,可以根据实际情况选用。

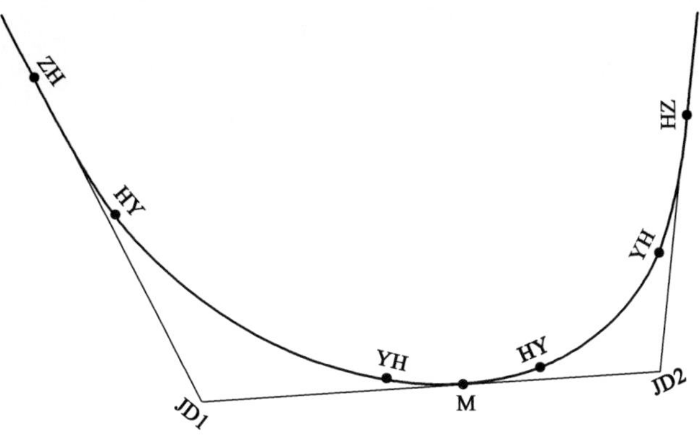

图 4-17　公共回旋线平分

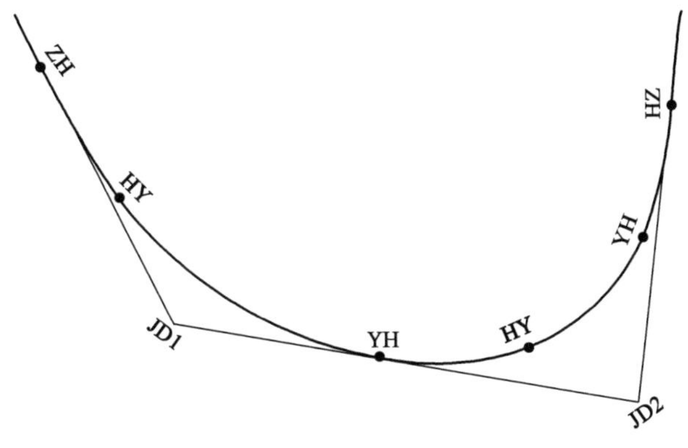

图 4-18　大圆端点相切

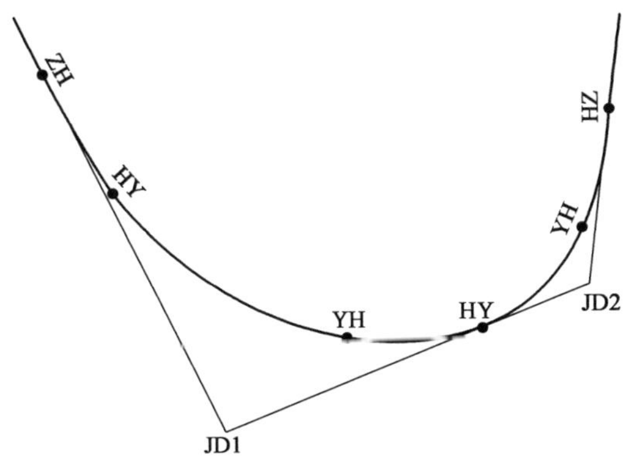

图 4-19　小圆端点相切

用线元法定线,在确认平面线形时会自动产生平面交点数据,以满足直线、曲线及转角表生成的需要。由于交点定义方法的不统一,为便于施工阶段的线位计算,新路线 CAD 软件改进了直线、曲线及转角表,详见本书第 9.2 节。

4.4.2.2 断链数据

断链数据只能查阅,不能修改,若修改,需要通过平面线形输入(图 4-20)。

断链列表

设计线: 主线-K

序号	断链类型	断链前桩号	断链后桩号	断链长度	累计断链长度
1	长链	5179.853	179.853	5000.000	5000.000
2	短链	15765.463	15854.573	-89.110	4910.890
3	长链	23834.302	1000.000	22834.302	27745.192

表格中蓝色列头为必填字段,灰色列头为计算字段。

图 4-20 断链数据

4.4.2.3 纵断面地面线

纵断面地面线是中桩的地面高程连线,反映平面设计线位置的地面起伏形状。纵断面地面线包括桩号和高程。

部分路线 CAD 软件将纵断面地面线和横断面地面线合二为一,这样的话,桥梁、隧道中间部分等只需要中桩,不需要横断面的桩号,也需要人为地增加一条两侧平的横断面地面线,增加了工作的复杂程度。将纵断面地面线和横断面地面线分离后能够更好地满足实际需要。为满足一些设计辅助工具的需要,新路线 CAD 软件提供将纵断面地面线和横断面地面线合二为一的导出功能。

4.4.2.4 变坡点

变坡点就是纵断面设计的成果,包括桩号、变坡点高程和竖曲线半径(图 4-21)。变坡点一方面可以通过拉坡确认纵面线形得到,另一方面可以从其他已有纵坡直接输入或导入得到。

变坡点

设计线: 主线-K　复制上次记录　调整桩

	桩号	高程(m)	竖曲线半径(m)
1	3870	115.306	0.000
2	4950	111.904	16704.289
3	510-2	122.544	25000.000
4	1045-2	116.659	13913.043
5	1680-2	124.279	16000.000
6	2480-2	108.000	17000.000
7	3060-2	105.100	15000.000
8	3480-2	112.492	18624.535
9	4030-2	107.377	10000.000
10	4820-2	127.340	16000.000
11	5600	123.050	13000.000
12	6340	137.625	10000.000

表格中蓝色列头为必填字段,灰色列头为计算字段。

图 4-21 变坡点数据

4.4.2.5 纵坡控制点

纵坡控制点是为方便纵断面拉坡而设。为最大限度地方便设计，除了常规的高程控制点(图4-22)之外，增加了设计线控制点(图4-23)。高程控制点就是固定控制点，由具体高程来控制；而设计线控制点，是活动控制点，控制点的高程是实时计算出来的。设计线控制点信息包括桩号、控制点名称或上跨/下穿设计线名称、限制类型、净空、建筑高度、铺装及现浇层厚度、富余高度等。这样当设计线的纵坡发生变化之后，不需要反复设置高程控制点，直接可以自动计算。

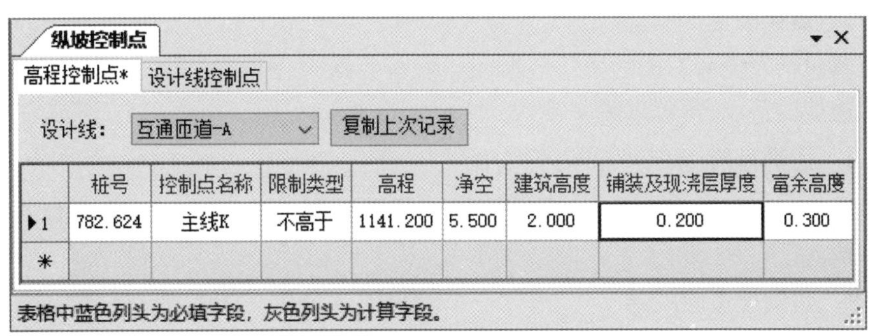

	桩号	控制点名称	限制类型	高程	净空	建筑高度	铺装及现浇层厚度	富余高度
▶1	782.624	主线K	不高于	1141.200	5.500	2.000	0.200	0.300
*								

图4-22 高程控制点输入界面

纵坡控制点

高程控制点 设计线控制点*

设计线： 互通匝道-A 复制上次记录

	桩号	跨越设计线名称	限制类型	净空	建筑高度	铺装及现浇层厚度	富余高度
1	782.623	互通匝道-K	不高于	5.500	2.000	0.200	0.300
▶2	798.503	互通匝道-B	不高于	5.500	2.000	0.200	0.300
*							

表格中蓝色列头为必填字段，灰色列头为计算字段。

图4-23 设计线控制点输入界面

当然，为简化输入，将净空、建筑高度、铺装及现浇层厚度和富余高度等栏的值求和后填入其中某一栏也可。

4.4.2.6 地质概况段落

地质概况段落用于路线纵断面图的输出。包括起点桩号、终点桩号和地质描述。

4.4.3 路基横断面数据

4.4.3.1 横断面地面线

横断面地面线包括桩号、左侧地面线和右侧地面线。横断面地面线是路基设计和土石方数量计算依据。横断面地面线类型分为相对距离+相对高差(也叫“抬竿法”)、中桩距离+中桩高差(相对中桩法)、相对距离+绝对高程等。横断面地面线的桩号必须出现在纵断面地面线中,否则无意义。

4.4.3.2　标准路幅段落

标准路幅就是标准路基宽度。新路线 CAD 软件将公路路基宽度分为中央分隔带、硬路肩、行车道、土路肩等组成部分。硬路肩包括左侧硬路肩和右侧硬路肩,系统根据位置自动判断到底是左侧硬路肩还是右侧硬路肩,路缘带包含在硬路肩里。

标准路幅段落主要是为解决路幅宽度变化的问题,尤其是中央分隔带宽度变化的问题,因为中央分隔带宽度的变化一般会导致设计高程位置的变化。

4.4.3.3　边坡段落

边坡段落包括左侧和右侧的段落数据和点段落数据,如图 4-4 所示。设置不同于典型横断面设置的边坡段落,段落可以无序输入。

4.4.3.4　边沟段落

边沟段落包括左侧和右侧的边沟段落数据。设置不同于典型横断面设置的边沟段落,段落可以无序输入。

4.4.3.5　边沟外边坡段落

边沟外边坡段落包含起点桩号、终点桩号、边沟外边坡模板。

4.4.3.6　沟底高程段落

沟底高程段落包括起点桩号、终点桩号、起点高程和终点高程。沟底高程段落可以从沟底拉坡得到,也可以根据横断面设计图直接录入。

4.4.3.7　截水沟段落

截水沟段落包括起点桩号、终点桩号、位置以及截水沟模板,主要用于公路平面总体设计图输出。

4.4.3.8　挡土墙段落

挡土墙段落是为挡土墙设计完成后,输入详细的挡土墙设计成果,以便在路基横断面设计图上绘制出准确的挡土墙横断面图(图 4-24)。

挡土墙段落

设计线: K　◉左侧　○右侧

序号	起点桩号	终点桩号	起点挡土墙墙高	终点挡土墙墙高	挡土墙模板
▶ 1	1100	1340	8.50	10.20	4m填土仰斜式路堤墙
*					

表格中蓝色列头为必填字段,灰色列头为计算字段。

图 4-24　挡土墙段落输入界面

挡土墙横断面的绘制根据设计循序渐进的特点,分为两种情形分别对待:一是在横断面设计初期,挡土墙设计尚未完成,此时并没有详细的挡土墙设计尺寸,横断面戴帽子时,可根据设置挡土墙的边坡高度,以及挡土墙模板的最小埋深,匹配最接近的墙高,从而根据对应的尺寸绘制挡土墙横断面图于路基横断面设计图中;二是在横断面设计末期,挡土墙设计已经完成,每一段挡土墙的墙高均已知,此时只需根据桩号在挡土墙段落中查询该桩号对应的墙高,找到对应的模板及挡土墙横断面尺寸,直接准确绘制该横断面的挡土墙横断面即可。

未来挡土墙设计子系统开发后,可以直接导入挡土墙段落设计成果或通过公路协同设计平台同步该数据。

4.4.3.9 水渠段落

水渠段落设置主要是为解决路线占用了水渠后,在边坡上改建水渠设计不便的问题。水渠段落包括设置水渠的起点桩号、终点桩号和该段水渠使用的水渠模板(图 4-25)。

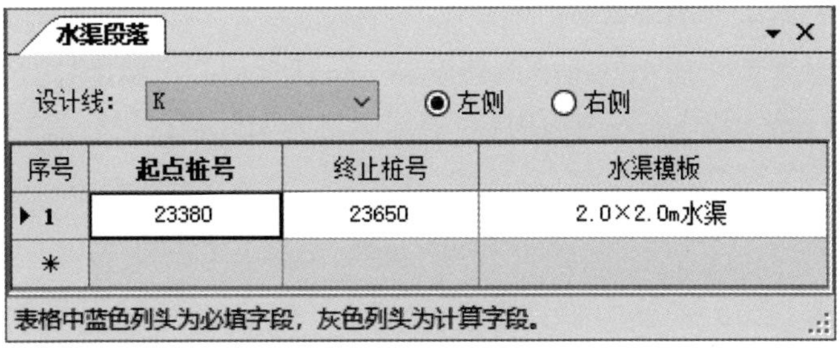

水渠段落

设计线: K　◉左侧　○右侧

序号	起点桩号	终止桩号	水渠模板
▸ 1	23380	23650	2.0×2.0m水渠
*			

表格中蓝色列头为必填字段,灰色列头为计算字段。

图 4-25　水渠段落输入界面

4.4.3.10 渠底高程段落

水渠段落主要确定水渠设置的位置以及水渠的尺寸,渠底高程段落设置水渠的渠底高程,包括起点桩号、终点桩号、起点高程和终点高程。

4.4.3.11 水渠外边坡段落

水渠外边坡段落与边沟外边坡段落一致,设置水渠外侧的边坡模板。包括起点桩号、终点桩号、挖方模板和填方模板。

4.4.3.12 附加用地宽度一般设置

附加用地宽度就是路基横断面的坡顶或坡脚额外增加的用地宽度,一般设置就是典型设置(图 4-26)。

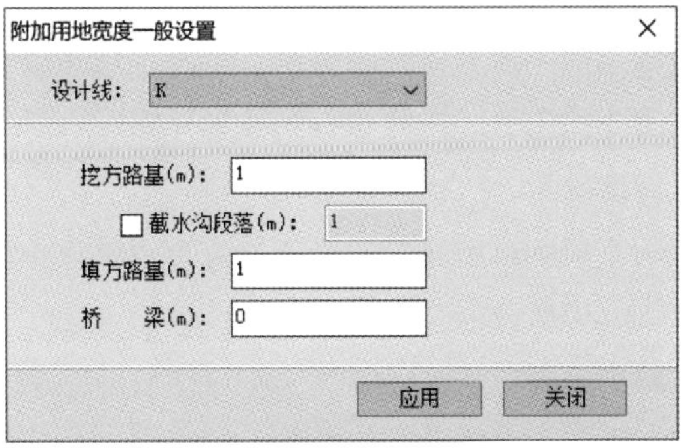

附加用地宽度一般设置

设计线: K

挖方路基(m): 1

☐截水沟段落(m): 1

填方路基(m): 1

桥　梁(m): 0

应用　关闭

图 4-26　附加用地宽度一般设置界面

路线规范第6.7.2条“公路用地范围为公路路堤两侧排水沟外边缘(无排水沟时为路堤或护坡道坡脚)以外,或路堑坡顶截水沟外边缘(无截水沟为坡顶)以外不小于1m范围内的土地;在有条件的地段,高速公路和一级公路不小于3m、二级公路不小于2m范围内的土地为公路用地范围。”而《公路工程项目建设用地指标》(建标〔2011〕124号)第4.0.4条并不区分是否有条件,路基的附加用地宽度为1m。新路线CAD软件的默认设置按照《公路工程项目建设用地指标》(建标〔2011〕124号)的要求填写路基和桥梁的附加用地宽度一般值。

4.4.3.13 附加用地宽度段落设置

不同于附加用地宽度的段落输入,附加用地宽度段落设置是为了满足附加用地宽度的一些特殊需求。数据包括起点桩号、终点桩号、该段附加用地宽度,左侧、右侧分开设置。

4.4.3.14 面积修正一般设置

面积修正一般设置就是面积修正的典型设置。包括顶面超填厚度、边坡加宽填筑宽度、清除表土厚度、填前压(夯)实厚度等四项内容,根据项目的实际情况进行填写(图4-27)。

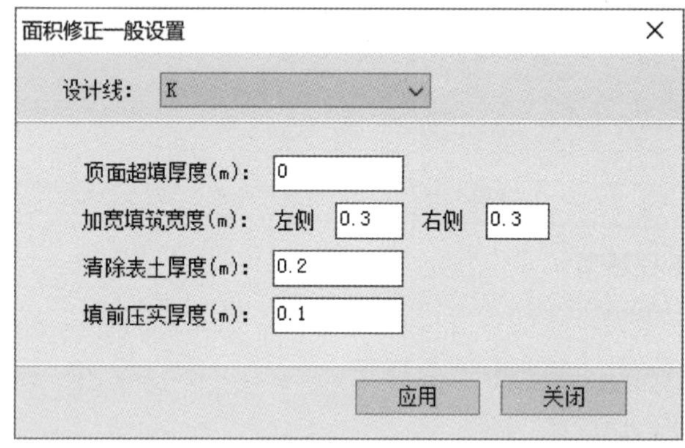

图4-27 面积修正一般设置界面

4.4.3.15 顶面超填厚度段落

顶面超填厚度段落填写不同于典型设置的段落。每个顶面超填厚度段落包括起点桩号、终点桩号和顶面超填厚度等三项内容。

4.4.3.16 加宽填筑宽度段落

加宽填筑宽度段落填写不同于典型设置的段落。每个加宽填筑宽度段落包括起点桩号、终点桩号和加宽填筑宽度等三项内容。左侧和右侧可分开填写。

4.4.3.17 清除表土厚度段落

清除表土厚度段落填写不同于典型设置的段落。每个清除表土厚度段落包括起点桩号、终点桩号和清除表土厚度等三项内容。

4.4.3.18 填前压实厚度段落

填前压实厚度段落填写不同于典型设置的段落。每个填前压实厚度段落包括起点桩号、终点桩号和填前压实厚度等三项内容。

4.4.4 构造物数据

构造物主要包括特大桥、大桥、中桥、小桥、涵洞、隧道、分离式立体交叉、通道、天桥/渡槽等。主要用于公路平面总体设计图、路线纵断面图及边沟(排水沟)表等图表输出。

4.4.4.1 特大桥、大桥、中桥

输入桥梁的跨径中心桩号(或主跨中心桩号)、孔数/孔径、结构形式等资料。

4.4.4.2 小桥

小桥的输入以及出表,与大桥、中桥不同,因此单独输入。有的单位习惯把桥式通道按功能单独计列,从结构来看,桥式通道与中桥或小桥无差异。从简化设计的角度出发,不再单独计列桥式通道,设计人员应根据跨径大小将其列入中桥或小桥中。新路线 CAD 软件中也未设置桥式通道类型。

4.4.4.3 涵洞

录入涵洞的中心桩号、孔数/孔径、结构形式、涵洞长度、出入口高程等信息。

4.4.4.4 隧道

录入隧道名称、起讫桩号、隧道类型等相关资料。

4.4.4.5 分离式立体交叉

这里分离式立体交叉专指主线下穿的线外桥梁。对于主线上跨等级公路的桥梁,从简化设计、方便统计等方面出发,设计人员应计入主线的特大桥、大桥与中桥中。

4.4.4.6 通道

录入通道的中心桩号、孔数/孔径、结构形式、涵洞长度、出入口高程等信息。

4.4.4.7 天桥/渡槽

录入天桥或渡槽的中心桩号、孔数/孔径、结构形式等信息。

4.4.5 路线交叉数据

4.4.5.1 互通式立体交叉

互通式立体交叉包括互通名称、起点桩号、终点桩号等,主要用于土石方计算扣除以及设计图标注、表格备注等。

4.4.5.2 平面交叉

平面交叉包括交叉桩号、交叉角度、起点桩号、终点桩号等信息,用于设计图信息标注和表格信息备注等。

4.4.5.3 服务设施

服务设施包括服务设施名称、服务设施类型、中心桩号、起点桩号、终点桩号等信息,用于设计图信息标注和表格信息备注等。

4.4.6 土石方数据

4.4.6.1 土石成分段落

土石成分段落输入路基挖方的土石成分比例,土石成分比例从外业调查和地质勘察得到,用于土石方计算。包括起点桩号、终点桩号、松土比例、普通土比例、硬土比例、软石比例、次坚石和坚石比例,最后自动检查六类土石成分比例之和是否为100%。

4.4.6.2 取土坑、弃土堆数据

土石方调配过程中,多余的挖方需要运输到弃土堆,缺少的填方需要从取土坑借方。根据项目的实际需要以及野外调查结果,确定项目所需的取土堆和弃土坑位置和规模。取土坑数据包括编号、上路桩号、位置(左侧还是右侧)、支距、可借数量、松土比例、普通土比例、硬土比例、软石比例、次坚石比例、坚石比例和取土坑类型,取土坑类型包括永久、临时和隧道弃渣三种。弃土堆数据包括编号、上路桩号、位置(左侧还是右侧)、支距和可弃数量。临时取土坑是指其他位置调出,调入本地的土方或石方假设的取土位置。

4.4.6.3 面积数据浏览

横断面面积计算和修正后,断面理论面积和各种分项修正面积均存入数据库以便土石方调配使用。新路线CAD软件设置了断面面积浏览功能,一方面为方便检查各分项面积的正确性,另一方面为方便面积编辑与修改,再者为方便使用已有面积资料,面积可以直接导入(图4-28)。换句话说,即使系统计算错误,人工也可以修正,同时已有面积资料可导入项目进行土石方调配,最大限度地方便设计人员使用。

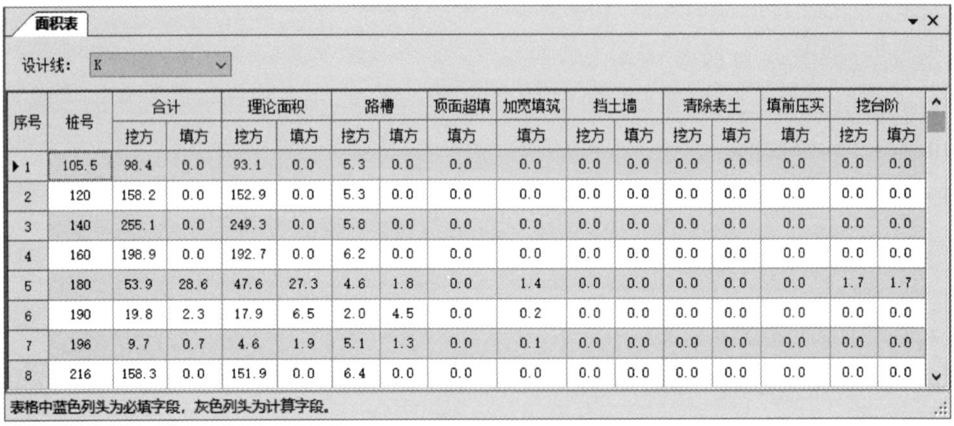

面积表

设计线: K

序号	桩号	合计		理论面积		路槽		顶面超填	加宽填筑	挡土墙		清除表土		填前压实	挖台阶	
		挖方	填方	挖方	填方	挖方	填方	填方	填方	挖方	填方	挖方	填方	填方	挖方	填方
1	105.5	98.4	0.0	93.1	0.0	5.3	0.0	0.0	0.0	0.0	0.0	0.0	0.0	0.0	0.0	0.0
2	120	158.2	0.0	152.9	0.0	5.3	0.0	0.0	0.0	0.0	0.0	0.0	0.0	0.0	0.0	0.0
3	140	255.1	0.0	249.3	0.0	5.8	0.0	0.0	0.0	0.0	0.0	0.0	0.0	0.0	0.0	0.0
4	160	198.9	0.0	192.7	0.0	6.2	0.0	0.0	0.0	0.0	0.0	0.0	0.0	0.0	0.0	0.0
5	180	53.9	28.6	47.6	27.3	4.6	1.8	0.0	1.4	0.0	0.0	0.0	0.0	0.0	1.7	1.7
6	190	19.8	2.3	17.9	6.5	2.0	4.5	0.0	0.2	0.0	0.0	0.0	0.0	0.0	0.0	0.0
7	196	9.7	0.7	4.6	1.9	5.1	1.3	0.0	0.1	0.0	0.0	0.0	0.0	0.0	0.0	0.0
8	216	158.3	0.0	151.9	0.0	6.4	0.0	0.0	0.0	0.0	0.0	0.0	0.0	0.0	0.0	0.0

表格中蓝色列头为必填字段,灰色列头为计算字段。

图4-28 面积浏览与编辑界面

4.5 与其他系统的接口

目前,公路设计数据格式尚未统一,缺乏公路设计数据交换标准,因此不同路线CAD软件之间的数据交换需要针对各个系统单独进行。新路线CAD软件针对纬地、DICAD PRO、EICAD、JSL-Road等软件做了相应的导入/导出接口,以满足数据交换的需要。由于各个系统的

设计思想存在较大差异,同时数据格式也未开放,因此各个系统之间的数据交换并不方便。

在公路软件之间进行数据交换,最好的做法是建立统一的数据交换标准,采用 XML 方式进行交换。XML,即可扩展标记语言(Extensible Markup Language),是各种应用程序之间进行数据交换的最常用方式。笔者认为,统一的数据交换标准格式包括以下三部分内容:

①桩号及断链的表达形式。之前已经讨论过桩号的表达方式问题,包括左半幅还是右半幅、桩号数值、重复桩号的出现顺序号等。

②数据的分类。公路设计涉及的数据有几十种,需要将这些数据进行分类,以便管理。可分为总体信息、路线、路基路面、桥梁与涵洞、隧道、路线交叉、交通工程及沿线设施等类别。每个类别下再细分具体的数据,如路线分为平面数据、断链数据、纵坡数据等。

③具体每一项数据的子项。比如特大桥、大桥、中桥,其子项包括设计线名称、桥梁名称、中心桩号、孔数及孔径、交叉角度、上构形式、河流名称或地名、河床地质情况、最大墩高、左半幅桥面宽度、右半幅桥面宽度、台及基础、墩及基础、通航等级、设计水位、设计流量、起点端左侧耳墙/侧墙长度、起点端右侧耳墙/侧墙长度、终点端左侧耳墙/侧墙长度、终点端右侧耳墙/侧墙长度、设计者、备注等多个信息。其中有些子项是必备信息,有些子项是可选信息。再者,即使有这么多子项,各个地区、各个建设单位、各个设计单位的要求和习惯均可能不同,前述子项未必能囊括所有的内容,因此,数据的子项还需要具有可扩展性,以满足一些特殊需求。

4.6 公路协同设计平台

在这里顺带提一下,在 JSL-路线专家系统的基础上,开发完成了公路协同设计平台。在大多数情况下,公路设计各个专业之间数据交换,均停留在纸质资料互提单的阶段。更进一步,在纸质资料互提单的基础上加上一个项目文件或电子数据文件,但项目文件或电子数据文件的正确性或者说与资料互提单的一致性,实际上难以保证。这样,就存在基础数据重复输入或重复转换的问题,费时费力。

解决设计中的资料互提问题,提高设计效率,减少资料互提的差错,开发了公路协同设计平台。该平台通过数据库记录提交、审核、数据库记录字段级比对以及数据库记录更新,实现了公路设计数据在不同计算机上的同步,同时也实现了公路设计数据的收集和集中管理。

5　平 面 设 计

路线平面设计是得到平面设计线的过程。平面线元包括直线、圆弧和回旋线三种。直线和圆弧特性简单明确，而回旋线的公式和特性均较为复杂。从回旋线的计算速度、拟合绘制到求点对应桩号等问题，一直未找到较佳的解决方案，值得深入研究。因此，回旋线的研究是新路线 CAD 软件研发的重点和难点问题。

5.1　平面设计研究

5.1.1　回旋线坐标计算

从回旋线的数学定义可知，其曲率半径 R 与曲线上某一点至该曲线起点的距离 L_s 成反比，即：

$$R \cdot L_s = A^2 \tag{5-1}$$

式中：R——回旋线上任意给定点的曲率半径(m)；

L_s——回旋线上任意给定点到原点的距离(m)；

A——回旋线参数。

5.1.1.1　坐标计算精度

公路勘察设计时，在中桩坐标计算、点对应桩号以及回旋线绘制等过程中，为满足指定的精度要求，回旋线必须采用级数展开式进行计算。回旋线的直角坐标方程如下：

$$\begin{cases} x = L_s - \dfrac{L_s^3}{40R^2} + \dfrac{L_s^5}{3456R^4} - \dfrac{L_s^7}{599040R^6} + \dfrac{L_s^9}{175472640R^8} - \cdots \\ y = \dfrac{L_s^2}{6R} - \dfrac{L_s^4}{336R^3} + \dfrac{L_s^6}{42240R^5} - \dfrac{L_s^8}{9676800R^7} + \dfrac{L_s^{10}}{3530096640R^9} - \cdots \end{cases} \tag{5-2}$$

在部分书籍中，关于回旋线的计算公式，一般取式(5-2)的前几项(一般道路的平面设计中取前二至三项，互通式立体交叉的平面设计中取四至五项)，或者把回旋线简化为三次或高次抛物线进行近似计算，方便学习和掌握路线平面设计计算的原理和方法。对现在的计算机硬件而言，运算速度足够快，计算的繁复已不成问题，而对精度的要求却越来越高。无论是回旋线的近似公式还是简化公式，往往难以满足设计和路线 CAD 软件的精度要求。

根据回旋线的数学定义，通过积分用级数展开整理得到式(5-2)的计算通式：

$$\begin{cases} x = \sum_{i=1}^{n} \dfrac{(-1)^{i+1} \cdot L_s^{2i-1}}{(4i-3)(2i-2)! \cdot 2^{2i-2} \cdot R^{2i-2}} \\ y = \sum_{i=1}^{n} \dfrac{(-1)^{i+1} \cdot L_s^{2i}}{(4i-1)(2i-1)! \cdot 2^{2i-1} \cdot R^{2i-1}} \end{cases} \tag{5-3}$$

也就是说,x、y 展开式的任意一项为:

$$\begin{cases} x_n = \dfrac{(-1)^{n+1} \cdot L_s^{2n-1}}{(4n-3)(2n-2)! \cdot 2^{2n-2} \cdot R^{2n-2}} \\ y_n = \dfrac{(-1)^{n+1} \cdot L_s^{2n}}{(4n-1)(2n-1)! \cdot 2^{2n-1} \cdot R^{2n-1}} \end{cases} \tag{5-4}$$

取固定项数可能不满足精度要求,当项数足够多时精度能够满足要求,此时计算速度可能是一个问题。由于坐标计算的使用频率非常高,其计算速度是路线 CAD 软件在满足精度的同时必须考虑的问题。在兼顾计算速度和计算精度的前提下,不采用固定的级数项数,对式(5-3)如何快速而准确取得满足指定精度的级数项数需要研究。如在 CAD 环境中,要求路线中桩、边桩等坐标计算、绘图的误差小于 1mm。在路线 CAD 软件中,坐标的计算精度提高 2 个以上数量级,即10^{-5}m,这样在绝大部分情况下,最终结果能满足10^{-3}m 精度要求。

将式(5-1)代入式(5-4),得到如下公式:

$$\begin{cases} x_n = \dfrac{(-1)^{n+1} \cdot L_s^{4n-3}}{(4n-3)(2n-2)! \cdot 2^{2n-2} \cdot A^{4n-4}} \\ y_n = \dfrac{(-1)^{n+1} \cdot L_s^{4n-1}}{(4n-1)(2n-1)! \cdot 2^{2n-1} \cdot A^{4n-2}} \end{cases} \tag{5-5}$$

由式(5-5)可知,在回旋线参数 A 值一定时,回旋线长度越长,满足指定精度需要计算的项数越多。在回旋线长度一定时,A 值越小,满足指定精度需要计算的项数越多。式(5-5)受 L_s、A 值大小控制,因此,无法直接确定固定取多少项,需要进一步研究。

通过式(5-5)建立 x_{n+1}与 x_n、y_{n+1}与 y_n 的关系:

$$\begin{cases} x_{n+1} = -\dfrac{(4n-3) \cdot L_s^4}{4(2n-1)(2n)(4n+1) \cdot A^4} x_n \\ y_{n+1} = -\dfrac{(4n-1) \cdot L_s^4}{4(2n)(2n+1)(4n+3) \cdot A^4} y_n \end{cases} \tag{5-6}$$

由式(5-6)可知:

$$\begin{cases} \lim\limits_{n \to \infty} \dfrac{x_{n+1}}{x_n} = 0 \\ \lim\limits_{n \to \infty} \dfrac{y_{n+1}}{y_n} = 0 \end{cases} \tag{5-7}$$

由此可知,式(5-6)为收敛函数,随着 n 的增大,级数项的值越来越小,那么可以用回旋线级数展开式的第 n 项来作为回旋线坐标的精度控制值。这样,系统无须关心取多少项,只需循环计算直到满足指定精度为止。

5.1.1.2 坐标计算速度

回旋线的坐标 x、y,在设计中计算次数多,具体计算次数的规模较难估量。为提高系统运行效率,应尽可能优化回旋线坐标 x、y 的计算速度。通过研究,发现利用x_n与x_{n+1}、y_n与y_{n+1}的关系,可以提高计算速度,也可以避免计算过程中产生大数溢出导致精度损失。在新路线 CAD 软件中,采用式(5-6)的计算方式,经大量工程项目的实际验证,计算速度快、计算精度高。

5.1.1.3 坐标计算的代码实现

通过前面的优化,对于回旋线坐标的无穷级数展开式,给定精度可以简单、快速地得到回旋线的坐标,而无须关心级数展开式的项数。因此对于当前的软件水平和条件来讲,回旋线的坐标计算无须取前三项或前五项的方式来计算。Excel VBA 实现指定精度的回旋线坐标计算代码如下:

```
Function CalcSprial(A As Double, Ls As Double, eps As Double) As String
    Dim X, Y, tempX, tempY As Double
    tempX = Ls
    tempY = Ls ^ 3 / (6 * A ^ 2)
    For n = 2 To 100
        X = X + tempX
        Y = Y + tempY
        tempX = -tempX * (4 * n - 7) * Ls^4/(4 * (2 * n - 3) * (2 * n - 2) * (4 * n - 3) * A^4)
        tempY = -tempY * (4 * n - 5) * Ls^4/(4 * (2 * n - 2) * (2 * n - 1) * (4 * n - 1) * A^4)
        If Abs(tempX) < eps And Abs(tempY) < eps Then Exit For
    Next n
    CalcSprial = Format(X, "######.###") & "," & Format(Y, "######.###")
End Function
```

该算法经过新路线 CAD 软件的验证,回旋线坐标计算的速度和精度能够有效保证。上述代码输入到 Excel VBA 中即可方便地进行回旋线坐标的计算。因此对现有的关于回旋线的计算方式,建议予以更新,不需要再取固定项数来计算。

5.1.2 回旋线的逼近与绘制

回旋线是一种复杂的高次光滑曲线。在路线 CAD 软件中,经常需要进行直线、圆弧及回旋线与回旋线的求交计算,以及回旋线的绘制。从式(5-3)可知,回旋线的曲线特性较复杂,难以用常规的方法直接进行相关计算和图形绘制。如何快速、精确地进行回旋线的计算和图形绘制,是路线 CAD 软件必须面对的问题。

直线和圆弧是两种最简单、基本的几何元素,是两种最常用的曲线逼近方式。1984 年出版的 *Computer Aided Design* 中"Approximation of spirals by piecewise curves of fewest circular arc segments"论文介绍了一种最少圆弧逼近回旋线方法,逼近的圆弧依然为连续光滑曲线,该方法计算较复杂。如何找到一种用直线或圆弧简单、快速、高效的逼近方法,是一个亟待解决的问题。

在项目研发过程中,研发人员通过对回旋线深入研究,较彻底地解决了采用直线或圆弧来逼近回旋线的问题。该方法申请了发明专利:一种公路缓和曲线的简化设计方法;专利号为:ZL201210348908.2,已于 2015 年 2 月 11 日正式授权。

目前回旋线的逼近方法有多种,如采用样条曲线逼近回旋线,样条曲线计算较烦琐、使用不方便,也不符合采用简单曲线来代替复杂曲线的一般做法;采用圆弧逼近,但计算逼近圆弧的回旋线长度需要采用迭代和趋近的方法,不适合大批量计算和绘制;采用等间距直线逼近回旋线,但直线段数较多,与回旋线的曲线特性不相符;文献[22]采用不等间距直线逼近方法,在一定程度上减少了直线段数,但直线长度的波动幅度较大,与回旋线的曲线特性仍存在较大差异,逼近算法和精度控制方式需要改进。一般而言,非圆曲线采用直线或圆弧逼近是最常见的方式,其中直线逼近法因其简单直观而应用较多。因此,针对回旋线的曲线特性,研发人员进行了深入研究,提出了最少直线逼近回旋线的优化算法,实现了回旋线快速、精确的计算与绘制。

5.1.2.1 精度控制方式

在直线逼近回旋线中,有多种精度控制方式,如文献[22]采用回旋线上两点间的弧线与弧长的差值来控制逼近精度。在所有方法中,直线与回旋线之间的最大弦弧差是最直接、最有效的精度控制方式,能够保证回旋线上任一点与逼近直线之间的距离误差不大于指定精度,满足工程实际需要。

回旋线的几何性质较复杂,直接计算直线与回旋线之间的最大弦弧差是难点。若采用迭代方法获得最大弦弧差,将严重影响算法效率。通过研究发现,直线和回旋线之间的弦弧差最大时,回旋线上的切线角 θ_S 与线段的倾斜角 θ_L 相等(图 5-1),即:

$$\theta_S = \theta_L \tag{5-8}$$

在回旋线坐标系 XOY 中,对于参数为 A 的回旋线,至回旋线原点 O 距离为 L_s 的任意点的切线与 X 轴的夹角 θ_S 为:

$$\theta_S = \frac{L^2}{2A^2} \tag{5-9}$$

过回旋线上任意两点 P、Q 的直线与 X 轴的夹角 θ_L 为:

$$\theta_L = \tan^{-1}\frac{Y_q - Y_P}{X_q - X_P} \tag{5-10}$$

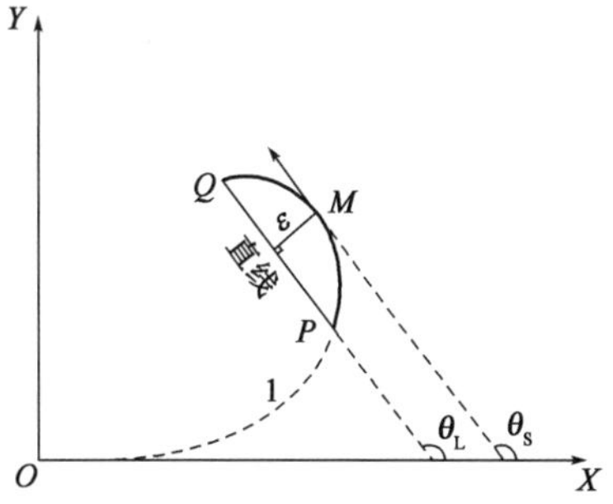

图 5-1 直线逼近回旋线的最大弦弧差

X_P、Y_P、X_q、Y_q 可由式(5-3)计算得到。由式(5-8)~式(5-10)可得到 M 点的回旋线长度 l。由式(5-3)可计算 M 点坐标,从而得到回旋线 PQ 与直线 PQ 之间的最大弦弧差。

5.1.2.2 直线逼近回旋线的基本算法

理想状态下,给定控制精度 ε,逼近直线长度随着回旋线的曲率半径而变化,从曲率半径为无穷大处逐渐变短,这样逼近直线段数最少。回旋线的曲线特性较复杂,难以直接计算满足控制精度 ε 要求的最少直线段数,但可用搜索算法得到直线段数。下面是文献[22]中直线逼近回旋线的一般算法:

(1)对于一段长度为 L_s 的回旋线,首先检查经过其起终点的直线与回旋线的最大弦弧差是否满足精度 ε 的要求。若满足要求,则结束搜索;若不满足,则继续搜索。

(2)设置搜索比例因子 f,此时搜索长度为 $f \cdot L_s$,检查最大弦弧差是否满足精度要求。若满足,结束搜索;若不满足,继续搜索 $f^2 \cdot L_s$……,依此类推,直到找到满足精度要求的回旋线长度为止。

(3)将余下的回旋线当作独立的回旋线,重复步骤(1)、(2),直至整个回旋线搜索结束。

该算法实际上是通用的曲线不等间距直线逼近算法,并未针对回旋线的曲线特性进行优化。

5.1.2.3 算法优化

1)搜索方向

根据回旋线的曲线特性,为减少搜索次数,搜索从大半径至小半径方向进行。

2)搜索比例因子

为提高直线逼近回旋线的算法效率,同时使逼近的直线段数趋近最少,需要选择合适的搜索比例因子 f。

假设搜索第 n 段回旋线时,搜索到某段回旋线 Δl_s 的弦弧差大于控制精度 ε。在最不利情况下,假设 Δl_s 缩短极小的长度 $\delta(\delta \ll \Delta l_s - f \cdot \Delta l_s)$后,即 $\Delta l_s - \delta$,其弦弧差满足控制精度要求。按照前述算法,Δl_s 不满足精度要求,将继续搜索 $f \cdot \Delta l_s$。因为 $\Delta l_s - \delta$ 的弦弧差满足控制精度要求,所以 $f \cdot \Delta l_s < \Delta l_s - \delta$ 一定满足控制精度 ε 的要求,即第 n 段满足控制精度要求的回旋线长度 $\Delta l_n = f \cdot \Delta l_s$。

搜索第 $n+1$ 段回旋线时,根据回旋线的曲线特性,第 $n+1$ 段回旋线的起点半径比第 n 段回旋线的起点半径小,因此满足控制精度要求的第 $n+1$ 段回旋线,其理论最大长度应小于 $\Delta l_s - \delta$,即 $\Delta l_{n+1} < \Delta l_s - \delta$。那么,$\Delta l_{n+1}$ 与 Δl_n 之比最大为:

$$\left(\frac{\Delta l_{n+1}}{\Delta l_n}\right)_{\max} < \frac{\Delta l_s - \delta}{f \cdot \Delta l_s} \approx \frac{1}{f} \tag{5-11}$$

式(5-11)说明了后一段逼近直线对应的回旋线和前一段逼近直线对应的回旋线长度之比与搜索比例因子之间的关系。根据式(5-11),可讨论比例因子 f 如何取值。当 f 取不同值时,$\Delta l_{n+1}/\Delta l_n$ 的关系见表 5-1。

搜索比例因子选用表　　表 5-1

序号	比例因子 f	$1/f$	备　注
1	0.50	2.000	二分法
2	0.618	1.618	黄金分割法
3	0.70	1.429	
4	0.80	1.250	
5	0.90	1.111	
6	0.95	1.053	
7	0.99	1.010	
8	0.9999	1.0001	

理想状态下,逼近的直线长度从大半径至小半径方向逐渐变短。但从前面的分析以及表 5-1可知,比例因子 f 越小,后一段回旋线的长度与前一段回旋线长度之比波动越大,与回旋线的特性越不吻合;比例因子越大,长度波动越小,与回旋线的特性越吻合。f 越趋近于 1,逼近直线总数趋近最少,但搜索次数快速升高,速度迅速降低。兼顾搜索速度和逼近直线段数趋

近最少的要求,搜索比例因子建议根据需要一般选取0.90~0.99。

文献[22]的计算实例中,后一段逼近回旋线长度与前一段长度之比出现多次波动,最大为1.56。从表5-1及前述分析可知,采用黄金分割法的最大波动比例应小于1.618,这解释了文献[22]中回旋线逼近长度出现较大波动的原因。

3)算法过程优化

前述算法中,在找到满足控制精度要求的节点后,即对回旋线的余下部分重复之前的搜索算法。实际上根据式(5-11),在找到第 n 段回旋线 Δl_n 后,第 $n+1$ 段回旋线 Δl_{n+1} 与 Δl_n 的关系如下:

$$\Delta l_{n+1} < \Delta l_n \cdot 1/f \tag{5-12}$$

因此在"5.1.2.2 直线逼近回旋线的基本算法"的第(3)步中,对余下的回旋线,不需要整个重新搜索,而是只需在前次结果长度的 $1/f$ 范围内进行下次搜索,这样可大幅减少搜索次数,缩短搜索时间。实际工程中,同一次处理的回旋线达到数百甚至数千条时,缩短的时间比较可观,算法优化相当有价值。

5.1.2.4 算例及分析

前述优化算法已采用C#语言在新路线CAD软件中实现。采用最大弦弧差的精度控制方式,能够满足工程中回旋线的计算和绘图要求,但其逼近长度与回旋线长度存在误差。对于 $A=100$、$R=100$m 的回旋线和 $A=1000$、$R=3000$m 的回旋线,采用不同的比例因子,控制精度分别采用 $\varepsilon=10^{-4}$m 和 $\varepsilon=10^{-5}$m,比例因子、逼近直线段数和累计长度误差的关系见表5-2。

搜索比例因子与直线段数、搜索次数和累计长度误差关系表 表5-2

序号	比例因子 f	$A=100, R=100\text{m}, \varepsilon=10^{-4}\text{m}$			$A=1000, R=3000\text{m}, \varepsilon=10^{-5}\text{m}$		
		直线段数	搜索次数	长度误差(m)	直线段数	搜索次数	长度误差(m)
1	0.50	315	639	1.0×10^{-5}	98	203	4.2×10^{-6}
2	0.618	266	544	1.4×10^{-5}	90	190	4.8×10^{-6}
3	0.70	254	524	1.4×10^{-5}	88	189	4.9×10^{-6}
4	0.80	234	494	1.7×10^{-5}	81	183	5.7×10^{-6}
5	0.90	220	495	1.9×10^{-5}	77	199	6.4×10^{-6}
6	0.95	214	541	2.0×10^{-5}	74	241	6.8×10^{-6}
7	0.99	210	1001	2.1×10^{-5}	73	621	7.1×10^{-6}
8	0.9999	209	58887	2.1×10^{-5}	72	47912	7.2×10^{-6}

从表5-2并结合多个算例可知,一方面,比例因子 f 由0.50逐渐增大,搜索次数逐渐减少;过某一临界值后,搜索次数开始增加;趋近于1时,搜索次数增加迅速。如表5-2中,f 从0.95提高到0.99,段数减少低于2%,而搜索次数成倍增加;提高到0.9999时,段数仅减少1段,但搜索次数呈指数级上升。另一方面,采用最大弦弧差控制直线逼近回旋线,其累计长度与回旋线的长度误差,与误差控制精度的数量级基本一致。

对于 $A=1000$、$R=3000$m 的回旋线,长度为333.3333333m。直线逼近时,f 分别采用0.99和0.9999,控制精度采用 $\varepsilon=10^{-5}$m,得到的直线段数分别为73段、72段,具体如表5-3、表5-4所示。

$A=1000$、$R=3000$m 回旋线($f=0.99$、$\varepsilon=10^{-5}$m)直线逼近长度表 表 5-3

序号	长度(m)	序号	长度(m)	序号	长度(m)	序号	长度(m)	序号	长度(m)
1	24.4359563	16	5.1461743	31	3.9231485	46	3.3403953	61	2.9608758
2	13.3702957	17	4.9933278	32	3.8839170	47	3.3069913	62	2.9608758
3	10.8263010	18	4.8939606	33	3.8066271	48	3.2739214	63	2.9312671
4	9.4053037	19	4.7965708	34	3.7685608	49	3.2411822	64	2.9312670
5	8.5059881	20	4.7011190	35	3.7308752	50	3.2087704	65	2.9019544
6	7.7703668	21	4.6075667	36	3.6935664	51	3.2087703	66	2.8729348
7	7.3156461	22	4.5158762	37	3.6566308	52	3.1766826	67	2.8729348
8	6.8875356	23	4.4260102	38	3.6200644	53	3.1449158	68	2.8442055
9	6.5499778	24	4.3379326	39	3.5480252	54	3.1134667	69	2.8442055
10	6.2289637	25	4.2945533	40	3.5125449	55	3.1134667	70	2.8157634
11	5.9835177	26	4.2090917	41	3.4774195	56	3.0823320	71	2.7876058
12	5.8058012	27	4.1253308	42	3.4774195	57	3.0515087	72	2.7876058
13	5.5770295	28	4.0840774	43	3.4426453	58	3.0209936	73	0.6874837
14	5.4113861	29	4.0432367	44	3.4082188	59	3.0209936		
15	5.3036995	30	3.9627763	45	3.3741366	60	2.9907836		

$A=1000$、$R=3000$m 回旋线($f=0.9999$、$\varepsilon=10^{-5}$m)直线逼近长度表 表 5-4

序号	长度(m)	序号	长度(m)	序号	长度(m)	序号	长度(m)	序号	长度(m)
1	24.5942494	16	5.1522550	31	3.9263918	46	3.3444855	61	2.9841268
2	13.4594641	17	5.0245366	32	3.8760642	47	3.3155132	62	2.9644954
3	10.8262270	18	4.9073400	33	3.8275297	48	3.2871207	63	2.9452877
4	9.4174528	19	4.7986322	34	3.7814934	49	3.2638636	64	2.9267898
5	8.4956944	20	4.6984369	35	3.7371318	50	3.2336489	65	2.9084081
6	7.8291615	21	4.6049364	36	3.6943988	51	3.2078816	66	2.8907199
7	7.3159143	22	4.5178125	37	3.6536157	52	3.1829562	67	2.8731393
8	6.9036421	23	4.4358843	38	3.6140056	53	3.1585403	68	2.8559512
9	6.5629919	24	4.3593638	39	3.5762552	54	3.1346252	69	2.8391499
10	6.2754447	25	4.2871633	40	3.5396070	55	3.1115135	70	2.8227297
11	6.0269575	26	4.2186893	41	3.5043856	56	3.0888810	71	2.8066851
12	5.8097671	27	4.1542160	42	3.4702086	57	3.0670265	72	2.4876407
13	5.6183544	28	4.0927739	43	3.4373961	58	3.0453267		
14	5.4468489	29	4.0346609	44	3.4052344	59	3.0243852		
15	5.2922094	30	3.9793622	45	3.3743858	60	3.0038881		

一般而言,对于比例因子 f,随着 f 的增大,逼近的直线段数越来越少。通过实例研究发现,当最后一段回旋线的长度 $\Delta l_n \gg L_s(1-f)$ 时,直线逼近回旋线的段数已达到最少,此时 f 增大逼近的直线段数不再减少,如表 5-4 所示。

回旋线的逼近是公路 CAD 软件中的基本问题，有着广泛的应用。由于回旋线的曲线特性较复杂，导致回旋线的逼近也较复杂。最少直线逼近回旋线的优化算法，原理简单、易于实现。对于回旋线数量较多的情况，逼近误差直接计算和逼近直线段数最少可大幅提高处理速度，减少数据存储量，具有重要的应用价值。在实际工程中，可根据精度高低、回旋线的数量规模以及处理速度要求，确定合理的精度和搜索比例因子，实现回旋线快速、精确地计算与绘制。另外，回旋线的最大弦弧差直接计算，可应用到回旋线上的桥梁设计，精确计算直线梁体和路线之间的差异。

对于直线逼近回旋线，各直线长度的累计误差值与最大弦弧差精度控制值数量级基本一致，未得到严格的数学理论证明，仅为统计结论，有待进一步研究。

5.1.3 回旋线偏置线

在路线 CAD 软件中，经常需要绘制平面设计线的偏置线，如公路平面总体设计图中的路基边缘线。直线的偏置线还是直线，圆弧的偏置线还是圆弧，可回旋线的偏置线不再是回旋线（见参考文献[20]），不具备回旋线的特性。如何绘制回旋线的偏置线需要研究。

在回旋线绘制的基础上，直接计算偏置点坐标，再用折线进行偏置线的绘制，是最简单的方式，缺点是顶点较多。根据圆弧的数学定义，三个点确定一个圆弧，可在折线的基础上进行优化，采用圆弧段进行折线拟合。这样可以将三个顶点减少为两个顶点，在同样的精度下，圆弧拟合较折线拟合减少顶点数 33.3%，这样会大大加快回旋线偏置线的绘制速度。在新路线 CAD 软件中，回旋线的偏置线均采用圆弧拟合。

5.1.4 点对应桩号计算

在公路测量、设计、施工和竣工验收中，经常需要根据路线上或路线外点的坐标反算对应桩号，如重要地物点与路线相对位置的测定、加桩和移桩测量、桥涵设计、路基边坡、桥梁、隧道施工以及建成公路与设计公路的偏差确定等。目前，这方面的计算方法较多，有步长压缩摆动趋近法、自适应动态步长法、二分法（或 0.618 法）、统一模型解算法、切线迭代法以及其他方法。通过深入研究后发现，这些计算方法均存在适用范围有限的共性问题，仅适用于线形顺直的公路或距离路线较近的点。对于线形绕曲的路线或距离路线较远的点，得到的结果极可能不是到路线垂线段长度最小的桩号。因此，路线上或路线外任意位置的点，对于不同等级公路任意形状的路线，如何快速、精确地找到它的对应桩号，其完备算法的研究具有重要的实际意义。

5.1.4.1 坐标反算桩号的实质

对于任意点坐标反算对应桩号，若点处于路线上，实际上就是计算该点在路线上的桩号；若点处于路线外，实际上就是计算经过该点垂直于路线的垂线的垂足在路线上的桩号。为方便统一计算，路线上的点可认为是垂线段长度为零的路线外的点。

由于路线形状不规则，路线外任意位置的一点，在路线上的垂足可能不存在，也可能存在一个或多个，个别情况下甚至存在无穷个。若存在多个垂足，在绝大多数情况下，设计人员需要的是垂线段长度最小的那个垂足。

5.1.4.2 算法实现

对于路线外的任意一点,其位置随机分布,与路线的相对位置不确定,如导线点距离路线从几米到几百米不等。其次,路线是一条较复杂的曲线,其形状不规则,尤其是环形匝道或平曲线半径小、回头弯多的低等级公路。再者,组成平面线形的直线、圆曲线和回旋线三种线元的几何性质不同,直线和圆曲线简单,而回旋线较复杂。因此,难以用统一的数学模型进行计算来得到任意点在路线上的所有垂足。

基于此,要得到点的对应桩号,需要搜索平面线形的所有线元,针对每段线元的几何性质及其与点位置的相对关系进行分析,判断线元上是否存在经过该点并垂直于线元的垂线的垂足。若存在,则计算垂足信息。搜索完后,找出垂线段长度最小的垂足,确定该垂足的桩号即为点的对应桩号。这是坐标反算对应桩号的基本思路。下面就直线、圆曲线和回旋线分别进行研究。

1)直线

在平面线形中,直线实际上是线段,其几何性质简单。判断过任意点的垂线的垂足是否在线段上的方法有多种,考虑到搜索速度,建议采用角度判断。

对于任意线段 AB 和任意点 P,$\vec{AP}$、$\vec{BP}$ 与 $\vec{AB}$ 夹角分别为 θ_A、θ_B。若满足 $0 \leqslant \theta_A \leqslant \pi/2$ 且 $\pi/2 \leqslant \theta_B \leqslant \pi$,则过 P 点的垂线的垂足在 AB 上(图 5-2 的阴影区域);否则,垂足不在 AB 上。由此,可快速判断过 P 点的垂线的垂足是否在 AB 上。若垂足在线段上,根据已知方法可以得到垂足的桩号。

2)圆曲线

在平面线形中,圆曲线实际上是圆弧,圆弧的几何性质也较简单。因此,判断过任意点的垂线的垂足是否在圆弧上(图 5-3 的阴影区域)的方法较简单。

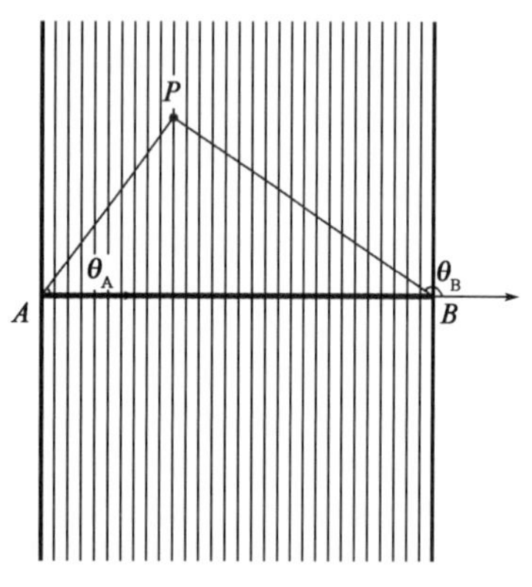

图 5-2 直线

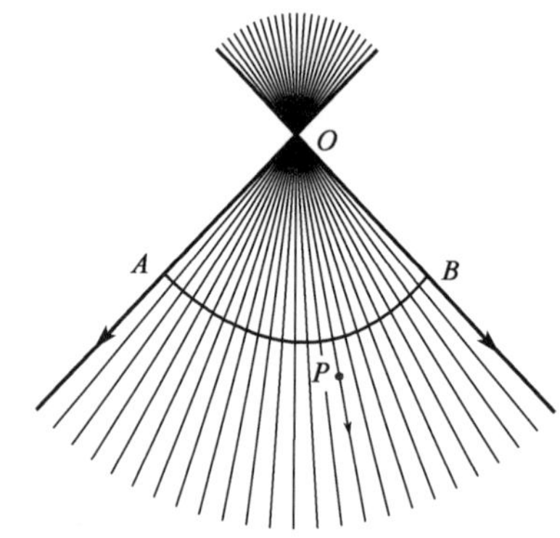

图 5-3 圆曲线

对于半径为 R 的圆弧 AB 和任意点 P,A、B 的切线方位角为 α_A、α_B。判断 P 点在圆弧 AB 上是否有垂足的过程如下:

①计算圆心 O 点坐标,判断 P 点是否与 O 点重合。

②若 P 点与 O 点重合,则圆弧上的任意一点均为点对应的垂足,此时垂足的个数为无穷个,结束计算。

③若 P 点与 O 点不重合,则计算 $\vec{OA}$、$\vec{OB}$ 的方位角 $\beta_{OA}=\alpha_A\pm\pi/2$(圆曲线左偏取 +,右偏取 −)、$\beta_{OB}=\alpha_B\pm\pi/2$。

④计算 $\vec{OP}$ 的方位角 β_{OP}。

⑤若 β_{OP} 或 $\beta_{OP}+\pi$ 在区间 $[\beta_{OA},\beta_{OB}]$ 中,则 P 点在圆弧 AB 上存在垂足,否则不存在。

由此可以快速判断出 P 点在圆弧 AB 上是否存在垂足。若存在垂足,则根据已有方法可以得到垂足的桩号。

3)回旋线

回旋线是复杂的高次连续光滑曲线,其几何性质复杂。判断任意点在回旋线上是否存在垂足难度最大、计算过程也最复杂。为适应大批量、长里程路线的点对应桩号计算,提高计算效率,有必要进一步分析和研究回旋线的几何性质,得到直接、快速的计算方法。

根据回旋线的数学定义,其切线角连续不断变化,值的范围为 $[0,2\pi]$,而且不断循环。在平面线形中,采用的回旋线不完整,其偏角在绝大部分情况下均小于 $\pi/2$(限于篇幅,论证过程略。对于偏角大于或等于 $\pi/2$ 且小于 π 的回旋线,二等分后作为两段回旋线分别处理即可)。

对于偏角小于 $\pi/2$ 的任意回旋线 AB(假设 $R_A>R_B$,$R_A<R_B$ 的研究方法完全相同),A、B 点的法线分别为 EF、GH,EF 与 GH 交于 O 点(图 5-4)。对于任意点 P,$\vec{AP}$、$\vec{BP}$ 与 A 点、B 点切线的夹角分别为 θ_A、θ_B。

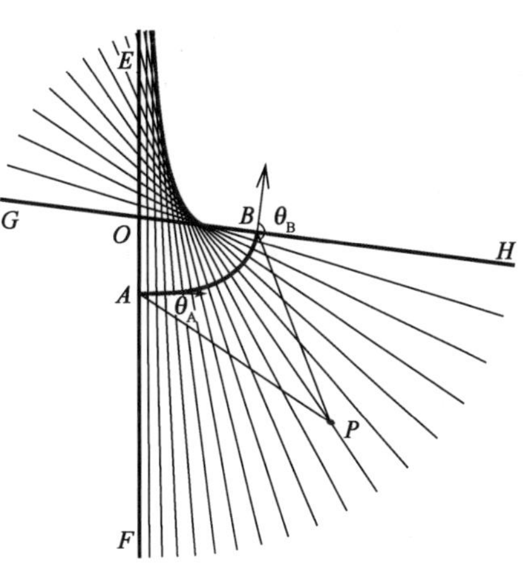

图 5-4 回旋线

通过研究点在回旋线上存在垂足的分布区域与 θ_A、θ_B 的关系(图 5-4),得到 θ_A、θ_B 与 P 点在回旋线 AB 上是否存在垂足的关系,如表 5-5 所示。

任意点与回旋线上垂足关系　　表 5-5

情形	θ_A	θ_B	点所在区域	垂足个数及位置
1	$\theta_A>\pi/2$	$\theta_B>\pi/2$	GOF 区域(不含边界)	不存在
2		$\theta_B=\pi/2$	边界 OG(不含 O 点)	B 点
3		$\theta_B<\pi/2$	GOE 区域(不含边界)	AB 其中一点
4	$\theta_A=\pi/2$	$\theta_B>\pi/2$	边界 OF(不含 O 点)	A 点
5		$\theta_B=\pi/2$	点 O	A 点、B 点
6		$\theta_B<\pi/2$	边界 OE(不含 O 点)	A 点、AB 其中一点
7	$\theta_A<\pi/2$	$\theta_B>\pi/2$	FOH 区域(不含边界)	AB 其中一点
8		$\theta_B=\pi/2$	边界 OH(不含 O 点)	B 点,部分还有 AB 其中一点
9		$\theta_B<\pi/2$	EOH 区域(不含边界)	阴影区域有两个,空白区域不存在

下面就前述 9 种情形进行分析、归纳:

①对于情形 1,P 点在回旋线 AB 上不存在垂足。

②对于情形2、4、5,P 点在回旋线 AB 上的垂足个数和位置明确。

③对于情形3、7,P 点在回旋线 AB 上的垂足有且仅有一个(不含 A 点和 B 点)。

④对于情形6,P 点在回旋线 AB 上的垂足有两个,除了 A 点外,另一个垂足的计算方法与情形3、7完全一致(不含 A 点和 B 点)。

⑤对于情形8、9,情形8是情形9的区域边界,二者处理方法基本相同。P 点在阴影区域时,回旋线 AB 上有两个垂足;在空白区域时,不存在垂足。

鉴于回旋线几何性质的复杂,建立直接求解垂足的几何关系式相当困难。因此,必须采用迭代等逼近方法进行计算。下面针对任意点相对回旋线的位置不同及其在回旋线上的垂足个数不同具体分析。

①回旋线上存在一个垂足。

对于情形3、7以及情形6,除 A 点外的另一个垂足,回旋线上有且仅有一个垂足,可采用二分法或0.618法进行迭代计算求解对应桩号。具体过程如下:把回旋线 AB 按二分法或0.618法,分为回旋线 AQ、QB 两段。对于每一段回旋线 AQ 或 QB,可根据表5-5判断 P 点在回旋线上是否存在垂足,若其中一段存在垂足,则另一段一定不存在。这样,通过迭代可以得到 P 点至回旋线起点的长度,从而得到 P 点的对应桩号。

②回旋线上不存在垂足或存在两个垂足。

对于情形8、9,即 P 点在 EOH 区域(不含边界 OE)内时,部分区域(图5-5的阴影区域)在回旋线上有2个垂足,部分区域(EOH 区域中的空白区域)无垂足。阴影区域和空白区域的分界线,是一条与回旋线几何性质相关的复杂曲线,难以用简单的数学表达式来描述。因此,无法直接判断在 EOH 区域中哪个区域有两个垂足,哪个区域不存在垂足。

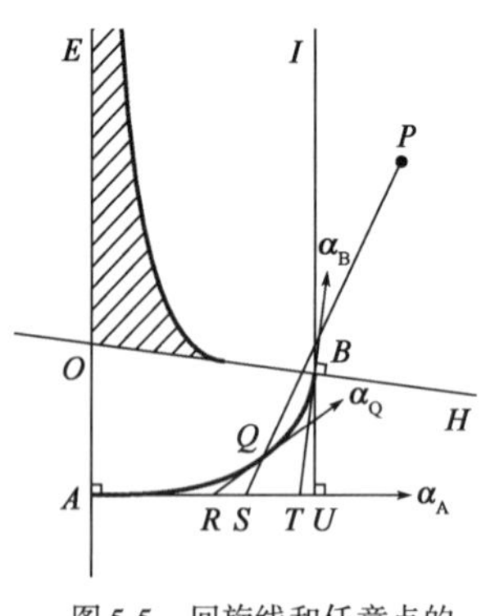

图5-5　回旋线和任意点的相对位置关系

通过进一步研究 EOH 区域(不含边界 OE),见图5-5,发现区域 IBH(含边界 BI,不含边界 BH)可以通过角度判断快速排除。论证过程如下:

①BI 是过 B 点垂直于 A 点切线 AU 的直线(即 $BI /\!/ AE$)。

②在 IBH 区域的任意点 P 与回旋线 AB 上任意点 Q 的连线 PQ,与直线 AU 的交点 S 必在线段 AU 之间。

③$\overrightarrow{QP}$ 与 Q 点切线的夹角 $\theta_Q = \angle QSU - \angle QRU = \angle QSU - \tau_{AQ}$。其中 $\angle QSU$ 为 $\overrightarrow{SP}$ 与 $\overrightarrow{AU}$ 的夹角,最大为 $\pi/2$(当 P 点处于 BI 上时),同时 τ_{AQ} 必大于0,故 $\theta_Q < \pi/2$。

由此可知,处于区域 IBH(含边界 BI,不含边界 BH)的点 P 在回旋线 AB 上不存在垂足。

对于 $EOBI$ 区域(不含边界 OE、BI),部分区域有两个垂足,部分区域无垂足。因 $\theta_A < \pi/2$,此时可采用相关文献的切线迭代法来判断 P 点在回旋线上是否存在垂足。结合表5-5和上述结论,可大幅提高算法效率。若存在垂足,则得到靠近 A 点的垂足;对于另一个垂足,重复上述步骤,直到找到为止。

4)结果

利用前述算法,遍历平面线形的每段线元,可得到点在所有线元上的垂足。若垂足个数为

0,则说明点不存在对应桩号;若垂足个数为1,则说明该垂足的桩号就是点的对应桩号;若垂足个数大于1,则找出垂线段长度最小的垂足,其桩号即为点的对应桩号。

对于存在多个甚至无穷个垂线段长度完全相等的情况,需要制定处理规则。

5.1.4.3 应用及实例

坐标反算对应桩号的算法已经采用C#语言实现,并且应用到了新路线CAD软件中。除了点对应桩号计算本身的应用外,老路平纵面线形拟合、主线辅助接坡、两条设计线交叉信息计算、并行横断面设计以及匝道鼻端桩号计算等功能中均应用了点对应桩号的计算。经过多个工程的验证,证明算法切实有效。

如青海省某山区三级公路改建工程,设计速度为40km/h,里程138.480km。受地形限制,路线较绕曲,增长系数为1.41。全线设平面交点250个,其中卵形曲线14个、双重卵形曲线4个、回头曲线11个;共有754段线元,其中直线100段、圆曲线239段、回旋线415段;回旋线最小长度26.667m,最大长度245.000m。坐标反算桩号示例如表5-6所示。

坐标反算桩号示例 表5-6

编号	坐 标 点		垂足个数	点到路线的垂线段(m)		对 应 桩 号	位置	所处线元
	X	*Y*		最大	最小			
1	985772.383	532347.040	45	47363.011	56.344	K104 +690.881	路线右侧	回旋线
2	965898.750	529196.949	61	30033.901	0.000	K128 +245.509	中心线上	*YH*点
3	964222.399	528149.918	57	28102.973	47.211	K131 +036.374	路线右侧	圆曲线
4	946303.136	509118.094	31	31094.108	2.000	K184 +600.000	路线左侧	圆曲线
5	928438.130	504718.252	37	44743.868	6.241	K208 +550.496	路线左侧	直线

示例证明,即使所求点不在圆弧的圆心等特殊位置,在较绕曲的路线上所求点到路线的垂线多达数十个,一般而言,需要的是距离最短的桩号。但在个别特殊情况下,需要的未必是距离最短的桩号,这对于软件而言,是一个难以自动判断的问题。如果需要达到指定的要求,必须附加其他的条件。

5.1.5 线元法计算模式

现在平面定线方式最常用的是交点法和线元法。交点法中,直线是主角,圆曲线和回旋线是配角,在平原区和微丘区等控制因素少的地区,采用交点法有简单、快捷的优势。线元法中,圆曲线是主角,回旋线和直线是配角,连续S形曲线甚至没有直线。线元法不关心导线在哪里,只关心圆曲线的位置,能够更好地适应地形、降低工程规模,这相对于交点法有无可比拟的优势。在新路线CAD软件里重点研究线元法。

5.1.5.1 两单元模式

两单元模式就是已知起始单元和终止单元的位置和参数,直接求解连接二者的回旋线参数的过程。

1)直线-直线

路线规范第7.3.1条规定“各级公路平面不论转角大小,均应设置圆曲线”。但在个别工程项目的等外道路改建中,偶尔会存在直线与直线直接相接的情况。在新路线CAD软件研发过程中,经过认真研究,确定不支持该方式。主要原因在于:一方面该方式与规范要求不符;另一方面会增加开发工作量和系统复杂度。直线与直线直接相接是特殊事件,若系统支持,需要在线元法、确认平面线形、直线曲线及转角表等与此相关的诸多功能里进行特殊处理,付出的开发代价与其低频、非常规做法不符,可通过设置小半径圆曲线简单解决。

从实际使用过程中来看,直线与直线(还有直线与圆弧、圆弧与圆弧)转角直接相接还是有需求。尤其在近几年的工程项目中,较多一级公路、二级公路、三级公路和四级公路的改扩建中,出现平面交叉相接的情况越来越多。系统需要与时俱进,进行直线-直线、直线-圆弧和圆弧-圆弧三种线元直接转角相接的适应性优化。

2)直线-圆

已知起始单元直线和终止单元圆的位置,直线与圆必须相离或相切,系统计算需插入回旋线的 A 值,然后绘制出来。直线与圆相交的话,无法插入回旋线。

3)圆-直线

已知起始单元圆和终止单元直线的位置,直线与圆必须相离或相切,系统计算需插入回旋线的 A 值,然后绘制出来。这与直线-圆模式顺序相反,但算法完全一致。

4)圆-圆 S 形

已知起始单元圆和终止单元圆的位置,两圆必须相离或外切,系统根据指定的其中一个圆的回旋线参数,计算另一个圆的回旋线参数,然后绘制出来。

5)圆-圆 C 形

已知起始单元圆和终止单元圆的位置,两圆位置任意,系统根据指定的其中一个圆的回旋线参数,计算另一个圆的回旋线参数,然后绘制出来。

6)圆-圆卵形

已知起始单元圆和终止单元圆的位置,大圆包含小圆(可内切),系统根据两个圆的位置计算插入的回旋线参数,然后绘制出来。

两单元模式是整个线元法的基础。后面三单元模式均转换为两个两单元模式来进行计算与绘制。

5.1.5.2 三单元模式

三单元模式就是已知起始单元和终止单元的位置、参数、连接单元的参数和连接回旋线的参数,求解连接单元位置及连接回旋线位置的过程。

1)直线-圆-直线模式

该模式也就是交点法的基本型,拆分为直线-圆和圆-直线模式进行圆心位置求解。

2)直线-圆-圆模式

拆分为直线-圆和圆-圆模式进行求解。圆-圆模式又分为圆-圆 S 形、圆-圆 C 形和圆-圆卵形三种模式。

3)圆-圆-直线模式

与直线-圆-圆模式类似,只是顺序相反。

4)圆-直线-圆模式

根据直线与两圆的位置关系,分为同向圆曲线间直线和反向圆曲线间直线。根据直线的大致位置,判断是同向圆曲线间直线还是反向圆曲线间直线。然后拆分为圆-直线和直线-圆模式进行求解。

5)圆-圆-圆模式

拆分为两个圆-圆模式进行求解。圆-圆 S 形、圆-圆 C 形和圆-圆卵形两两组合共有 9 种情况,然后分别求解。

线元法需要已知起始单元和终止单元位置及参数以及连接单元的大致位置,系统自动智能判断和匹配上述的各种模式,求解完成后,进行线元裁剪,最后绘制完整的线形。

5.1.5.3 线元法目标

新路线 CAD 软件的目标:用户给出大致正确的位置,系统给出正确的线形。线元法定线界面如图 5-6 所示。具有如下特点:

①连接类型智能判断,自动匹配各种模式。通过分析两个和三个直线、圆曲线单元的组合,共计 12 种常见位置关系,系统可以根据位置关系智能判断连接类型,大大地提高了线元法的便利性。

②自动推荐回旋线参数 *A* 值。*A* 值可以使用系统推荐值(本书第 5.3.1 节详细介绍)或用户习惯值。若系统推荐值不符合用户需要,用户自己输入,系统记录并在后续的线元法中推荐用户习惯值。

③偏向智能判断。线元法定线是连续的,因此偏向具有延续性。除了起始线元为圆无法直接判断偏向以外,其他线形要么通过起始线元的偏向直接确定,要么根据线元的位置关系直接判断线元的偏向。

④不需要关心是否是回头曲线。

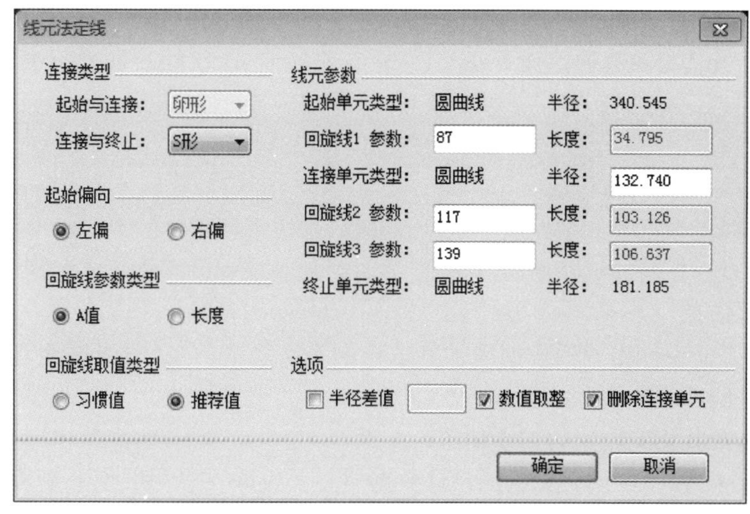

图 5-6 线元法定线界面

5.1.6 保证平纵数据一致性措施

路线设计牵涉的基础数据众多,各种数据之间相互关联、相互影响,设计经常反复。平面设计是整个路线设计的基础,影响公路设计的各个方面,其成果为平面线元数据。如果修改平面线元,则与之相关联的断链数据、平面交点数据、变坡点数据、纵断面地面线、横断面地面线等数据均要随之发生变化。纵断面设计在平面设计的基础上完成,因此它依赖平面设计,纵断面设计的成果为变坡点数据。纵断面设计修改后,与之相关联的大中桥、小桥、涵洞、隧道、分离式立交、通道及天桥等构造物数据需要随之发生变化。各种数据之间存在一定的关联关系。

平纵面及其相关数据(图5-7)存在较强的关联关系,但对于绝大多数的路线CAD软件来说,这些关联关系的正确性需要依靠人工来保证,若设计人员忘记了修改,则输出的设计结果将是错误的,缺乏系统功能来辅助人工保证关联数据的正确性。曾经有个项目,设计人员将纵断面修改后,与之相关的逐桩设计高程并未重新计算,最后在输出的路线纵断面图中,纵断面坡度线、坡度/坡长均正确,但逐桩设计高程是错误的。类似这样的情况,不是个例,由此出现的各种返工也不在少数。

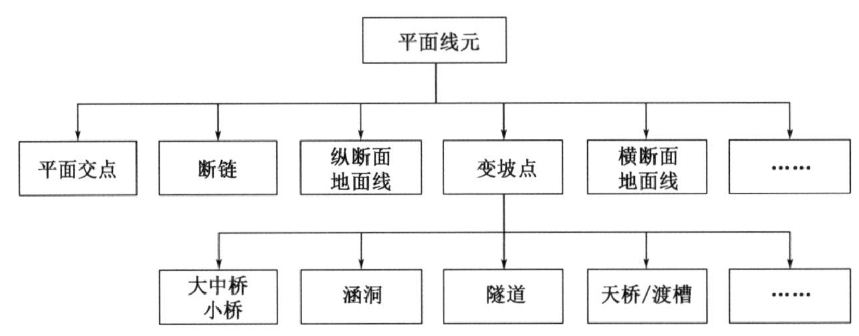

图5-7　平纵面及其相关数据关系

基于平纵面及其相关数据的强关联关系,在新路线CAD软件开发过程中,研发人员做了大量的研究,发明了一种保证道路平纵面及其相关数据一致性的方法,该方法已经申请发明专利,并于2018年11月正式授权,专利号为CN201410438341.7。

该方法发明的主要内容包括:

(1)给平面线元数据附加平面版本信息,同时附加该平面版本的上一版本信息。

(2)给变坡点数据附加纵断面版本信息,同时附加其依赖的平面版本信息,以及该纵断面版本的上一版本信息。

(3)其他与平面设计相关的数据附加其依赖的平面版本信息,与纵断面设计相关的数据附加其依赖的纵断面版本信息。

平纵面版本及其相关数据的关系如图5-8所示。

通过数据版本,将原本没有关联的设计数据建立了关联,更确切地说,恢复了原本存在的关联关系。平纵面版本的设置步骤及应用如下:

1)平面版本的设置步骤

①平面设计完成后,确认平面线形保存平面线元数据;保存时,除了保存平面线元数据外,将创建一个新平面版本,设置该平面版本为平面线元数据的版本,同时设置该平面版本为当前平面版本;其他所有与此平面版本相关的数据自然为空。

②设计人员输入与平面相关的数据,保存数据并设置当前平面版本为该数据的版本。数

据输入有两种方式:第一,如果之前未输入过数据,或较上次数据变化大,或输入简单,那么可直接输入;第二,由于设计工作一般具有延续性,为减少数据重复输入麻烦,通过版本追溯,“复制上次数据”后,在上次数据的基础上修改成新的数据,或忽略变化,直接保存。

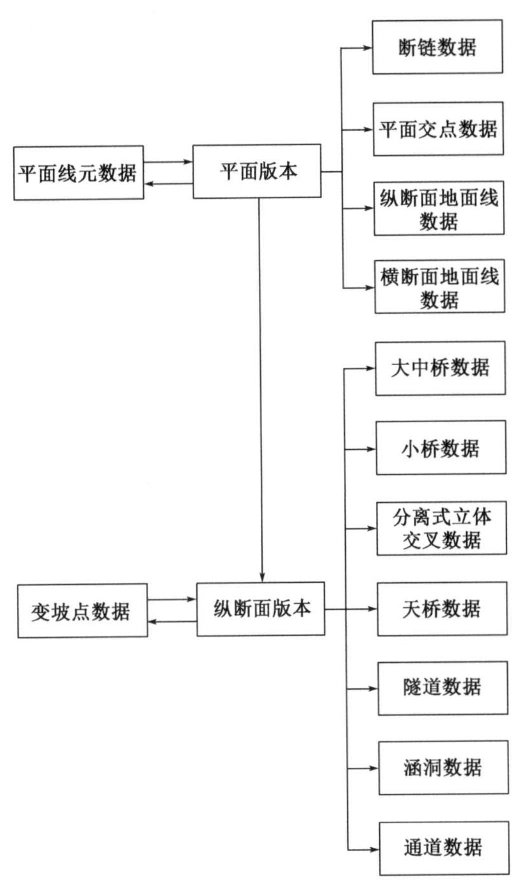

图5-8 平纵面版本及其相关数据的关系

2)纵断面版本的设置步骤

①平面设计完成且输入纵断面地面线后,设计人员进行纵断面设计。

②纵断面设计完成后,确认纵断面线形保存变坡点数据;保存时,除了保存变坡点数据外,将创建一个新纵断面版本,设置该纵断面版本为变坡点数据的版本,同时设置该纵断面版本为当前纵断面版本;其他所有与此纵断面版本相关的数据自然为空。

③输入与纵断面相关的数据,保存数据并设置当前纵断面版本为该数据的版本。数据输入有两种方式:第一,如果之前未输入过数据,或较上次数据变化大,或输入简单,那么可直接输入;第二,由于设计工作一般具有延续性,可通过版本追溯,“复制上次数据”后,在上次数据的基础上修改成新的数据。

3)应用

当系统需要使用与平面线元和变坡点相关的数据时,系统会检查当前平面版本或纵断面版本对应的相关数据是否存在。若存在,说明当前数据与平面线元或变坡点数据是相符的;若不存在,说明该数据未输入过或者平面线元、变坡点数据发生了变化,用户需要输入该数据。考虑到路线设计工作是一项循序渐进的工作,大多数情况下,每次修改均在上一次设计的基础上进行。为避免数据多次重复输入,有效利用上次输入的数据,系统提供"复制上次数据"的方式来解决该问题,通过对平面或纵断面版本的上一版本追溯,把上次的数据复制过来,用户对上次数据进行修改之后就变成了与新平面版本或纵断面版本相匹配的数据,即使用户不修改,此时用户也知晓数据需要更新,从而保证了数据的一致性。

一般来说,一条拟建公路系统用一条设计线表示。一条设计线可有多个平面版本,一个平面版本可以有多个纵断面版本,一个纵断面版本有且仅有唯一对应的平面版本。版本在系统中呈树状结构,关联关系十分清楚。虽然版本的内部关系比较复杂,但是对于用户来说,完全不需要关心版本问题。版本问题全部由系统内部进行管理,设计人员面对的始终只有一个当前版本的数据。只有当版本需要删除或恢复的时候才需要关注数据的版本。版本管理界面如图 5-9 所示。

图 5-9 版本管理界面

采用保证平纵面及其相关数据一致性方法有以下优势:

①可保证变坡点数据以及其他与平面相关的数据和平面线元数据的一致性,不需要人工记忆数据是否修改,提高设计质量。

②可保证与纵断面相关的数据与变坡点数据的一致性,不需要人工记忆数据是否修改。

③历史数据可以进行追溯。通过平面版本、纵断面版本的恢复,自动恢复平面数据及其相关数据,符合公路设计反复较多的实际情况,减少人工操作。

④平面线形和纵断面线形均能通过复制上一版本记录来获取上一版本数据,可在该数据的基础上进行修改,使之成为与当前平面线元或纵断面变坡点匹配的正确数据。这符合当前工作一般总是基于上次工作的实际习惯。

⑤能够实时地取出不同版本或不同方案的数据比较差异,方便设计人员快速地对比、分析。

5.1.7 线元法和交点法对比

交点法,目前尚无标准定义,一般而言,是先布置交点,然后根据交点坐标、圆曲线半径和回旋线参数或长度来布置平曲线的路线布设方法。线元法,是根据前后线元的位置、参数以及中间线元的半径、回旋线参数或长度来布置平曲线的路线布设方法。为了使设计人员更好地认识交点法和线元法,两者的差异分析如下:

①计算复杂度不同。交点法模式单一,计算简单。而线元法计算模式分为两单元模式和三单元模式。两单元模式分为直线-圆和圆-圆两大类,圆-圆模式又分为圆-圆S形、圆-圆C形和圆-圆卵形三种。三单元模式可以认为是两个两单元模式组成,那这样模式更多,计算更复杂。而交点法是线元法三单元模式的一种模式,也就是说线元法涵盖了交点法。

②线形特点不同。交点法是一种以直线为主、曲线为辅的路线布设方法,直线是主角,曲线是配角,但不可缺;线元法是一种以曲线为主、直线为辅的路线布设方法,曲线是主角,直线是配角,可缺。

③适用地形不同。在平原区、微丘区等地形较简单地区,交点法简单明了,适应性较好,先布设导线(直线)后布设曲线的方法对工程规模影响小。而在地形复杂的丘陵区、重丘区或山岭区,以曲线为主、直线可有可无的线元法,能够更好地适应地形,降低工程规模。

④布设复杂线形的难度不同。工程实践中,山区公路中S形曲线和卵形曲线十分常见,连续S形曲线和多重卵形曲线也屡见不鲜。对于交点法而言,它起源于单交点,也服务于单交点,布设复杂曲线不方便;而线元法先天无固定模式,且模式较多,各种复杂曲线的布设与单交点的布设并无明显不同。

新路线CAD软件继承JSL-Road的优势,进一步优化了线元法定线,而交点法布线暂时未支持。

5.2 设计流程

新路线CAD软件平面设计流程如下:

①新建项目或打开项目文件。

②新建设计线,若设计线存在则无须新建,进行设计线参数设置,包括道路类型、道路等级、设计速度、路幅模板、采用的规范、超高渐变方式、加宽渐变方式等;若路基宽度不在预定义的标准路幅里,需要事先定义路幅模板。

③在地形图上采用线元法定线。

④确认平面线形,输入断链数据(若存在的话),系统进行规范符合性检查,并给出相关提醒信息,保存平面交点、断链数据和平面线元数据。

5.3 设计实践

5.3.1 回旋线参数 *A* 取值方法

从式(5-1)可知,当半径一定时,回旋线参数 A 值与长度 L 直接相关;反之,回旋线长度与

A 值直接相关。路线设计中,回旋线参数 A 如何取值,或者说如何使 A 值取值规范化,是值得研究的问题。

路线规范第9.2.4条第2款对回旋线的 A 值要求如下:

①当 R 小于100m时,A 宜大于或等于 R。

②当 R 接近于100m时,A 宜等于 R。

③当 R 较大或接近于3000m时,A 宜等于 $R/3$。

④当 R 大于3000m时,A 宜小于 $R/3$。

从上述规定可知,路线规范对 A 值的取值只与半径相关,与设计速度、路基宽度等均无关,且只限定了范围而非具体数值或计算规则。

另一方面,A 值必须满足回旋线最小长度的要求,路线规范第7.4.3条对回旋线最小长度进行了规定:

①最小回旋线长度规定如表5-7所示。

回旋线最小长度 表5-7

设计速度(km/h)	120	100	80	60	40	30	20
回旋线最小长度(m)	100	85	70	50	35	25	20

注:四级公路为超高、加宽过渡段长度。

②回旋线长度应随圆曲线半径的增大而增长。

③圆曲线按规定需设置超高时,回旋线长度应不小于超高过渡段长度。

从表5-7可知回旋线的最小长度,与3s设计速度行程长度一致。

在实际设计中,A 的取值与设计速度、路基宽度密切相关,不同设计速度、不同路基宽度的公路对于 A 值的取值不一样。正因为规范对 A 值取值的模糊,不同单位,甚至同一单位的不同部门、不同个人的 A 值取值习惯可能都不一样。比如,设计速度80km/h、路基宽度25.5m,半径 R 为1200m,A 值的取值差异较大,有400、450、550等,对应回旋线长度分别为133.333m、168.750m、252.083m,由此可看出 $A=400$ 偏小,$A=550$ 偏大。

针对这种情况,为使 A 值取值规范化、标准化,笔者对不同等级公路 A 值取值方法进行了研究。

5.3.1.1 四车道及以上公路

根据路线规范可得到,$R=100$、$A=100$ 时,$L=100$;$R=3000$、$A=1000$ 时,$L=333.333$。根据该结论,建立回旋线长度 L 与半径 R 的数学模型,即采用线性内插的方式,得到回旋线长度 L 与半径 R 的计算公式:

$$L = 0.08R + 92 \tag{5-13}$$

结合路线规范对回旋线长度的要求,来规范回旋线长度的取值。回旋线长度确定后,反算回旋线参数 A 值。A 值的取值方法在新路线CAD软件中已经应用,实现了 A 值的自动推荐。该方法经笔者验证,对于高速公路和一级公路是可行的,对规范 A 值取值有较大的作用。

5.3.1.2 双车道公路

实际生产中发现,采用式(5-13)计算的 A 值较大,回旋线较长,在低等级公路中难以达到。原因在于两方面:一方面,二级、三级、四级公路路基宽度较窄,超高渐变段长度较短,不需要较长的回旋线；另一方面，低等级公路地形一般较复杂，过长的回旋线不利于控制工程规模。既然式(5-13)不能在低等级公路中应用，那么怎么得到低等级公路的 A 值取用规则呢？结合实际工程，笔者通过归纳总结的方法得到了一个 A 值计算规则，即采用从特殊到一般的方法，再加以验证，来检查公式的合理性。

笔者曾参与设计某二级公路项目，设计速度 40km/h，路基宽度 8.5m。为规范 A 值的统一，使设计标准化，A 值的取值统一规定如下：

①R 小于 80m，回旋线长度受超高渐变段长度控制，超高渐变段长度不小于 55m，因此回旋线长度取值 55m。

②半径大于或等于 80m 至小于 200m 之间，回旋线长度采用 50m。

③半径 200m、250m、300m、350m、400m、450m、500m、550m，回旋线长度分别采用 50m、55m、60m、65m、70m、75m、80m、85m。

通过绘制 200m 及以上的回旋线长度、半径关系图发现，L、R 基本呈线性关系。通过线性回归分析，得到回旋线长度 L、半径 R 的关系如下：

$$L = 0.1R + 30 \tag{5-14}$$

相对于式(5-13)，式(5-14)计算更简单，更具有可操作性。该公式是从设计速度 40km/h、路基宽度 8.5m 的项目中归纳总结得到的，对其他半径和设计速度是否适用还需要验证，具体见表 5-8。

回旋线长度、A 值对比表 表 5-8

序号	R	式(5-14) L_{s2}	式(5-13) L_{s1}	式(5-15) L_{s3}	式(5-14) A_2	式(5-13) A_1	式(5-15) A_3	式(5-14) $A_2-R/3$	式(5-13) $A_1-R/3$	式(5-15) $A_3-R/3$
1	100	40	100	91	63	100	95	29.9	66.7	62.0
2	150	45	104	109	82	125	128	32.2	74.9	77.6
3	200	50	108	123	100	147	157	33.3	80.3	90.3
4	250	55	112	136	117	167	184	33.9	84.1	101.0
5	300	60	116	147	134	187	210	34.2	86.6	110.2
6	350	65	120	158	151	205	235	34.2	88.4	118.2
7	400	70	124	167	167	223	259	34.0	89.5	125.2
8	450	75	128	176	184	240	281	33.7	90.2	131.4
9	500	80	132	184	200	257	304	33.3	90.4	137.0
10	550	85	136	192	216	274	325	32.9	90.4	141.9
11	600	90	140	200	232	290	346	32.4	90.1	146.2
12	700	100	148	214	265	322	387	31.2	88.8	153.5
13	800	110	156	227	297	354	426	30.0	87.0	159.2
14	900	120	164	239	329	385	464	28.6	84.6	163.6
15	1000	130	172	247	361	415	497	27.2	81.9	163.6
16	1100	140	180	254	392	446	528	25.8	78.9	161.4
17	1200	150	189	260	424	476	558	24.3	75.6	158.2

续上表

序号	R	式(5-14) L_{s2}	式(5-13) L_{s1}	式(5-15) L_{s3}	式(5-14) A_2	式(5-13) A_1	式(5-15) A_3	式(5-14) $A_2-R/3$	式(5-13) $A_1-R/3$	式(5-15) $A_3-R/3$
18	1300	160	197	265	456	505	587	22.7	72.2	154.0
19	1400	170	205	271	488	535	616	21.2	68.5	149.1
20	1500	180	213	276	520	565	643	19.6	64.8	143.4
21	1600	190	221	281	551	594	670	18.0	60.9	137.1
22	1700	200	229	286	583	624	697	16.4	56.9	130.2
23	1800	210	237	290	615	653	723	14.8	52.8	122.7
24	1900	220	245	294	647	682	748	13.2	48.7	114.7
25	2000	230	253	299	678	711	773	11.6	44.5	106.2
26	2100	240	261	303	710	740	797	9.9	40.2	97.2
27	2200	250	269	307	742	769	821	8.3	35.9	87.9
28	2300	260	277	310	773	798	845	6.6	31.5	78.1
29	2400	270	285	314	805	827	868	5.0	27.1	68.0
30	2500	280	293	317	837	856	891	3.3	22.7	57.5
31	2600	290	300	321	868	883	913	1.7	16.5	46.7
32	2700	300	308	324	900	912	936	0.0	11.9	35.6
33	2800	310	316	327	932	941	958	-1.7	7.3	24.2
34	2900	320	324	331	963	969	979	-3.3	2.7	12.5
35	3000	330	332	334	995	998	1001	-5.0	-2.0	0.6

5.3.1.3 其他经验公式

回旋线参数 A 值没有统一的取值规则,不同单位的做法可能有所不同。下面是某省高速公路勘察设计标准化指南中回旋线参数 A 取值的参考公式:

$$A=\begin{cases}3.46R^{0.72} & (R\leqslant 1000)\\ 6.10R^{0.637} & (R>1000)\end{cases} \tag{5-15}$$

该公式计算较为复杂,除非内嵌到路线 CAD 软件中,否则较难应用。

5.3.1.4 取值方法对比

对半径 100~3000m 采用式(5-14)、式(5-13)、式(5-15)(从小到大排列,便于比较)分别计算回旋线长度、A 值以及与 $R/3$ 的关系,见表 5-8。

通过表 5-8 发现,式(5-15)计算的 A 值明显偏大,式(5-13)、式(5-14)、式(5-15)均满足路线规范第 7.4.3 条对回旋线的要求。从表 5-8 可看出,式(5-14)中,当 $R=3000$、$L=330$,与路线规范的要求 $R=3000$、$A=1000$、$L=333.333$ 几乎一致,纯属巧合。说明该式虽然由 200~600m 圆曲线半径归纳总结得到,但也适用半径 600~3000m 的回旋线长度要求。

三种 A 值取值方法的图形表达如图 5-10、图 5-11 所示。

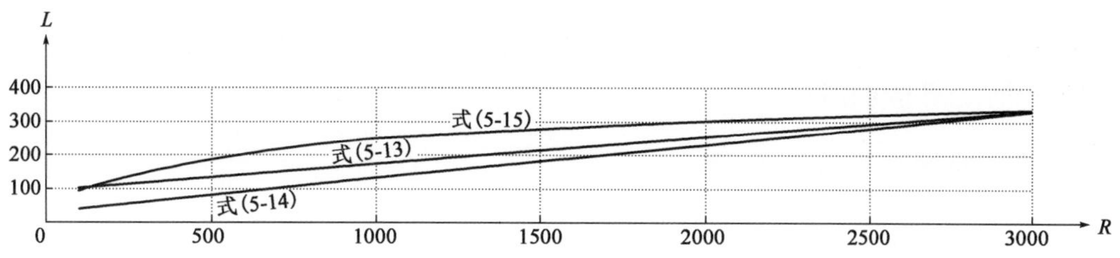

图 5-10 三种 A 值取值方法 R-L 对比图

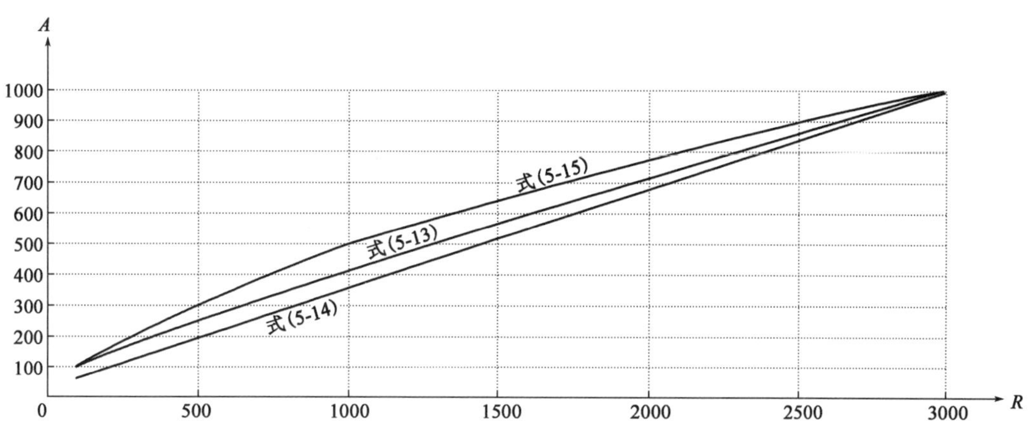

图 5-11 三种 A 值取值方法 R-A 对比图

5.3.1.5 推荐公式

根据规范要求,回旋线参数 A 值需要满足以下要求:

①设计速度对应的最小回旋线长度。

②需要大于或等于超高渐变段长度的要求。

③尽量满足路线规范第 9.2.4 条 A 值与半径 R 的关系。

回旋线参数 A 值取值是上述 3 个值的最大者,其中第①、②条是硬性要求,第③条取值灵活性较大,可根据式(5-13) ~ 式(5-15)选用或设计人员自行取用。从规范化的角度出发,A 值最好遵守一定的规则取用,这样不至于出现过长的回旋线,也不至于出现差不多大小半径的 A 值差异较大。笔者曾经见过某项目,设计速度 80km/h,R-1224.434m、R-1278.986m 两个半径的回旋线长度分别是 150m、300m,A 值分别为 428.562、619.432,半径差不多,回旋线长度是 2 倍关系,A 值是 1.45 倍关系。

式(5-14)计算简单、易操作,无论哪个等级的公路,都可根据设计速度和工程实际需要,按 5m 的倍数增大或减小回旋线长度,即将式(5-14)变为式(5-16),注意检查使其符合前述三条要求。

$$L = 0.1R + 5n \tag{5-16}$$

式中:n——整数。

总之,确定了回旋线长度的取值规则后,使回旋线参数 A 值的取值规范化、标准化。

路线规范对于回旋线参数 A 的上限值未做出规定。《日本高速公路设计要领》认为圆曲线半径特别大时,采用 $A \geqslant R/3$,即使加大 A,回旋线的效果也不大,因此 A 的最大界限可用到 $A = 1500$,该结论可参考使用。

5.3.2 回旋线的最大长度

路线规范对回旋线的长度最大值无明确要求。由于 A 值取值的随意性,前述例子中,半径为 1278.986m,回旋线长度采用 300m。按照边线渐变率 1/150,行车道边缘路面宽度 $B = 8.50$m(未加硬路肩宽度,详见本书第 7.1.2.3 节),超高渐变段长度为 63.75m,回旋线长度 L 若按式(5-14)取 160m,反算 $A = 452.369$ 满足规范要求,可远小于实际采用的 300m,回旋线长度过长。回旋线长度过长一般将导致如下四个问题:

①纵断面拉坡受限制,不利于控制工程规模。

②回旋线方向不是均匀变化,驾驶舒适感不如直线和圆曲线。

③有时会导致圆曲线过短,甚至比回旋线还短,线形不均衡。

④增加超高段长度,有中央分隔带的项目增加超高排水工程数量。

回旋线是平面线形的三大组成要素之一,但从其曲线特点而言,该曲线总是作为平面线形的配角出现。当一个平曲线里的回旋线长度远大于规范要求值,而圆曲线长度较短时,有本末倒置嫌疑。

根据回旋线的特性,其偏角计算公式为:

$$\beta = \frac{L}{2R} \tag{5-17}$$

根据圆曲线的特性,其偏角计算公式为:

$$\beta = \frac{L}{R} \tag{5-18}$$

式中:β——回旋线或圆曲线的偏角(°);

L——回旋线或圆曲线的长度(m);

R——回旋线端点或圆曲线的半径(m)。

通过式(5-17)、式(5-18)可知,相同长度的回旋线与圆曲线,回旋线的偏角只有圆曲线的 1/2。也就是说,圆曲线的转向较回旋线更为有效,达到相同的转向结果需要的回旋线长度大一倍。因此从驾驶舒适性和控制工程规模而言,笔者认为回旋线长度满足规范要求即可,应本着够用就好的原则,不必刻意求长。

5.3.3 回旋线的省略

在平面设计中,如果满足一定条件的话,回旋线可以省略。路线规范第 7.4.2 条仅对半径不同的同向圆曲线径相连接处回旋线的省略做了规定。对于一般的圆曲线,路线规范第7.4.1 条规定"高速公路、一级公路、二级公路和三级公路的直线同小于表 7.4.1 不设超高的圆曲线最小半径径相连接处,应设回旋线。四级公路的直线同小于表 7.4.1 不设超高的圆曲线最小半径径相连接处,可不设置回旋线"。由此可见,圆曲线是否设回旋线以是否设置超高来确定。而不设超高圆曲线最小半径,第 7.4.1 条的条文说明为:"《公路工程技术标准》(JTG

B01—2014)中规定的不设超高圆曲线最小半径,其横向力系数 f 和超高 i 值是按 $f=0.035$,$i=-0.015$,经代入公式进行计算、整理后得出的结果。”

当直线与圆曲线之间插入回旋线时,较直线与圆曲线直接相接时,圆曲线会产生的内移值为:

$$P = \frac{L^2}{24R} \tag{5-19}$$

式中:P——圆曲线的内移值(m);

L——回旋线长度(m);

R——圆曲线的半径(m)。

《日本高速公路设计要领》认为,车道宽度比车辆宽度有一定的余宽,当内移值比余宽小得多时,即使直线和圆曲线直接相接,由于内移值已包括在余宽之中,所以对实际行驶并无妨碍。该极限内移值,当采用回旋线最小长度时,如为 0.20m,则在行驶力学上是不存在问题的。即:

$$P = 0.20 \tag{5-20}$$

而此时 L 为最小回旋线长度(3s 设计速度行程),即:

$$L = \frac{V}{3.6}t \quad (t = 3) \tag{5-21}$$

由式(5-19)~式(5-21)可得:

$$R = 0.145V^2 \tag{5-22}$$

由式(5-22)计算取整得到的圆曲线半径如表 5-9 所示。

内移值为 0.20m 的圆曲线半径 表 5-9

设计速度(km/h)	120	100	80	60	40
圆曲线半径(m)	2100	1500	900	500	250

但是,经验上认为达到该要求的圆曲线在视觉上不够好,所以最好采用内移值为0.20m时的圆曲线半径的 2 倍,即表 5-10 所示的半径。

标准临界曲线半径 表 5-10

设计速度(km/h)	120	100	80	60	40
标准临界曲线半径(m)	4000	3000	2000	1000	500

由此可见,日本规范是否设回旋线是根据行驶舒适性和视觉效果来确定。而路线规范设计速度 120~40km/h 不设超高的最小平曲线半径分别为 5500m、4000m、2500m、1500m、600m,远大于表 5-10 的半径值,此时不设回旋线行驶舒适、视觉良好。路线规范将不设超高、不设回旋线的半径临界值合二为一。

5.3.4 圆曲线最小长度

路线规范第 7.4.3 条和第 7.8.1 条对回旋线和平曲线最小长度分别做了规定。

根据表5-11,通过计算可知,回旋线的最小长度就是3s设计速度行程长度的四舍五入值。

回旋线和平曲线最小长度 表5-11

设计速度(km/h)		120	100	80	60	40	30	20
回旋线最小长度(m)		100	85	70	50	35	25	20
平曲线最小长度(m)	一般值	600	500	400	300	200	150	100
	极限值	200	170	140	100	70	50	40

注:"一般值"为正常情况下的采用值;"极限值"为条件受限制时可采用的值。

平曲线最小长度极限值是回旋线最小长度的2倍,也就是6s设计速度行程长度,此时圆曲线长度为零。由此可以看出,规范对圆曲线的最小值并没有强制要求。平曲线长度为极限值时,线形为凸形曲线,驾驶者会感到操作突变且视觉也不舒顺。凸形曲线只有在路线严格受地形限制,且对接点的曲率半径相当大时方可采用。因此,一般情况下不应采用极限值,也就是圆曲线长度一般不应设置为零长度。

对于平曲线最小长度一般值,大致为极限值的3倍,实际上就是18s设计速度行程的精确长度。对于高速公路和一级公路,由于路基宽度较宽,超高渐变段较长,平曲线长度一般值在大多数情况下可以达到;而对于二级公路、三级公路和四级公路,路面窄、超高过渡短,半径小、要求的回旋线长度也较小,平曲线长度一般值较难达到。在实际的低等级公路设计中,有时会出现几米、十来米的圆曲线,这样的线形虽然不是凸形曲线,但线形不均衡,建议尽量少采用;当平曲线长度达不到一般值时,优先使回旋线长度满足超高或加宽渐变段长度的需要,然后尽量使圆曲线长度不小于3s设计速度行程长度。

《日本道路构造法说明与应用》中关于最小曲线长的论述如下:"根据以往的经验,圆曲线的长度约等于以设计速度行驶3s以上时间内的行驶距离。不能满足要求时,至少应设置2s以上设计速度行驶时的距离作为圆曲线的长度"。笔者认为,可以参考使用。

5.3.5 圆曲线最大长度

规范对圆曲线最大长度没有要求,平曲线最大长度应能够为驾驶者的心理所承受,不致引起驾驶疲劳。笔者多年前曾经在某项目咨询中见过半径为5000m,长度为6000多米的平曲线,设计速度100km/h,运行时间超过220s,这样的曲线不建议采用。一方面容易引起驾驶疲劳;另一方面,不利于控制工程规模。

参考相关研究成果,对设计速度大于或等于80km/h的高速公路平曲线最大长度按汽车在曲线上行驶的时间进行控制,一般值按90s控制,最大值按150s控制。

5.3.6 回旋线与圆曲线长度均衡

路线规范规定"回旋线-圆曲线-回旋线的长度以大致接近为宜"。实际上在重丘和山岭区的高速公路和一级公路中,该要求难以达到。在实际工程中,设计人员往往会把适应地形、降低工程规模作为首要考虑因素,对于回旋线-圆曲线-回旋线的均衡性问题不是重点考虑的因素,不会去刻意满足上述要求。实践证明,圆曲线长度在一定范围内无明显问题。

在少数工程项目中,回旋线的参数取值较大,甚至出现圆曲线长度小于回旋线长度的情况。笔者认为,在满足超高渐变等要求的前提下,本着够用就好的原则,应尽量缩短回旋线长度，增加圆曲线长度，使线形更均衡。

5.3.7 S形曲线的回旋线

(1)两个圆曲线均设置回旋线。

路线规范第9.2.4条第3款规定：

“两反向圆曲线径向相衔接或插入的直线长度不足时，可用回旋线将两反向圆曲线连接组合为S形曲线。

1)S形曲线的两回旋线参数 A_1 与 A_2 宜相等。

2)当采用不同的回旋线参数时，A_1 与 A_2 之比应小于2.0，有条件时以小于1.5为宜。当 $A_2 \leqslant 200$ 时，A_1 与 A_2 之比应小于1.5。

3)两圆曲线半径之比不宜过大，以 $R_1/R_2 \leqslant 2$ 为宜（R_1 为大圆曲线半径，R_2 为小圆曲线半径）。”

这里的第3)项规定S形曲线的半径之比较容易理解，目的是使线形均衡；对于半径之比多大算“过大”，并无明确规定和解释。第2)项规定S形曲线的 A 值之比，但并未给予相应的解释。下面通过计算对第2)项、第3)项给予一定的解释。

根据式(5-1)，可得：

$$A_1^2 = R_1 L_1 \tag{5-23}$$

$$A_2^2 = R_2 L_2 \tag{5-24}$$

由式(5-23)、式(5-24)可得：

$$\frac{R_1}{R_2} \cdot \frac{L_1}{L_2} = \left(\frac{A_1}{A_2}\right)^2 \tag{5-25}$$

由式(5-25)可以得出，当 $R_1/R_2 < 2$、$L_1/L_2 < 2.0$ 时，$A_1/A_2 < 2.0$；当 $R_1/R_2 < 2$、$L_1/L_2 < 1.125$时，$A_1/A_2 < 1.5$。也就是说，第3)项当 $R_1/R_2 < 2$ 时，在一定条件下，可以满足第2)项的 A 值之比的要求。

针对半径之比和 A 值之比的关系，结合路线规范第7.4.3条“回旋线长度应随圆曲线半径的增大而增大”的要求，进一步分析如下：

当 $A_1/A_2 = 1.5$ 时，由式(5-25)可知：

①当 $R_1/R_2 = 2$ 时，那么 $L_1/L_2 = 1.125$，此时是可行的，也符合规范要求。

②当 $R_1/R_2 = 2.25$ 时，那么 $L_1/L_2 = 1.0$，此时是极限值。

③当 $R_1/R_2 = 3$ 时，那么 $L_1/L_2 = 0.75$，此时是不符合规范要求的。

当 $A_1/A_2 = 2.0$ 时，由式(5-25)可知：

①当 $R_1/R_2 = 2$ 时，那么 $L_1/L_2 = 2.0$，此时是可行的，也符合规范对于回旋线长度的要求。

②当 $R_1/R_2 = 3$ 时，那么 $L_1/L_2 = 1.33$，此时是可行的，也符合规范对于回旋线长度的要求。

③当 $R_1/R_2 = 3.5$ 时，那么 $L_1/L_2 = 1.14$，此时是可行的，也符合规范对于回旋线长度的要求。

④当 $R_1/R_2 = 4$ 时，那么 $L_1/L_2 = 1.0$，此时是极限值。

⑤当 $R_1/R_2 = 5$ 时，那么 $L_1/L_2 = 0.8$，此时是不符合规范要求的。

由此可见，当 $A_1/A_2 < 1.5$ 时，半径之比控制在2以内，是可行的，接近于极限值2.25。由

此可以说明,路线规范"当A_2≤200 时,A_1与A_2之比应小于 1.5"的要求,对于高等级公路而言,速度大,线形要求高,按照规范的高限值要求执行是可行的;但对于低等级公路和互通匝道,受地形、造价等因素控制,绝大多数平曲线半径小于 600m,此时 A≤200,为适应地形和控制工程造价等因素,半径之比一般难以控制在 2 以内,因此A_1/A_2小于 1.5 难以满足要求。因此,该要求对于低等级公路而言,可操作性低。

退一步而言,当A_1/A_2 <2.0 时,此时半径之比最大可以到 3.5 左右。一些教科书上"从行驶力学和线形协调、超高过渡上考虑,S 形曲线相邻两个回旋线参数A_1与A_2最好相等;若采用不同的参数时,A_1与A_2之比应小于 2.0,有条件时以小于 1.5 为宜",但未给予具体的理论解释。笔者尚未找到其他的理论和计算支持A_1/A_2可以大于或等于 2。以笔者的工程经验,S 形曲线的 A 值之比控制在 2 以内能满足绝大多数时候的要求。

(2)一个圆曲线或两个圆曲线均不设置回旋线。

当 S 形曲线其中的一个圆曲线或两个圆曲线达到了不设超高的圆曲线半径,此时是否需要设置回旋线,一些设计人员对此存在疑义。根据本书第 5.3.3 节的论述,不设超高的圆曲线半径不设回旋线是行驶舒适、视觉良好的,此时依然是 S 形曲线。因此 S 形曲线是平面线形的一种形状定义,并不涉及线元组成。

从表 5-12 可以看出,S 形曲线的一个不设超高最小半径圆曲线不设回旋线时,其内移值均小于 0.20m,内移值能够包含在车道宽度的余宽内,是安全的。当 S 形曲线的两个不设超高最小半径圆曲线均不设回旋线时,除了设计速度 20km/h 以外,其余设计速度的内移值之和均小于 0.20m,内移值能够包含在车道宽度的余宽内,是安全的;而设计速度 20km/h 因速度较低,本身可以不设回旋线,内移值之和超出 0.20m 较小,行车也是安全的。并且在实际工程中,已经有大量的一个圆曲线或两个圆曲线不设回旋线的 S 形曲线应用,并未见这类 S 形曲线公切点附近有交通事故多发的报道。

S 形曲线一个或两个圆曲线不设回旋线的内移值 表 5-12

设计速度(km/h)	120	100	80	60	40	30	20
不设超高圆曲线最小半径(m)	5500	4000	2500	1500	600	350	150
回旋线最小长度(m)	100	85	70	50	35	25	20
一个不设超高最小半径圆曲线不设回旋线内移值(m)	0.076	0.075	0.082	0.069	0.085	0.074	0.111
两个不设超高最小半径圆曲线均不设回旋线内移值(m)	0.152	0.151	0.163	0.139	0.170	0.149	0.222

5.3.8 卵形曲线 D/R_2

路线规范第 9.2.4 条第 4 款中关于卵形曲线规定"两圆曲线的间距,以 D/R_2 = 0.003 ~ 0.03为宜(D 为两圆曲线间的最小间距)",这里 R_2 为小圆曲线半径。

某实际项目中,隧道的左线线形为卵形曲线,R-1500m 圆曲线接 A-750 回旋线(L_s = 281.250m),再接 R-6000m 圆曲线。此时,小圆半径/大圆半径 = 0.25,两圆曲线间的最小间距

$D=1.647\text{m}$，$D/R_2=0.00101<0.003$，超出规范范围，有专家对此提出异议，认为应调整线形。后来通过调整曲线半径发现：

(1)当 R-1500m 圆曲线接 A-750 回旋线($L_s=150.000\text{m}$)、再接 R-2500m 圆曲线时，小圆半径/大圆半径 $=0.60$，$D=0.250\text{m}$，$D/R_2=0.00017<0.003$；当 A 取值 1500($L_s=1500\text{m}$)时，$D=3.994\text{m}$，$D/R_2=0.00266<0.003$，也就是说随着 A 值增大 D/R_2 增大有限，更何况实际工程中不可能用到 1500m 长的回旋线。

(2)当 R-1500m 圆曲线接 A-750 回旋线($L_s=304.688\text{m}$)、再接 R-8000m 圆曲线时，小圆半径/大圆半径 $=0.188$，$D=2.095\text{m}$，$D/R_2=0.00140<0.003$。这从另外一个角度说明，增大大圆半径，D/R_2 增大也有限。

综上所述，路线规范的该款规定存在问题。笔者查找了《日本高速公路设计要领》以及《日本道路构造法说明与应用》中关于卵形曲线的要求，均未查到类似规定。笔者也暂时无法从其他去处查证路线规范中此规定的来源。从另一方面而言，D/R_2 并无实际的几何意义，无从判断该指标对线形的影响。

笔者做过调查，国内多个大型设计院并未拘泥于该规定，但个别单位则严格按照规范执行。在圆曲线半径均比较小时，A 值取值大于 $R_2/2$，D/R_2 是有可能处于 $0.003\sim0.03$ 区间的，如 R-400m 圆曲线接 $A=80$($L_s=48\text{m}$，$A=0.8R_2$)、再接 R-100m(小圆半径/大圆半径 $=0.25$)，此时 $D/R_2=0.0072>0.003$。若严格按规范要求执行，则小圆半径为较大半径的卵形曲线(如 1500m)线形只能弃之不用。

5.3.9 平面线形检查

平面设计结束后，为减少设计人员的人为失误和反复次数，需要对全线的平面线形进行检查。检查方法包括：

(1)检查直线、曲线及转角表或曲线要素表，进行规范符合性检查。

(2)检查平曲线信息统计表。

(3)通过超高、加宽自动设计，生成超高与加宽图形来检查超高、加宽设置合理性。

检查内容主要包括：

(1)检查同向圆曲线间和反向圆曲线间的最小直线长度，是否大于 6 倍和 2 倍设计速度长度要求。

(2)检查最大直线长度，是否超出 $20v$ 的长度。

(3)检查回旋线。一是检查每个交点的回旋线是否完整，尤其是低等级公路，避免漏设回旋线；二是检查回旋线长度是否满足规范要求的最小长度要求；三是检查回旋线长度是否满足超高和加宽渐变的需要；四是检查回旋线长度是否过长；五是检查同一半径的回旋线是否基本一致。

(4)检查圆曲线最小半径，是否符合规范要求和项目地形地质特点。

(5)对于低等级公路，平曲线半径需要检查是否有 240～250m 圆曲线，在可能的情况下尽量改为大于 250m，避免加宽，降低设计工作量和工程规模。

(6)检查最小平曲线长度，是否符合规范和设计习惯的要求。

(7)小偏角检查。对于转角小于或等于 7°的平曲线，应检查能否调整。

这些是在平面设计完成后,平面线形定稿前需要做的检查,部分内容在新路线 CAD 软件中已经实现自动检查,形成简单的检查报告告知设计人员,设计人员可根据检查报告优化完善平面设计。检查清单可以根据实际需要进行增加,并不断完善,这样可以减少因疏忽或错误导致的平面设计返工,这也是最初确定的系统设计理念的体现。

6 纵断面设计

在平面设计完成后，就可以进行纵断面设计了。纵断面设计的目的是确定纵面设计线，也就是变坡点桩号、高程及竖曲线半径。

6.1 纵断面设计研究

6.1.1 拉坡图视图

路线纵断面设计中，拉坡是一个重要的中间设计过程。拉坡图或路线纵断面图若将横向桩号、纵向高程按照1:1绘制的话，坡度看起来特别小，几乎无法拉坡。一般情况下，将拉坡图或路线纵断面设计图绘制成横纵比为1:10，或打印成1:10的图纸来进行拉坡。大部分路线CAD软件中，将高程放大10倍来绘制拉坡图，也就是人为制造出横纵比1:10，达到和路线纵断面图一样的效果，以方便拉坡。这样做的问题是，高程并不是真实的高程，存在一个10倍的转换关系，在拉坡过程中多少存在不便。

在新路线CAD软件开发过程中，通过研究发现，在AutoCAD 2012中通过用户坐标系(User Coordinate System，简称"UCS")和视图变换，可以实现在桩号和高程值均不变的前提下，横纵比为1:10(也可为任意比例)的显示效果。在AutoCAD命令行的实现步骤如下：

①假设横纵比例为1:n。

②计算角度 alpha = arccos(1/n)。

③在命令行输入UCS，然后直接输入3；指定新原点时，保持默认值<0,0,0>不变；在正X轴范围内指定点时，输入<cos(alpha),0,-sin(alpha)>(如$n=10$时，输入0.100,0,-0.995)；在UCS XY平面的正Y轴范围内指定点时，保持默认值<0.000,1.000,0.000>不变；这样就建立了纵断面显示UCS。

④在命令行输入PLAN，直接回车，将生成当前UCS的平面视图。

⑤在命令行输入UCS，直接回车，将用户坐标系切换回世界坐标系。

在纵断面显示UCS的平面视图下，X轴、Y轴的显示比例为1:n，达到了路线纵断面图的效果。这是用命令行手工方式实现，新路线CAD软件采用面向对象编程方式开发，实现原理完全一致。

6.1.2 起终点辅助接坡

纵断面拉坡时，除了主线外，分离式路基、比较方案、匝道的起终点均需要和其他设计线进行接坡。

分离式路基与整体式路基衔接、比较方案与推荐方案衔接、单喇叭互通喇叭头匝道与连接线衔接等位置均存在纵坡衔接,衔接方式均为顺接,也就是坡度完全一致,但可能存在高差。新路线 CAD 软件里设置了主线辅助接坡功能,系统根据接线桩号自动判断处于直线坡还是在竖曲线上,直接绘制起点或终点接坡线,以减少接坡的计算和操作工作量(图 6-1)。

图 6-1　主线辅助接坡界面

6.1.3　类多段线式拉坡

纵面设计线由直线和圆曲线两种线元构成。相比平面设计线,无回旋线存在,纵面设计线的计算与绘制均十分简单。为方便拉坡,新路线 CAD 软件对拉坡方式进行了深入研究。对于 AutoCAD Object ARX 二次开发,提供自定义实体,能够将变坡点连线和所有竖曲线作为一个自定义实体来实现。而 AutoCAD. NET 二次开发并不支持自定义实体,从 2010 版开始支持规则重定义。和自定义实体相比,规则重定义没有增加新的实体类型,它允许改变 AutoCAD 标准实体的颜色、形状等信息,能够实现和自定义实体类似的效果。

通过规则重定义,将变坡点连线(多段线)和竖曲线(圆弧)作为一个整体一次性绘制,实现了类多段线式拉坡。拉坡像绘制多段线一样,直接选取顶点即可,同时根据预先设置的切线长,自动反算半径配上竖曲线,十分方便。

规则重定义后的实体,无法在未安装新路线 CAD 软件的计算机上显示,若需要,使用炸开(Explode 命令)该实体,即可变为普通的直线和圆弧。

6.1.4　数值取整

拉坡结束后,变坡点桩号、坡度、竖曲线半径往往为零数。为方便使用,设计人员一般将变坡点桩号、竖曲线半径、坡度等数值进行取整。新路线 CAD 软件提供批量按需取整功能,桩号可以按 1m、5m、10m、50m、100m 取整,坡度可以按 0.1%、0.01%、0.001% 取整,竖曲线半径可以按 1m、10m、100m、1000m、10000m 取整。数值取整界面如图 6-2 所示。

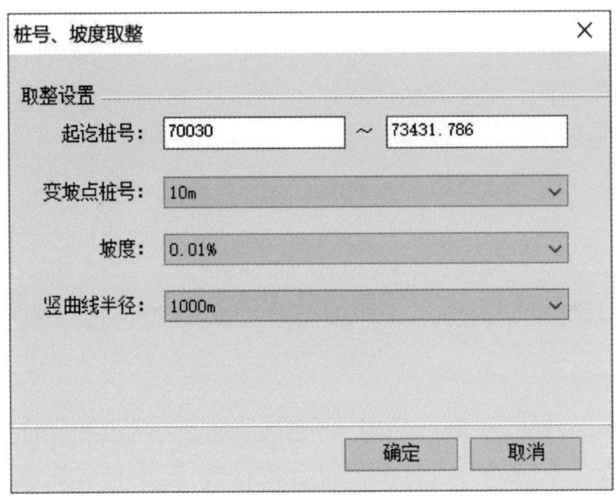

图 6-2 数值取整界面

6.2 设 计 流 程

新路线 CAD 软件的纵断面设计流程如下:

1)输入纵断面地面线

平面设计完成后,可通过实测、数字地面模型或从纸质地形图上读取纵断面地面线,然后把纵断面地面线输入系统。

2)纵坡控制点

输入纵断面控制点资料。对于纵断面一般控制点,按常规输入;对于设计线控制点,输入上跨或下穿关系等相关资料。

特别提醒:对于互通式立体交叉主线与匝道、匝道与匝道、分离式立体交叉与主线相互跨越的情况,用好设计线控制点将给互通和主线设计带来相当大的便利。在方案设计初期,只需要控制方案可行,控制高程及位置并不需要十分精准,采用自动计算的两条设计线交叉点来进行纵坡方案控制,给方案设计带来方便,尤其是互通匝道的上跨下穿,此时富余高度可以设置为较大值,以确保方案可行。在方案确定后,通过净空检查功能找到最不利点,用最不利点进行高程精细控制与检查,完成最后设计。

3)初始化

进行纵断面初始化。主要包括设置凸形和凹形竖曲线长度的默认值和纵断面纵横比例等,绘制拉坡底图。

4)辅助接坡

对主线的比较方案,分离式路基与整体式路基相接点、互通连接线与匝道相接点的接坡,也可以采用“主线辅助接坡”。笼统而言,对于两条直接相接、没有连接部的设计线,均可以采用主线辅助接坡功能。对于匝道与主线、匝道与匝道之间存在连接部的情况,采用“匝道辅助接坡”。

5)拉坡

像绘制多段线一样,进行拉坡设计。在拉坡或新增变坡点时,系统根据初始化时凸形和凹形竖曲线长度的默认值自动匹配竖曲线半径。

6)增加、删除、移动变坡点及竖曲线修改

对拉坡过程中不符合要求的变坡点进行修改,移动变坡点和修改竖曲线半径也可以使用夹点操作。

7)数值取整

取整后改变了原有设计高程,对于调整后是否满足纵坡控制点的要求,需要用户去检查确认。

8)确认纵断面线形

在纵断面拉坡结束后,确认纵断面线形,将变坡点桩号、高程和竖曲线半径等纵断面设计成果保存到项目数据库。系统同时进行规范符合性检查,把不符合规范要求的信息以文本文件的方式提醒设计人员。

6.3 设计实践

6.3.1 路线起终点接坡

1)坡长

项目起点或终点接坡,当受各种因素控制,难以达到最小坡长时,坡长如何确定,往往会带来困扰。

这里分两种情况加以说明。第一,起点或终点顺接另一个项目,那么此时坡度顺接,两个相邻项目的坡长之和不小于最小坡长即可。第二,起点或终点以平交与另一个项目相接,此时坡长难以达到设计速度规定的最小坡长,可以考虑按平面交叉的设计速度来确定。一般情况下,平面交叉的运行速度会低于一般路段主线的速度,此时主线设计速度可以按低一个等级来考虑,或者按主线设计速度的0.7倍来考虑,即设计速度60km/h的项目,平交路段按40km/h来进行设计。因此,项目起终点处于平交路段时,若条件受限,可按低一个等级设计速度的最小坡长来控制。

2)坡度

路线规范要求“平面交叉范围内两相交公路应正交或接近正交,平面线形宜为直线或大半径圆曲线,不宜采用需设超高的圆曲线”。在山区低等级公路项目中,受地形、连续爬坡及老路位置等多因素影响,满足该要求有困难。

项目起点或终点需要设置在设超高的平曲线上时,应尽可能选择超高小的平曲线,尽量不要大于3%。当大于3%时,可考虑将被交路的主线设计速度降低一个等级,超高也相应地降低。此时,接线的坡度应采用合成坡度。笔者此时趋向于采用交叉点、主线与被交路路面边缘的交点两点连线的坡度,作为起点的接线坡度,这样更为合理。

6.3.2 零坡的应用

规范对于零纵坡没有明确说明是否可以应用,因此在实际工程中零坡的应用总存在一些争议。笔者认为,路面积水是影响行车安全尤其是高速公路行车安全的直接不利因素,因此,零坡是否可以应用,主要取决于路面排水是否顺畅。零坡适当应用在地形较平坦的地域,可有效降低工程规模。从满足路面排水需要考虑,笔者认为满足下列三个条件的路段,零坡是可以应用的:

①不存在 -2.0% ~ +2.0%(或 -1.5% ~ +1.5%)超高渐变段。超高渐变段存在零坡段,即横坡小于0.3%的路段,此时若纵坡为零,则路段的合成坡度必小于0.5%,排水不畅,存在安全隐患。为保证合成坡度大于0.5%,在超高渐变段的零坡段,其最小纵坡的要求具体见本书第7.3.2.2节。

②填方路段或短挖方路段。这里短挖方路段一般指长度在100m、最大不超过200m的路段,也就是挖方边沟加深最大为0.3~0.6m。由于长挖方路段边沟排水需要,纵坡不宜为零。

③不处于桥梁上。桥梁上的泄水孔间距一般为4m左右,若纵坡为零,泄水孔之间的路面水难以迅速排出,在路面边缘会形成积水,影响行车安全。

在不影响路面排水和挖方边沟排水(边沟加深的工程规模与实施难度较小)的前提下,零坡可以应用。

6.3.3 凹形竖曲线之间直坡长度

路线规范第9.3.4条第3款规定:"同向竖曲线间,特别是同向凹形竖曲线之间,直线坡段接近或达到最小坡长时,宜合并设置为单曲线或复曲线"。规范要求与设计速度无关,当公路等级为高速公路或一级公路时,线形指标较高,应满足该要求。但对于二级、三级、四级公路而言,凹曲线之间的长度若按最小坡长控制,会对工程规模产生较大影响。因此,有的单位以3s设计速度的行程控制,有的单位严格按上述要求控制。笔者认为,对于不同等级的公路,区别对待可能更加务实,对控制工程规模更有效。

6.3.4 隧道口竖曲线设计

规范要求隧道洞口内外3s设计速度行程一致,采用直线坡最好,竖曲线也可以采用。一方面,采用竖曲线时,竖曲线半径尽可能大,尽量满足视觉所需要的最小竖曲线半径,使洞口视线更好;另一方面,需检查洞口附近的纵坡是否不小于0.5%。隧道洞口附近纵坡小于0.50%时,路面排水不畅,容易引起积水或结冰等现象,直接影响交通安全。

6.3.5 路基的设计洪水位

《公路工程技术标准》(JTG B01—2014)第5.0.3条规定:"沿河及受水浸淹的路基边缘高程,应高出表5.0.2规定设计洪水频率的计算水位加壅水高、波浪侵袭高和0.5m的安全高度"。这里注意是路基边缘高,而纵断面设计是中心高度,因此需要注意横坡的影响,尤其是超高路段、路基加宽路段、互通连接部等位置的水位控制。

路基的设计水位受水库、电站、河道洪水位、内涝水位等因素影响。尤其是在峡谷、内涝区域、规划水库库区或溶丘洼地靠漏斗或暗河排水区域的路基或桥梁,设计洪水位的调查十分重要,避免路基被淹是十分必要的。另外,桥梁的水位控制是一个重要因素,一般要求桥梁支座不得淹水,因此必须将支座的位置当作最低高程来控制。

6.3.6 纵断面线形检查

纵断面设计结束后,为减少设计人员的人为失误和反复次数,需要对全线的纵断面线形进行检查。检查方法包括:

(1)检查纵坡、竖曲线表,进行规范符合性检查。

(2)检查纵断面信息统计表。

检查内容主要包括:

(1)检查最大纵坡,是否满足规范要求。

(2)检查最小坡长,是否满足规范要求。

(3)检查最大坡长,是否满足规范要求。

(4)检查最小竖曲线半径,是否满足规范要求,是否能达到视觉所需要的最小竖曲线半径。

(5)检查竖曲线长度,是否小于一般值的要求,若小于是否可以调整。

(6)检查竖曲线是否重叠,检查竖曲线间相切时直坡长度是否为零值。

(7)检查反向竖曲线间直坡长度是否大于3s设计速度行程,检查同向竖曲线之间直坡长度是否大于最小坡长。

(8)凹曲线最低点处于挖方中,或是否在桥梁范围内。

(9)检查合成坡度不小于0.5%,这涉及行车安全,应重点检查。

(10)检查平纵配合欠佳线形:

①顶点处于直线上,竖曲线起点或终点位于圆曲线或回旋线上。

②顶点处于圆曲线上,起点或终点处于直线上,或另一个反向圆曲线上。

③顶点处于回旋线上,但该回旋线不是卵形曲线。

这些是在纵断面设计完成后,纵断面线形敲定前需要做的检查。上述部分内容在新路线CAD软件中已经实现自动检查,形成简单的报告告知设计人员,设计人员可根据报告信息进行优化完善纵断面设计。检查内容可以根据实际需要进行增加,并不断完善,这样可以减少因疏忽或错误导致的纵断面设计返工,这也是最初确定的系统设计理念的体现。

7　横断面设计

公路横断面设计是路线平纵横设计的重要组成部分。路基横断面设计,俗称“戴帽子”,是一个循序渐进、逐渐深入的过程。路基横断面影响因素众多,设计工作量大、反复多,与之相关的设计成果多,是横断面设计的典型特征。

横断面设计与平面设计、纵断面设计的不同之处在于,平纵面设计是线形设计,设计成果为一条线,而横断面设计是用抽样的典型横断面代表整条公路的横断面,因此横断面设计是单个的、离散的。各个横断面之间的地面线、填挖状况、边坡高度、边坡坡率及边沟尺寸等可能千差万别。横断面本身的特点决定了它难以一次或少数几次反复就完成设计,而需要若干次的反复才能完成。

7.1　横断面设计研究

7.1.1　数据与成果一致性措施

1)研究背景

虽然横断面设计已经完全实现了模板和参数化的计算机辅助设计,但基础设计数据和横断面设计成果之间的一致性(图 7-1),也就是保证横断面设计成果的正确性研究十分缺乏。现有路线 CAD 软件基本没有检测横断面数据变化对横断面设计成果影响的功能,完全依靠人工保证横断面设计成果的正确性具有相当大的难度,设计中难免出现疏忽或错漏。因此,如何保证横断面设计及其相关设计成果的正确性,是一个值得研究的问题。

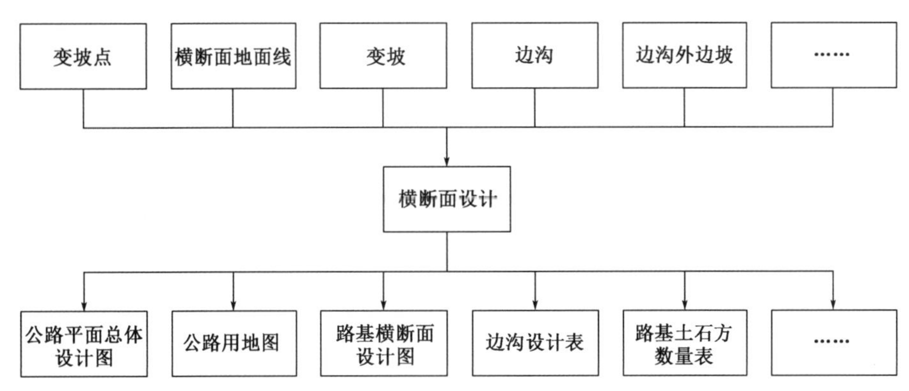

图 7-1　横断面设计基础数据和设计成果关系

一个公路工程项目的横断面个数少则数百个,多则数千个,管理难度大。例如一个里程

50km 的公路项目,按照平均 15m 一个横断面计算,1km 约 70 个横断面,全线共有 3500 个横断面。这么多横断面需要逐个设计至满足要求,设计工作量大。

影响横断面设计的因素众多,包括纵断面地面线、横断面地面线、设计高程、标准路幅、超高横坡、加宽、边坡坡率、边坡分级高度、边坡平台宽度(含碎落台宽度、护坡道宽度)、边沟尺寸、沟底高程、挡土墙设置、路基防护形式、桥台与路基的衔接方式、隧道进出口位置的变化以及洞口的边坡形式等,均直接影响横断面的设计。这些数据的变化会直接导致一些横断面需要重新设计,才能保证横断面设计图和设计数据一致,保证横断面设计成果正确。

横断面设计除了受多个因素控制外,还会直接影响多种设计图表的输出,包括公路平面总体设计图、公路用地图、路基横断面设计图、边沟(排水沟)设计表、路基土石方数量表、路基每公里土石方数量表和路基土石方运量统计表等。

在绝大多数常用的路线 CAD 软件中,横断面设计失败仅会以 AutoCAD 命令行或系统信息的形式输出。设计人员需要对照提示信息对横断面逐个核对,逐个修改横断面相关资料后重新设计。重新设计时可能又出现新的横断面设计失败,如此循环进行横断面设计,工作量大。最终与横断面相关的设计成果输出时,仍然难以确定所有的横断面是否均设计成功。另一方面,与横断面设计相关的数据修改后,横断面是否重新设计过,软件一般没有任何提示,仅能依靠人工记忆,横断面设计成果可能不是设计人员最终设计思想的表达。如未对设计失败的横断面进行修改,或者数据修改后未重新进行横断面设计,均会影响横断面设计及相关文件的设计质量。基于横断面设计的重要性和复杂性,保证其正确性是路线设计的一项重要内容。

2)解决方案

通过深入研究,在新路线 CAD 软件中研发了错误消息和提醒消息功能,可保证数据与横断面设计成果的一致性。错误消息是指横断面设计失败时的横断面桩号信息,提醒消息是指横断面相关数据修改之后影响的横断面桩号信息。具体实现方法如下:

横断面自动设计,也就是自动“戴帽子”时,系统根据已有资料进行横断面边坡、边沟设计,最后得到横断面设计结果。但在该过程中,由于各种因素,如横断面地面线测量长度不够长或边坡过缓等原因,横断面边坡与地面线没有交点,横断面设计失败。此时,将横断面的桩号、位置(左侧还是右侧)、失败原因记录下来,存入错误消息列表,横断面设计完成后在错误消息列表展示(图 7-2)。

横断面设计完成后,设计的边坡、边沟初步方案未必能够满足设计的最终要求。因此需要进行修改来满足各种设计要求。此时可以修改边坡段落、边沟段落、沟底高程段落等相关数据达到目标。数据修改后,对应段落内的横断面必须重新进行设计,通过检索,将这些桩号检索出来,将桩号、修改的数据内容逐个存入提醒消息列表展示。

当系统重新进行横断面设计后,清除所有对应桩号的提醒消息,根据每个横断面重新戴帽子成功与否的情况进行错误消息处理。具体如下:

①如果横断面“戴帽子”成功,则消除对应桩号的错误消息。

②如果横断面“戴帽子”未成功且对应桩无错误消息,则增加该桩号的错误消息。

③如果横断面“戴帽子”未成功且对应桩有错误消息,则保留该桩号的错误消息。

错误消息和提醒消息除了用于横断面设计过程本身外,还有下列作用:

①支持使用中的路幅、边坡和边沟等模板修改。使用中的模板修改后,通过检索增加提醒

消息,可将使用该模板的所有设计线的所有横断面均加到各条设计线的消息列表,提醒设计人员重新进行横断面设计。

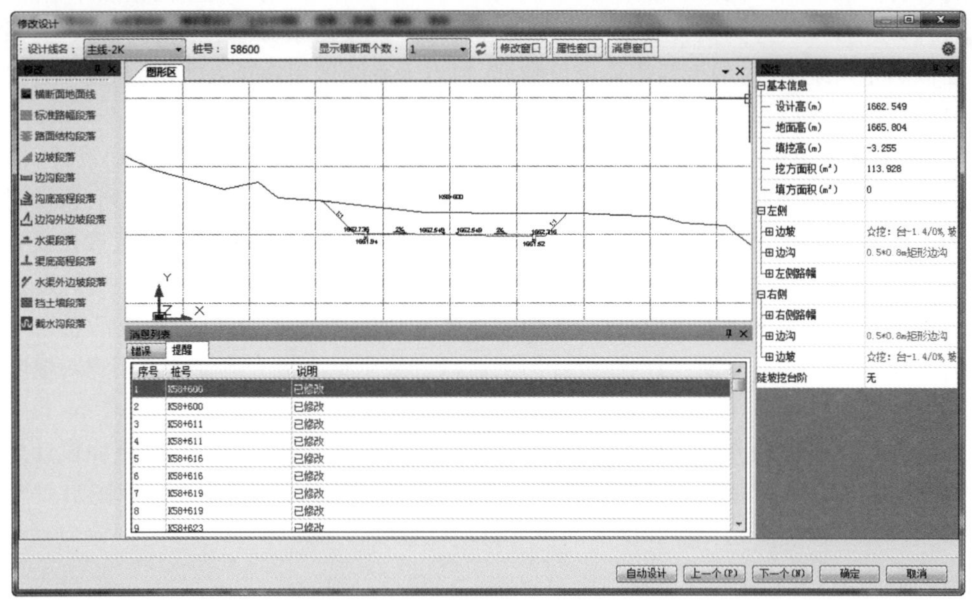

图 7-2　错误消息和提醒消息界面

②错误消息和提醒消息,提供了一个直接浏览对应横断面的快捷路径。通过点击消息列表的消息,设计人员可以直接浏览对应的横断面设计图对其进行检查。

③系统可以将提醒消息的单个桩号,自动归纳为段落进行重新设计,省去人工大量清理的时间和精力,设计人员不用关心修改了哪些横断面的基础数据,系统可以自动管理需要重新进行设计的横断面桩号。

④可以用于与横断面设计相关的各种图表出版前的正确性检查。横断面设计完成后,理论上应该将所有错误消息和提醒消息消除,才能输出与之相关的各种图表。但实际上,横断面设计本身一直在根据各种设计要求变化,而在过程中,经常需要提供各种中间资料,如公路用地图、公路平面总体设计图、路基横断面设计图等。因此,若没有错误消息和提醒消息,输出的与横断面设计相关的成果就无法保证正确性。有了错误消息和提醒消息后,设计人员知道提供的中间成果质量。

3)进一步优化

因横断面设计反复次数多,工作量大,从应用情况来看,横断面设计可以进一步优化。横断面设计最初的设计思想,是先有设计数据,后自动设计,最后才有图形。有了图形后,若不合适,再修改数据,如此反复完成设计。基于该思想,用户在设计过程中,在横断面修改设计功能中对横断面设计图的手工修改,以系统内部数据的形式存在,对用户不可见,下次不用就删除了。这样的话,增加了系统设计复杂度和开发工作量,也并未给用户带来方便。经过进一步研究,为提高易用性,降低开发复杂度,新路线 CAD 软件进一步优化了横断面修改设计。主要优化内容如下:

①用户修改边坡、边沟模板后,此时系统检查模板库,若存在相同的模板,则自动匹配;若不存在模板,则直接定义成模板,并告知用户。这样将隐式模板定义改为显式模板定义,系统不用维护内部模板库,降低开发复杂度;下次用户可以重用,降低用户建立模板工作量。

②将修改的边坡、边沟模板数据变为点段落数据。该数据原来也是系统内部数据,系统生成,现在依然是系统生成,但变为用户可见数据,相当于系统帮用户录入数据,和模板定义是一个思路。系统对段落数据自动进行归合并排序。

③增加设计历史记录。用户在一定时间之内关注的内容是一定的,将自动设计、提醒消息、错误消息中的桩号横断面自动设计成功的设计历史按时间产生先后倒序排列,这样对于部分、零星的横断面设计,想浏览横断面设计成果是否合理、是否符合预期,可以直接在设计历史中逐个浏览,而不需要在修改界面不断地输入桩号来浏览。同时,对于设计失败的逐桩横断面,可以通过错误消息窗口逐个浏览;对于数据修改之后的横断面,可以在提醒消息窗口逐个浏览;对于设计成功的横断面,可以在设计历史窗口直接浏览。极大地方便了用户对横断面设计过程的检查。

总之,为最大限度地方便用户设计,提高横断面设计效率,经过优化后,横断面设计思想从先建模板后用、先输入数据后生产图形的单一方式,变成边用边建模板、先生成图形后转换成数据相结合的方式,提高易用性和横断面设计自动化程度。

4)小结

横断面设计是多次循序渐进重复的过程,重复的次数少则一二十次,多则近百次。错误消息和提醒消息循环产生、消除,包括相关的模板和数据修改产生提醒消息、“戴帽子”消除提醒消息、“戴帽子”成功消除错误消息、“戴帽子”失败产生错误消息。基于错误消息和提醒消息管理功能的横断面设计方法,是公路横断面计算机辅助设计中的一个重要创新和进步。设计历史记录则保存着最新的横断面成功设计桩号的历史,随时浏览和检查设计结果。随着新路线 CAD 软件的推广应用和优化完善,该方法更加广泛应用于工程设计中。通过软件系统自动化的消息管理功能,减少人工参与的工作量,消除由于人工操作产生的疏忽和错误,保证横断面设计成果的正确性,提高横断面设计图及相关设计成果的文件质量。

7.1.2 超高设计

超高设计是横断面设计的重要组成部分。如何进行超高设计,规范并无明确的规定和说法,需要进行系统的研究和探讨。

超高渐变段长度的计算公式如下:

$$L_c = \frac{B\Delta i}{P} \tag{7-1}$$

式中:L_c——超高渐变段长度(m);

B——旋转轴至行车道(设路缘带时为路缘带)外缘的宽度(m);

Δi——超高坡度与路拱坡度代数差(%);

P——超高渐变率(定义见本书第 3.7.3 节)。

7.1.2.1 超高渐变方式

路线规范第 7.5.7 条对超高的渐变方式做了规定:“超高过渡宜采用线性过渡方式”,条文说明中并无原因解释。

工程设计中，超高渐变方式实际采用线性渐变和三次抛物线渐变两种形式。线性渐变计算简单，在各级公路设计中应用较多；三次抛物线渐变从20世纪90年代开始在广深高速公路应用，至今近30年，由于计算复杂，更多应用在高速公路和一级公路设计中。目前对三次抛物线渐变有一些研究，但研究还是不够深入。通过深入研究发现，虽然设计中应用三次抛物线渐变较多，但实际上公路行业内对三次抛物线渐变认识并不清晰，存在一些认识和应用误区。下面就三次抛物线渐变和线性渐变，从计算公式、超高渐变率、零坡段长度和渐变段设置等方面进行定性和定量的对比研究。

线性渐变的超高计算公式如下：

$$i = \frac{l}{L_c}(i_2 - i_1) + i_1 \tag{7-2}$$

三次抛物线渐变的超高计算公式如下：

$$i = \left(3\frac{l^2}{L_c^2} - 2\frac{l^3}{L_c^3}\right)(i_2 - i_1) + i_1 \tag{7-3}$$

式中：i——任意桩号位置（任意点）的超高值；

i_1——超高渐变段起点的超高值；

i_2——超高渐变段终点的超高值；

l——任意桩号位置（任意点）距超高渐变段起点的距离（m）；

L_c——超高渐变段长度（m）。

从计算公式看，线性渐变公式形式简单，计算方便。而三次抛物线渐变计算公式较复杂，计算器计算不方便。

由于超高的设置，在超高渐变段范围内的行车道外缘处，除了正常的纵坡外，还增加了一个由超高形成的附加坡度 P。准确地讲，在超高渐变段范围内的行车道上任意点均存在附加坡度，只是在行车道边缘处的附加坡度最大。

对式(7-3)求导，得到线性渐变的横坡变化率：

$$i' = (i_2 - i_1)/L_c \tag{7-4}$$

根据式(7-1)、式(7-4)可得：

$$P = \frac{B\Delta i}{L_c} = B \cdot i' \tag{7-5}$$

由式(7-4)、式(7-5)可知，超高渐变率 $P = B \cdot (i_2 - i_1)/L_c$。由此可见，线性渐变的超高渐变率恒定不变。

三次抛物线是光滑曲线，其函数特性是连续可导。对式(7-3)求导，得到三次抛物线的横坡变化率：

$$i' = 6\left(\frac{l}{L_c^2} - \frac{l^2}{L_c^3}\right)(i_2 - i_1) \tag{7-6}$$

由式(7-5)、式(7-6)可得到三次抛物线渐变的超高渐变率 P 的计算公式：

$$P = 6B\left(\frac{l}{L_c^2} - \frac{l^2}{L_c^3}\right)(i_2 - i_1) \tag{7-7}$$

由式(7-7)可知，三次抛物线的超高渐变率为二次抛物线。主要特点如下：

①超高渐变率是连续变化的(包括起终点),不存在突变,以 $L_c/2$ 呈轴对称,变化规律是小→大→小。

②当 $l=0$ 和 $l=L_c$ 时,超高渐变率 P 最小,$P_{min}=0$;当 $l=L_c/2$ 时,超高渐变率 P 最大,$P_{max}=1.5B(i_2-i_1)/L_c$。

从超高渐变率看,线性渐变和三次抛物线渐变的差异如下:

①线性渐变的超高渐变率恒定不变;三次抛物线渐变的超高渐变率是变化的(包括起终点),最小点在起终点,最大点在中点。

②三次抛物线渐变的超高渐变率连续(包括起终点),而线性渐变由于附加坡度的存在,本来连续的纵坡在起终点会出现折线式的突变,如设计速度 80km/h,绕中央分隔带边缘旋转,渐变率采用 1/150,那么附加坡度 0.67%,行车道边缘突变的坡度差就是 0.67%;设计速度 100km/h,绕中央分隔带边缘旋转,渐变率采用 1/200,那么附加坡度为 0.50%,行车道边缘突变的坡度差就是 0.50%。为使行车顺适,国外有的是在突变处增设竖曲线,有的是再加一个缓一点的折线坡,把一个突变分作两处,使该处突变加以缓和。国内规范对此未做规定。

③同样长度的超高渐变段,三次抛物线渐变的最大超高渐变率是线性渐变的 1.5 倍;反之,三次抛物线渐变的最大超高渐变率与线性渐变超高渐变率一致时,三次抛物线渐变所需的超高渐变长度是线性渐变长度的 1.5 倍。因此,设计人员用线性渐变计算的超高渐变段长度,直接采用三次抛物线渐变是欠妥的,最大超高渐变率往往会超出规范要求。

零坡段指超高渐变段中 -0.3% ~ +0.3% (1/330) 横坡接近零的路段。对排水而言,从 $-2\% \sim +i\%$ 的渐变过程中,排水不畅的路段是零坡段,因此超高设计应该控制 -2% ~ +2% 的渐变段长度;而 $+2\% \sim +i\%$ 的渐变段在满足最大超高渐变率后,对最小超高渐变率没有要求,因为超高横坡始终大于 2%,超高渐变率多小均不影响排水,更不影响路容美观和行车舒适性。对于 -2% ~ +2% 的超高渐变段长度,在满足最大超高渐变率前提下,尽量缩短 -0.3% ~ +0.3% 的长度。

下面对比研究 $i_1=-2\%$ 渐变至 $i_2=+2\% \sim +10\%$ 的零坡段,对式(7-2)、式(7-3)分别求解超高横坡为 -0.3%、+0.3% 时在超高渐变段长度 L_c 上的位置,然后计算两种渐变方式的零坡段长度,结果见表 7-1。

零坡段长度计算表 表 7-1

i_1	i_2	线性渐变			三次抛物线渐变			零坡段长度差值		
		-0.300%	+0.300%	零坡段	-0.300%	+0.300%	零坡段	1.5 倍零坡段	$L_{抛}-L_{线}$	$1.5L_{抛}-L_{线}$
-2	+2	$0.425\ L_c$	$0.575\ L_c$	$0.150\ L_c$	$0.450\ L_c$	$0.550\ L_c$	$0.100\ L_c$	$0.150\ L_c$	$-0.050\ L_c$	$+0.000\ L_c$
-2	+3	$0.340\ L_c$	$0.460\ L_c$	$0.120\ L_c$	$0.392\ L_c$	$0.473\ L_c$	$0.082\ L_c$	$0.123\ L_c$	$-0.038\ L_c$	$+0.003\ L_c$
-2	+4	$0.283\ L_c$	$0.383\ L_c$	$0.100\ L_c$	$0.351\ L_c$	$0.422\ L_c$	$0.070\ L_c$	$0.106\ L_c$	$-0.030\ L_c$	$+0.006\ L_c$
-2	+5	$0.243\ L_c$	$0.329\ L_c$	$0.086\ L_c$	$0.321\ L_c$	$0.384\ L_c$	$0.063\ L_c$	$0.094\ L_c$	$-0.023\ L_c$	$+0.008\ L_c$

续上表

i_1	i_2	线性渐变			三次抛物线渐变			零坡段长度差值		
		-0.300%	+0.300%	零坡段	-0.300%	+0.300%	零坡段	1.5 倍零坡段	$L_{抛}-L_{线}$	$1.5L_{抛}-L_{线}$
-2	+6	0.213 L_c	0.288 L_c	0.075 L_c	0.297 L_c	0.354 L_c	0.057 L_c	0.085 L_c	-0.018 L_c	+0.010 L_c
-2	+7	0.189 L_c	0.256 L_c	0.067 L_c	0.278 L_c	0.331 L_c	0.053 L_c	0.079 L_c	-0.014 L_c	+0.012 L_c
-2	+8	0.170 L_c	0.230 L_c	0.060 L_c	0.262 L_c	0.311 L_c	0.049 L_c	0.073 L_c	-0.011 L_c	+0.013 L_c
-2	+9	0.155 L_c	0.209 L_c	0.055 L_c	0.248 L_c	0.294 L_c	0.046 L_c	0.069 L_c	-0.009 L_c	+0.014 L_c
-2	+10	0.142 L_c	0.192 L_c	0.050 L_c	0.237 L_c	0.280 L_c	0.044 L_c	0.065 L_c	-0.006 L_c	+0.015 L_c

从表 7-1 可得出：

①线性渐变和三次抛物线渐变的渐变段长度一致时，线性渐变的零坡段长度比三次抛物线渐变的零坡段长度大。超高为 +2% ~ +10% 时，线性渐变的零坡段长度是三次抛物线渐变的 1.50 ~ 1.15 倍。

②三次抛物线渐变的最大渐变率与线性渐变的渐变率一致时，三次抛物线渐变的零坡段与线性渐变的零坡段长度相等或更长。超高为 +2% ~ +10% 时，三次抛物线渐变的零坡段长度是线性渐变的 1.00 ~ 1.31 倍。这是一个重大发现，让设计人员清楚地认识到三次抛物线渐变的实质，颠覆了长久以来业内对三次抛物线渐变的直接认知。

三次抛物线渐变与线性渐变的渐变段设置方式一般也不同。超高横坡由 -2% 渐变至 +i%，其线性渐变和三次抛物线渐变的零坡点位置见表 7-2。

零坡点位置计算表 表 7-2

序号	i_1	i_2	超高横坡为零点距渐变段起点长度 l	
			线性渐变	三次抛物线渐变
1	-2	2	0.500 L_c	0.500 L_c
2	-2	3	0.400 L_c	0.433 L_c
3	-2	4	0.333 L_c	0.387 L_c
4	-2	5	0.286 L_c	0.353 L_c
5	-2	6	0.250 L_c	0.326 L_c
6	-2	7	0.222 L_c	0.305 L_c
7	-2	8	0.200 L_c	0.287 L_c
8	-2	9	0.182 L_c	0.272 L_c
9	-2	10	0.167 L_c	0.259 L_c

对于 S 形曲线的渐变段设置，为了避免出现反超高，一般把零坡点设置在公切点附近。采用线性渐变时，零坡点的位置与长度直接呈线性关系，通过心算或计算器可以简单地确定零坡点的位置，然后根据零坡点的位置确定超高渐变段的位置，使渐变段的零坡点与 S 形曲线的公切点基本吻合。采用三次抛物线渐变时，从表 7-2 可知，三次抛物线渐变的零坡点与长度并无明确的关联，除非对照表 7-2 进行设置，否则难以使零坡点与公切点基本吻合。因此，三次抛物线渐变时，一般将 -2% ~ +i% 的超高渐变段分为 -2% ~ +2%、+2% ~ +i% 两段设置。

这样,一方面方便控制零坡段的长度,另一方面方便控制零坡点的位置。对于直线-圆曲线或圆曲线-直线的渐变段设置,采用三次抛物线渐变时,为使零坡段的长度最短,也会采用 $-2\% \sim +2\%$、$+2\% \sim +i\%$ 两段设置的方式。

总而言之,从渐变段设置的便利性来讲,线性渐变比三次抛物线渐变简单。通过三次抛物线渐变与线性渐变在计算公式、超高渐变率、零坡段长度以及超高渐变段设置方式等方面的对比研究,将三次抛物线渐变和线性渐变各自的特性分析透彻,同时将三次抛物线渐变和线性渐变在渐变段长度、零坡段长度等方面的差异进行了量化对比,使公路行业的从业人员能够正确地认识和掌握三次抛物线渐变和线性渐变,从而正确、合理地应用三次抛物线渐变和线性渐变。

大多数路线 CAD 软件仅支持一条设计线一种超高渐变方式。经过调查研究,为增强软件适应性,新路线 CAD 软件支持一条设计线多种超高渐变方式,即不同段落采用的超高渐变方式不同,超高渐变方式支持线性渐变和三次抛物线渐变两种方式。

7.1.2.2 超高渐变率

1)计算公式

由式(7-1)可得到超高渐变率计算公式:

$$P = \frac{B\Delta i}{L_c} \tag{7-8}$$

根据式(7-8)可知,路面上任意一点的超高渐变率与该点至超高旋转轴的距离成线性正比,也就是说路面距离超高旋转轴越远,超高渐变率越大;距离超高旋转轴越近,超高渐变率越小。

2)最大超高渐变率

路线规范第 7.5.4 条规定超高渐变率应根据旋转轴的位置按表 7-3 确定。

超高渐变率　　表 7-3

设计速度(km/h)	超高旋转轴位置	
	中线	边线
120	1/250	1/200
100	1/225	1/175
80	1/200	1/150
60	1/175	1/125
40	1/150	1/100
30	1/125	1/75
20	1/100	1/50

虽然规范如此规定,但规范对于中线、边线的定义并不清晰,中线到底是行车道中心线还是公路中心线,边线是行车道边缘线还是中央分隔带边缘。因此,一部分设计单位的超高旋转轴设置在中央分隔带边缘,采用中线的超高渐变率来计算超高渐变段长度。

《日本高速公路设计要领》对于超高渐变率的规定相当明确,超高渐变率不应大于表 7-4 中的值。

《日本高速公路设计要领》规定的最大超高渐变率　　表 7-4

设计车速(km/h)	基准点(超高旋转轴)位置	
	行车道中心	中央分隔带的两侧边缘
120	1/250	1/200
100	1/225	1/175
80	1/200	1/150
60	1/175	1/125
50	1/150	1/115

由此可见,设计速度相同时,路线规范的超高渐变率的数值与《日本高速公路设计要领》的数值完全相同,而《日本高速公路设计要领》的超高旋转轴位置规定是十分明确的。

超高渐变率是指超高旋转轴与行车道(设路缘带时为路缘带)外边线之间的相对坡度。其大小的选取,与路容美观、行车舒适以及路面排水直接相关。从路容美观、行车舒适来讲,渐变率小好,而从路面排水来讲,渐变率大好,也就是零坡段短好,这其实是矛盾的。

规范对于最大超高渐变率的规定,是为避免在视觉上、行驶力学上出现令人不满意的急剧超高横坡变化而制定的上限值。按照最大超高渐变率设置超高渐变段,行车道边缘对超高旋转轴的相对上升或下降速度(行车道边缘的相对坡度)较为合理,能够符合美观上最低限度的要求。

3)最小超高渐变率

路线规范第 7.5.6 条要求"超高过渡宜在回旋线全长范围内进行。……超高过渡段的纵向渐变率不得小于 1/330"。该条的条文说明中解释为"回旋线过长,超高渐变率过小,将导致曲线段路面排水不畅,应按排水要求的最小坡率 0.3% 计,故规定超高渐变率不得小于 0.3%,即 1/330。"由此可见,路线规范对于超高渐变率不得小于 1/330 的规定,是为了满足纵向排水最小坡率 0.3% 的要求,但作为最小超高渐变率的解释,理由并不充分,将在本书第 7.3.2 节详细阐述。

当渐变率过缓时,超高渐变段的横坡零坡段会较长,即使合成坡度大于甚至远大于0.5%,但雨水会长距离地在路面上沿着公路纵向流动,而非排到路面外,会对高速行驶产生不良影响,甚至存在安全隐患。因此有必要对横坡[-2, +2]区间加以限制,而横坡[$-i$, -2]或[+2, $+i$]区间的最小超高渐变率无须控制。

《日本高速公路设计要领》对横坡[-2, +2]区间规定了渐变率的下限值,见表 7-5,也就是最小超高渐变率,是合理也是安全的,完全可以参考使用。

《日本高速公路设计要领》规定的最小超高渐变率　　表 7-5

车　道　数	基准点(超高旋转轴)位置	
	行车道中心	中央分隔带的两侧边缘
4 车道	1/350	1/250
6 车道	1/325	1/200

4)硬路肩超高

路线规范 7.5.10 条规定"硬路肩超高方式应符合下列规定:1　硬路肩超高值与相邻车道

超高值相同时,其超高过渡段应与车道相同,且采用与车道相同的超高渐变率”。这里要求硬路肩“采用与车道相同的超高渐变率”的说法错误。根据式(7-8)可知,路面上任意一点的超高渐变率与该点至超高旋转轴的距离成线性正比。换句话说,无论是行车道宽度还是硬路肩宽度上,每一点的超高渐变率均不同。因此,硬路肩若随车道一起旋转,则无自己独立的旋转轴,因此其超高渐变率不能独立控制,其超高渐变率的大小与硬路肩宽度上每一点至超高旋转轴的距离线性相关,因此硬路肩宽度方向上任意点的超高渐变率均不同。

7.1.2.3 渐变段长度计算是否考虑硬路肩

路线规范第7.5.4条的条文说明中“对有硬路肩的公路,应考虑硬路肩随行车道超高过渡的需要,按实际情况的 B 值计算,则超高过渡段长度上 L_c 将相应增长”。一方面,最大超高渐变率的数值是依据行车道边缘对超高旋转轴的相对上升或下降速度(行车道边缘的相对坡度)能够符合美观上最低限度的要求来规定的,按此理解,路容美观与否不是以硬路肩边缘来衡量,硬路肩也不经常用于行车,不是关注重点;另一方面,超高渐变段考虑了硬路肩宽度后,超高渐变段长度增长,会导致零坡段增长,行车道排水速度降低,增加行车安全不利因素。鉴于上述两个原因,笔者建议超高渐变段计算时,不考虑硬路肩宽度。

路线规范第6.5.5条第3款规定:“硬路肩的横坡应随邻近车道的横坡一同过渡,其过渡段的纵向渐变率应控制在1/330~1/150之间。”该规定存在两个问题:第一,这里渐变率的位置指向并不明确,因为在横断面方向上,硬路肩上每一点的渐变率均不同;第二,当超高渐变段计算的宽度 B 值不含硬路肩宽度且采用最大超高渐变率时,该要求如果指的是硬路肩内侧边缘,只有部分情况下能够达到;如果指的是硬路肩外侧边缘,则无论什么情况下均达不到。

表7-6列了4个典型标准路幅的硬路肩内侧边缘和外侧边缘的超高渐变率,此时超高旋转轴在中央分隔带边缘,采用边线的最大渐变率,计算超高渐变段含路缘带,不含整个硬路肩宽度。

硬路肩内侧边缘和外侧边缘超高渐变率 表7-6

设计速度(km/h)	路基宽度(m)	超高渐变率		
		中央分隔带边缘	硬路肩内侧边缘	硬路肩外侧边缘
120	27.0	1/200	1/212.1	1/146.7
100	26.0	1/175	1/185.6	1/128.3
80	25.5	1/150	1/159.4	1/109.1
60	20.0	1/125	1/133.3	1/113.6

由此可以看出,路线规范对于硬路肩纳入超高渐变的研究并不清晰。笔者认为,计算超高渐变段不应纳入除路缘带宽度以外的硬路肩宽度,硬路肩的外边缘渐变率不作为设计控制因素。

7.1.2.4 渐变段长度取整

《公路路线设计规范》(JTJ 011—1994)第7.5.4条规定,根据式(7-1)求得的超高渐变段长度,应凑整成5m的倍数,并不小于10m的长度。而《公路路线设计规范》(JTG D20—2006)以及现行路线规范对此无要求。虽然如此,但设计人员形成了将超高渐变段长度凑整成5m倍数的习惯,并延续下来。研究认为超高设计绝大多数情况下均采用计算机或计算器计算,超高渐变段5m倍数的取值实际意义小,因此新路线CAD软件不予支持。但从使用简单、便利出发,支持渐变段长度和起讫桩号取整。

7.1.2.5 渐变段设置方式

路基横坡从正常横坡 -2% 渐变到 +i%(圆曲线设置的超高值),一般情况下,渐变段内的超高渐变率一致。有时为了提高行车安全性,将零坡段(-0.3% ~ +0.3%)的长度缩到最短(即以最大超高渐变率渐变),即将 -2% ~ +2% 段的超高渐变率采用接近于路线规范的最大值,而 +2% ~ +i%($i>2$)段因不受排水要求控制,渐变率根据回旋线长度等具体情况设置。这样,超高渐变段的设置方式有如下两种:

(1)方式一:超高渐变率一致方案(直接指定超高渐变段长度 L_c,或按指定超高渐变率计算 L_c)。

(2)方式二:超高渐变率分段方案(-2% ~ +2% 段按指定超高渐变率计算渐变段L_{c1},+2% 至圆曲线超高的渐变段L_{c2}按具体情况设置)。

7.1.2.6 渐变段长度与回旋线长度的关系

路线规范第 7.5.6 条规定"超高过渡宜在回旋线全长范围内进行"。虽然规范如此规定,但有时回旋线设置过长,出于避免超高渐变率过小等原因,有的单位会设置比回旋线长度短的超高渐变段。那么,超高渐变段长度的设置方式有如下两种:

1)全回旋线设置

若采用全回旋线设置超高渐变段,应反算超高渐变率来检查超高渐变率是否满足规范要求。那么,超高渐变率存在三种可能:

①超高渐变率大于最大超高渐变率。说明回旋线长度偏短,应增大超高渐变段的长度,即按最大超高渐变率计算超高渐变段的长度,从圆缓点往回旋线大半径方向设置超高渐变段,超高渐变段会延伸至直线上。在实际设计中,应避免出现此情况,但从路线 CAD 软件设计的角度来讲,应考虑完整。

②超高渐变率小于或等于最大超高渐变率,但大于最小超高渐变率(目前规范规定为 1/330),这是符合要求的。此时,为了缩短零坡段的长度,在维持超高渐变段长度不变的前提下,推荐采用超高渐变率分段方案(即渐变段设置方式二)。

③超高渐变率小于最小超高渐变率。此时,为了维持超高渐变段长度不变,应采用超高渐变率分段方案(即渐变段设置方式二),来使渐变方案满足规范要求,提高行车安全性。

2)部分回旋线设置

若采用部分回旋线设置,此时根据指定超高渐变率(一定小于对应设计速度的最大超高渐变率),通过式(7-1)计算得到超高渐变段长度。计算超高渐变段长度与回旋线长度的关系如下:

①计算超高渐变段大于回旋线长度。也就是说回旋线长度偏短,超高渐变段需要设置到直线段上,设计中应尽量避免出现该情况。在平面设计时,提前进行超高渐变段长度检查,回旋线长度小于超高渐变段长度时,应增大回旋线长度,使其不小于超高渐变段长度。

②计算超高渐变段与回旋线长度一致。这是最理想的情况,也就是全回旋线设置超高渐变段。

③计算超高渐变段小于回旋线长度。此时在部分回旋线上设置超高渐变段,根据不同单

位的习惯,有的偏好设置在靠近直缓点端,有的偏好设置在靠近缓圆点端,有的偏好设置在回旋线中间。从偏安全以及设置简单来说,笔者更偏向于设置在靠近直缓点端。

因此,从路线 CAD 软件设计的角度来讲,无论以哪一种方式设置超高渐变段长度,基本前提是超高渐变率必须满足规范要求的最大超高渐变率和最小超高渐变率,否则必须通过增加或缩短超高渐变段长度来满足规范要求。上述两种超高渐变段长度设置方式更准确的描述如下:

①以全回旋线设置超高渐变段优先。

②以部分回旋线设置超高渐变段优先。

7.1.2.7 渐变段位置设置

对于超高渐变段,各单位、各设计人员对超高设置的理解不同,于是出现了各种不同的设置方式,根据不同的方式来进行超高渐变段位置的设置。虽然在路线 CAD 软件里支持以全回旋线设置超高渐变段优先和以部分回旋线设置超高渐变段优先两种不同的超高设置方式,但无论从规范的要求来讲,还是从简化设计来讲,笔者认为以全回旋设置超高渐变段优先最为合理和简单。在这种方式里,推荐采用超高渐变率分段方案,即保证 -2% ~ +2% 段按指定超高渐变率计算渐变段L_{c1},使零坡段最短或接近最短,保证行车安全; +2% 至圆曲线超高的渐变段 L_{c2}按具体情况设置,其渐变率不受路面排水控制,最小值无要求,最大值不大于规范要求即可。下面就几种常见线形的超高渐变段位置进行探讨。

1)直线-回旋线-圆曲线

直线-回旋线-圆曲线或圆曲线-回旋线-直线(图 7-3),这是最常见也是最简单的超高设置场景,由正常横坡渐变到全超高路段,推荐采用全回旋线的超高渐变率分段设置方案。

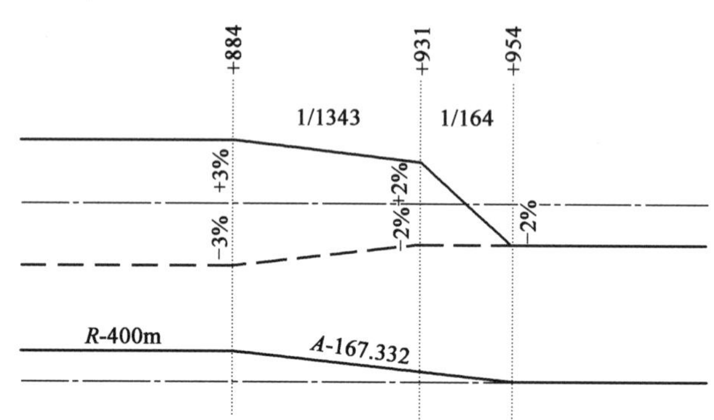

图 7-3 圆曲线-回旋线-直线超高渐变

当超高渐变段处于构造物上或者与竖曲线重合导致合成坡度小于 0.5% 时,超高渐变段可以适当调整位置。超高渐变段应尽量避开构造物区间,其主要原因是构造物上一般排水的进水口间隔较大,容易造成排水不良,冬季容易结冰,横坡不达标时难于改善等。超高渐变段的可调整位置范围为从回旋线半径无穷大的那一点(ZH 点或 HZ 点)到不设超高最小半径的那一点。

2)S 形曲线(圆曲线-回旋线-反向回旋线-反向圆曲线)

S 形曲线是从一个曲线半径通过两个回旋线过渡到反向的圆曲线。规范并没有对 S 形曲

线的超高设置进行明确要求。一般而言,有下面三种渐变方法:

①当回旋线较长,设置一段正常横坡路段,正常横坡的长度至少大于3s行程。该做法也就是将S形曲线当成两个独立的直线-回旋线-圆曲线来设置,并且按部分回旋线设置超高渐变段。该方式增加了设计复杂度和路面横坡施工的复杂度(图7-4)。因此不建议采用。

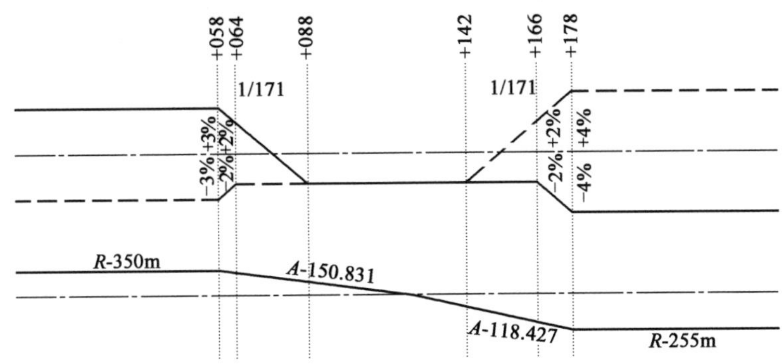

图7-4 S形曲线超高渐变段设置方式一

在图7-4中,设计速度为40km/h,路基宽8.50m,路面宽7.0m,路线规范规定的最大超高渐变率为1/150。+088的曲率半径为650m,+142的曲率半径为738m,均满足设计速度40km/h不设超高最小半径600m的要求。

②直接渐变。也就是从$-i_1\%$直接渐变到$+i_2\%$,将零坡点放在公切点附近(尽量重合),避免出现反超高现象。该方式对于线性渐变,分两段单独设置,即$-i_1\%$渐变到0%、再由0%渐变到$+i_2\%$,零坡点的位置容易控制,但对于三次抛物线渐变,难以控制零坡点的位置。这里分为两种情况:

第一种情况:全缓和曲线超高,超高渐变率小于P_0(为保证排水所需的最小超高渐变率,路线规范规定为1/330)(图7-5)。

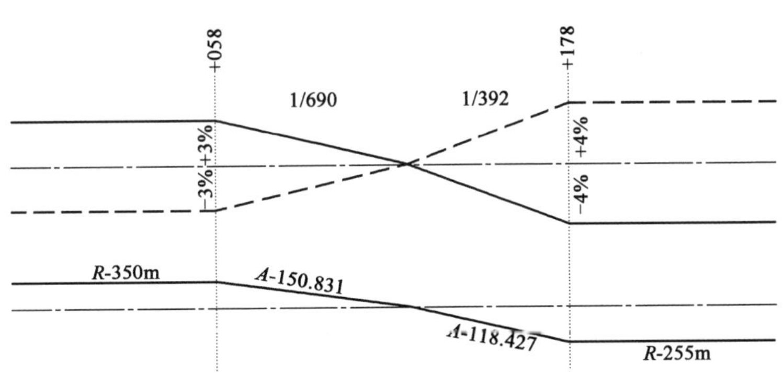

图7-5 S形曲线超高渐变段设置方式二

显然,在图7-5中,两段超高过渡段的渐变率均小于P_0,渐变方式设置不合理。于是,另一种超高渐变段设置方式出现了,见图7-6。

超高按该方式设置,可能导致局部超高偏大。如图7-6所示,+105处的曲率半径为1265m,却设置了3%的超高;+147的曲率半径为584m,却设置了4%的超高,不尽合理。有个别单位渐变率直接采用1/330控制,笔者认为该做法零坡段较长,不利于行车安全。

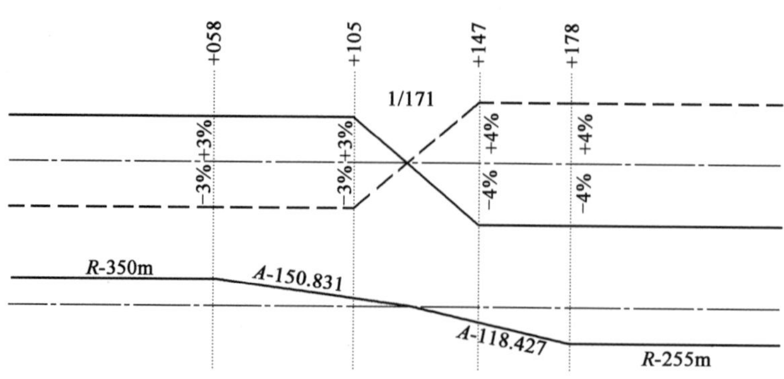

图 7-6　S 形曲线超高渐变段设置方式三

第二种情况:当 $P \geq P_0$ 时,采用 S 形曲线超高渐变段设置方式二是合适的。

③控制 -2% ~ +2% 段超高渐变率,全缓和曲线超高。具体渐变段设置方式见图 7-7。

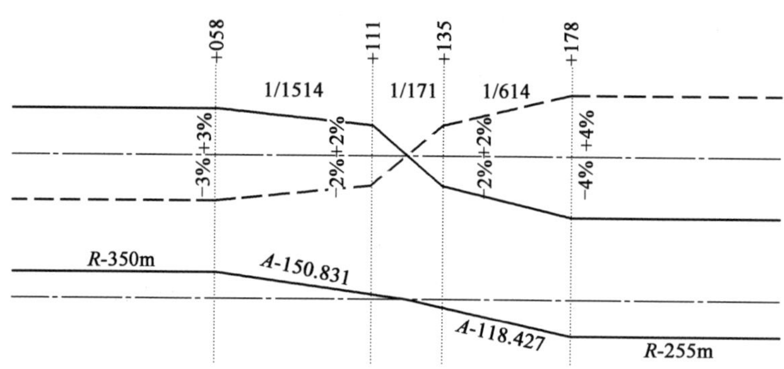

图 7-7　S 形曲线超高渐变段设置方式四

该方式为直接渐变方式的优化,一是尽量缩短了零坡段的长度;二是无论是线性渐变还是三次抛物线渐变均可以方便地确定零坡点的位置,从而使零坡点和公切点基本重合;三是回旋线无论长短均为全回旋线超高。因此,对于 S 形曲线而言,在满足最大超高渐变率的前提下,推荐超高渐变段采用方式四来进行设置,简单明了。

一些特殊情况下,超高渐变段的零坡点和公切点难以重合。对于零坡点和公切点的最大距离可以达到多少,路线规范并未明确。而《日本高速公路设计要领》对此规定十分明确,最大距离最好小于 $A/10$,可参考使用。

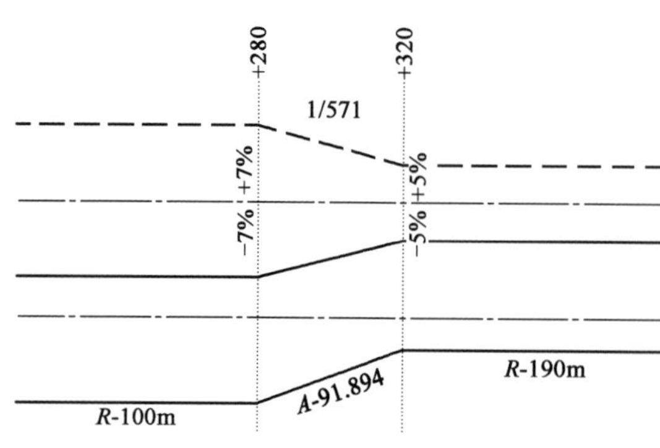

图 7-8　卵形曲线超高渐变段设置方式

3)卵形曲线

超高渐变率大小不影响路面排水,采用全回旋线超高方式简单明了。卵形曲线超高渐变段设置方式如图 7-8 所示。

当大圆半径大于或等于不设超高的最小半径时,按直线-回旋线-圆曲线方式设置。在一些困难地形条件下,若设置了双重卵形曲线,且中间的大圆半径大于不设超高的最小半径时,中间的大圆可设置 2% 的超高,以减少两个零坡段。

4)C 形曲线

C 形曲线应用相当少,推荐采用全回旋线超高。采用 $-i_1\% \sim -2\% \sim -i_2\%$ 的方式,根据路线规范要求中间设一段正常横坡段,正常横坡段的长度应不小于 3s 设计速度行程。

7.1.2.8 超高自动设计

根据平曲线半径、超高渐变率及相关技术标准进行超高自动设置。

(1)指定宽度是否含硬路肩。

(2)指定超高旋转轴是绕中线还是绕边线(目前仅支持绕中线方式),超高渐变率可编辑。

(3)指定超高渐变段桩号是否取整。

(4)超高渐变段与缓和曲线长度关系:

①以全缓和曲线设置超高渐变段优先(反算超高渐变率 P)。

②以部分缓和曲线设置超高渐变段优先(L_c 根据指定参数计算)。

超高自动设计后,可以以图形方式浏览超高设计情况,对系统自动或人工手动设计结果进行检查,进一步修改完善。相比数据直接检查,图形检查直观明了。超高数据检查如图 7-9 所示。

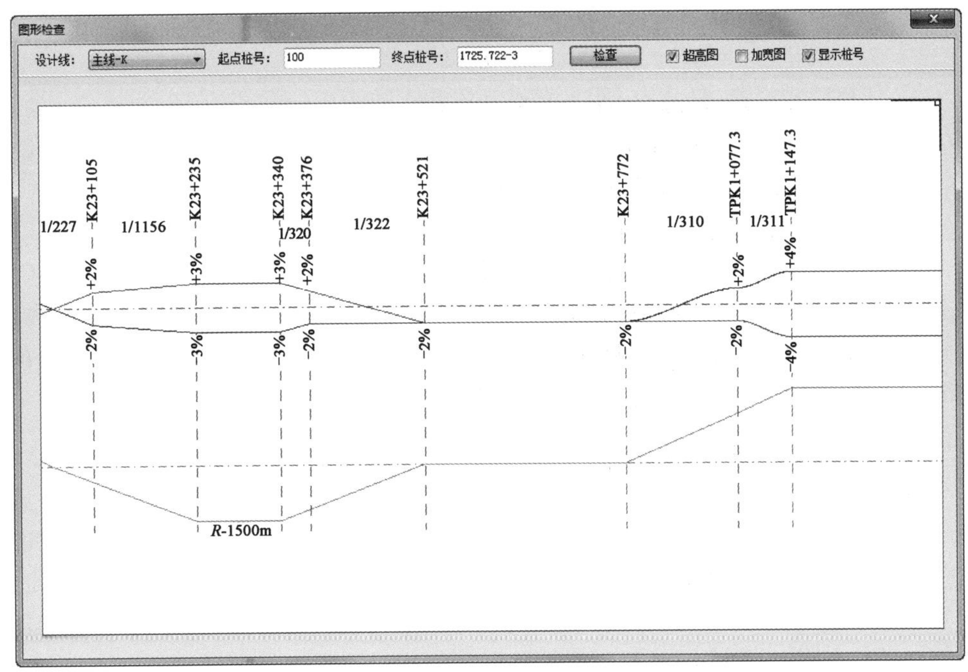

图 7-9 超高数据检查

7.1.3 加宽设计

路基宽度因各种各样的原因变宽或变窄。主要有以下几种情况:

①设计速度的变化引起的中间带、行车道、硬路肩、土路肩宽度变化。

②车道数的增加或减少引起的行车道宽度变化。

③高速公路、一级公路的互通式立体交叉、服务区、停车区、管理与养护设施等与主线相衔接处,平面交叉右转弯车道设置变速车道而引起路面行车道宽度变化。

④二级、三级、四级公路因平曲线半径小而引起路面加宽。

⑤二级、三级、四级公路因护栏设置需要进行加宽。

⑥四级公路因设置错车道需进行路面加宽。

⑦高速公路、一级公路和二级公路需设置爬坡车道、紧急停车带需加宽硬路肩。

⑧桥梁、隧道与路基宽度不同宽时,硬路肩和土路肩宽度变化。

⑨匝道宽度变化等。

为保证车辆的行车安全,各种渐变段的渐变率设置要区别对待。渐变率的大小一般情况下与车辆运行速度有一定的关系。

7.1.3.1 加宽渐变方式

加宽渐变方式主要有线性渐变、三次抛物线渐变和四次抛物线渐变等。加宽渐变公式如下:

$$b_x = k \cdot b \tag{7-9}$$

$$b_x = (3k^2 - 2k^3)b \tag{7-10}$$

$$b_x = (4k^3 - 3k^4)b \tag{7-11}$$

$$k = L_x/L \tag{7-12}$$

式中:L_x——任意桩号位置(任意点)距加宽渐变段起点的距离(m);

L——加宽渐变段的长度(m);

b_x——任意桩号位置(任意点)的加宽值(m);

b——圆曲线上的全加宽值(m)。

大多数情况下,一条设计线,或者说一条公路,只采用一种加宽方式。大多数路线 CAD 软件就是如此,一条设计线不支持多种加宽方式。但在少数情况下,一条设计线存在多种方式,如互通连接线的收费广场采用三次抛物线渐变,而其他段落采用线性渐变。经过充分的调研后,新路线 CAD 软件确定支持加宽方式分段设置。

7.1.3.2 渐变段设置

1)中间带变宽

由于设计速度变化等原因,导致相邻路段的中间带宽度增宽或减窄。中间带宽度的变化会引起行车道位置的变化,从而导致行车轨迹发生变化。路线规范第 9.4.3 条明确规定,当中间带的宽度增宽或减窄时,应设置渐变段。渐变段以设在回旋线范围内为宜,长度应与回旋线长度相等。条件受限时,渐变段的渐变率不应大于 1/100。

2)行车道宽度渐变

行车道数或单个车道本身的宽度变化,一般也会引起行车轨迹变化。行车道宽度渐变段的设置要求在路线规范中并没有明确规定。在实际工程中,该宽度变化容易被忽视,往往会按照普通的宽度渐变来设置加宽渐变段,这实际上是不合适的。

在《道路交通标志和标线　第 3 部分:道路交通标线》(GB 5768.3—2009)中明确了路面(车行道)宽度渐变段的设置要求。其渐变段的长度 L 按式(7-13)确定。

$$L = \begin{cases} v^2W/155 & (v \leqslant 60\text{km/h}) \\ 0.625vW & (v > 60\text{km/h}) \end{cases} \tag{7-13}$$

式中：L——渐变段长度(m)；

v——设计速度(km/h)；

W——变化宽度(m)。

当式(7-13)计算结果大于表 7-7 所示最小值时，采用计算结果作为实际渐变长度，反之采用表 7-7 所示最小值作为实际渐变段长度。

渐变段长度最小值 表 7-7

设计速度 v(km/h)	最小值(m)	设计速度 v(km/h)	最小值(m)
20	20	60	40
30	25	70	70
40	30	80	85
50	35	>80	100

注：对于设计速度与实际运行速度偏离较大的公路，可以用实际运行速度值代替设计速度值确定渐变段长度。

从式(7-13)中可以算出，当设计速度为 120km/h 时，其宽度渐变率为 1/75；设计速度为 100km/h 时，其宽度渐变率为 1/62.5；设计速度为 80km/h 时，其宽度渐变率为 1/50，同时不能小于表 7-7 中最小值的要求。《公路立体交叉设计细则》(JTG/T D21—2014)中主线车道减少时渐变率为 1/50；而路线规范第 11.5.3 条规定主线的分岔和合流渐变段(增加或减少一条车道)的渐变率应分别为 1/40 和 1/80。笔者认为，渐变段与设计速度相关无疑是正确的，而《公路立体交叉设计细则》(JTG/T D21—2014)、路线规范与速度无关，值得商榷。

3)路面加宽渐变

二级、三级、四级公路的圆曲线半径小于或等于 250m 时，应设置加宽。具体加宽值按照路线规范的要求采用。加宽渐变段的设置：①设置回旋线或超高渐变段时，加宽渐变段长度应采用与回旋线或超高渐变段长度相同的数值；②不设回旋线或超高渐变段时，加宽渐变段长度应按渐变率 1/15 且长度不小于 10m 的要求设置。

4)土路肩设置护栏引起加宽渐变

根据技术标准第 3.6.1 条规定，二级、三级、四级公路的建筑限界如图 7-10 所示。其中 W 为行车道宽度；L 为侧向宽度，二级公路的侧向宽度为硬路肩宽度；三、四级公路的侧向宽度为路基宽度减去 0.25m。三、四级公路无硬路肩，土路肩宽度分别为 0.75m、0.50m、0.25m 三种，根据技术标准的要求，L 为 0.50m、0.25m、0m，而护栏设置需要的宽度为 0.5m，那么路基宽度至少加宽 0.25m。建筑限界是强制性要求，必须满足，低等级公路尤其需要引起重视。

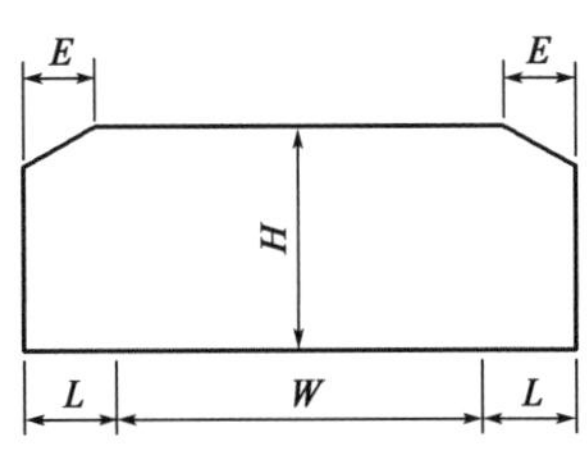

图 7-10 净空断面

5)爬坡车道加宽渐变

路线规范第 6.2.3 条规定，高速公路、一级公路以及二级公路可根据需要在连续上坡路段设置爬坡车道，车道宽度不应小于 3.5m，且不大于 4m。

6)紧急停车带

高速公路、一级公路的右侧硬路肩宽度小于2.50m时,应设紧急停车带。紧急停车带的宽度一般为5.00m,有效长度一般为50m,并设置100m和150m左右的过渡段。隧道内的紧急停车带的宽度包含右侧向宽度,应取3.5m,长度应取40m,其中有效段长度不得小于30m。

7)错车道

四级公路路基宽度采用4.5m时,应在不大于300m的距离内设置选择有利地点设置错车道。设置错车道路段的路基宽度不应小于6.5m,有效长度应不小于20m。加宽渐变段宜按渐变率1/15且长度不小于10m的要求设置。

8)桥梁引起的路肩宽度渐变

桥梁路幅宽度变化引起的硬路肩、土路肩宽度变化。

9)隧道引起的路肩宽度渐变

按技术标准的要求,"洞口外相接路段应设置距洞口不小于3s设计速度行程长度,且不小于50m的过渡段,保持横断面过渡的顺适"。在文件编制办法第5.2.4节中要求出版"隧道进出口过渡段设计图"。

10)分、合流部变宽

除了前述的各种加宽设计外,在公路设计中还有一种特殊的变宽,即互通立交的连接部。

普通加宽是规律性渐变,要么按线性渐变,要么按三次抛物线渐变,加宽宽度通过公式计算可以直接得到。互通立交连接部的变宽与普通变宽最大的不同是,连接部的匝道路幅边缘线受匝道平面线形控制,它本身是光滑曲线,但并不是简单的数学表达式可以表达的,因此绝大多数情况下匝道的外侧路幅边缘线相对于主线而言,宽度均不存在变化规律,仅在一些特殊情况下才是规律变化的(如主线和匝道的平面线形均为直线)。因此,在过去的路线CAD软件中,大部分软件是靠手工量取连接部各横断面的宽度,然后输入系统,最后系统输出路基设计表、路基横断面设计图;少量软件是手工绘制连接部平面图,系统辅助读取连接部各横断面的宽度,最后系统输出路基设计表、路基横断面设计图,该方式较前一种方式已经取得一定进步,实现了半自动化设计。在新路线CAD软件发布之前,连接部参数化自动设计始终是路线CAD软件尚未完全解决的行业难题。

新路线CAD软件针对互通立交进行重点优化与完善,对连接部进行了参数化,实现了连接部自动设计。系统采用数据库管理,一个项目支持多条设计线,因此连接部的处理变得水到渠成。换句话说,连接部就是两条设计线之间的平面几何关系。而在项目数据库里,主线和匝道的平纵横数据均完整,随用随取。作者是设计的亲历者,连接部的参数化一定足够接地气,就是采用设计中所需要的参数,分为分流部和合流部两种连接部来参数化。分流部的参数包括主线名称、匝道名称、类型、渐变段长度、辅助车道长度、减速车道长度、C_1、Z_1、C_2、Z_2、小鼻端半径R_1、大鼻端半径R_2等。其中减速车道长度是自动计算,放在一起是为了方便查阅。合流部的参数包括主线名称、匝道名称、类型、加速车道长度、辅助车道长度、渐变段长度、C_1、Z_1、小鼻端半径R_1、大鼻端半径R_2等。这里主线名称和匝道名称,只是相对而言的,便于区分,匝道与匝道进行分流也是一样可以设置的,甚至单喇叭互通的喇叭头均可以当鼻端处理,换句话说,任何两条合流或分流的设计线均可以进行处理。小鼻端就是规范里的"鼻端",指的是硬路肩衔接点;大鼻端是相对小鼻端而言的,是土路肩衔接点,除了桥梁之外,大部分时候实际意义不大，只是为了出图时土路肩用圆曲线连接更美观。分流部与合流部的参数输入之后，小鼻端的主线桩号、匝道桩号和大鼻端的主线桩号、匝道桩号进行自动计算，以便后续拉坡等使用。分流部、合流部参数输入界面如图 7-11、图 7-12 所示。

连接部设置

◉分流部　○合流部　更新

	主线名称	匝道名称	类型	渐变段长度	辅助车道长度	减速车道长度	C1	Z1	C2	Z2	小鼻端半径R1	大鼻端半径R2
▸1	丹霞枢纽-A	丹霞枢纽-B	平行式	0.000	0.000	119.828	1.000	0.000	0.000	0.000	0.600	1.500
2	丹霞枢纽-C	丹霞枢纽-D	平行式	70.000	0.000	117.243	1.000	0.000	0.000	0.000	0.600	1.500
3	丹霞枢纽-E	丹霞枢纽-F	平行式	70.000	0.000	104.430	1.000	0.000	0.000	0.000	0.600	1.500
4	丹霞枢纽-G	丹霞枢纽-H	平行式	70.000	0.000	125.536	1.000	0.000	0.000	0.000	0.600	1.500
5	丹霞枢纽-K	丹霞枢纽-C	直接式	90.000	0.000	125.153	3.000	0.000	0.800	10.000	0.600	1.000
6	丹霞枢纽-K	丹霞枢纽-G	直接式	90.000	0.000	126.049	3.000	0.000	0.800	10.000	0.600	1.000
7	丹霞枢纽-S	丹霞枢纽-A	直接式	90.000	0.000	125.624	3.000	25.000	0.800	10.000	0.600	2.023
8	丹霞枢纽-S	丹霞枢纽-E	直接式	90.000	0.000	125.153	3.000	25.000	0.800	10.000	0.600	1.924
*												

表格中蓝色列头为必填字段，灰色列头为计算字段。

图 7-11　分流部参数输入界面

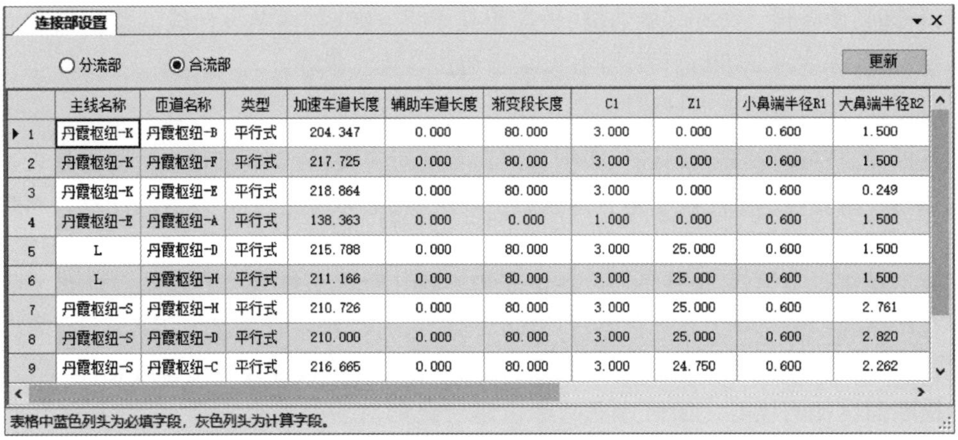

连接部设置

○分流部　◉合流部　更新

	主线名称	匝道名称	类型	加速车道长度	辅助车道长度	渐变段长度	C1	Z1	小鼻端半径R1	大鼻端半径R2
▸1	丹霞枢纽-K	丹霞枢纽-B	平行式	204.347	0.000	80.000	3.000	0.000	0.600	1.500
2	丹霞枢纽-K	丹霞枢纽-F	平行式	217.725	0.000	80.000	3.000	0.000	0.600	1.500
3	丹霞枢纽-K	丹霞枢纽-E	平行式	218.864	0.000	80.000	3.000	0.000	0.600	0.249
4	丹霞枢纽-E	丹霞枢纽-A	平行式	138.363	0.000	0.000	1.000	0.000	0.600	1.500
5	L	丹霞枢纽-D	平行式	215.788	0.000	80.000	3.000	25.000	0.600	1.500
6	L	丹霞枢纽-H	平行式	211.166	0.000	80.000	3.000	25.000	0.600	1.500
7	丹霞枢纽-S	丹霞枢纽-H	平行式	210.726	0.000	80.000	3.000	25.000	0.600	2.761
8	丹霞枢纽-S	丹霞枢纽-D	平行式	210.000	0.000	80.000	3.000	25.000	0.600	2.820
9	丹霞枢纽-S	丹霞枢纽-C	平行式	216.665	0.000	80.000	3.000	24.750	0.600	2.262

表格中蓝色列头为必填字段，灰色列头为计算字段。

图 7-12　合流部参数输入界面

通过连接部的参数化设计，解决了匝道与主线、匝道与匝道的各种分、合流位置的自动化处理，同时实现了连接部路拱线的自动化设计，彻底解决了连接部参数化自动设计的行业难题。系统能够适应主线和匝道的各种宽度渐变，实现了路基设计表、连接部图和高程数据图的全自动输出。

11）其他原因引起宽度渐变

其他原因如观景平台的设置引起路基宽度变化，其渐变段的设置可根据主线设计速度、渐变段的功能等因素综合确定渐变率的大小以及等宽段的长度、宽度。

调查和研究清楚了各种宽度变化后，为适应各种宽度变化，也设置了两种方式来实现公路的加宽，第一是标准路幅宽度的变化，可以实现设计高程位置变化或长度较长的路幅宽度变化,如设计高程位置在中央分隔带边缘时,中央分隔带宽度变化会引起设计高程、超高旋转轴位置的变化;第二是直接通过行车道、硬路肩和土路肩路幅板块加宽来实现。在互通设计中,通过二者的搭配,可以灵活实现各种加宽,满足互通主线和匝道加宽的需求。

7.1.3.3 加宽渐变率

规范对加宽并没有明确的渐变率要求。规范对中央分隔带宽度渐变、收费广场、互通变速车道、四级公路的加宽等渐变,明确了渐变率,但对其他变宽事实上并未进行渐变率规定,如普通路面变宽、爬坡车道的加减速车道、四级公路设回旋线时的加宽渐变等。一般情况下,除了收费广场之外,其他的加宽渐变,要满足 1/15 的渐变率要求。至于为什么是 1/15,笔者至今也未找到相关依据。笔者认为,加宽渐变率多数时候是为了满足路容的需要,少数时候是为了满足车辆减速、加速或行车轨迹变化的需要。

7.1.4 并行横断面设计

7.1.4.1 研究缘由

公路设计中,由于受地形、地物、地质条件限制,隧道设置需要,节约用地或控制工程规模等原因,经常出现两条或两条以上距离较近的拟建公路并行的情况,如分离式路基的左右半幅、互通立交的匝道与主线、匝道与匝道、主线与改建地方道路等。距离较近的拟建公路,路基横断面设计时,两条设计线相邻的边坡、边沟相互干扰。此时,两条设计线的路基横断面需要进行联合设计,综合考虑进行二者之间的边坡、边沟及排水设计。

7.1.4.2 并行横断面设计的核心

两条拟建公路进行联合设计时,必须找出二者的对应关系,以便进行设计与图纸表达。由于两条拟建公路之间水平距离和垂直高差的不确定性,毫无规律可言,二者之间难以用统一的数学模型来进行标准化精确设计。二者之间的边坡、边沟设计成果,是一个空间三维实体,二者之间并不存在对应关系,也就是说一条设计线上的任意一个桩号与另一条设计线上的桩号并不存在严格的一一对应关系。公路设计最终的成果是二维设计图纸。因此,为方便设计成果表达,必须建立两条拟建公路的对应关系,在此基础上完成设计线间相邻边坡、边沟设计,这是并行横断面设计的核心。如何建立两条拟建公路的对应关系是一个重要的、需要研究的问题。

建立两条拟建公路对应关系的常见方法有三种。

1)手工人为指定交线

大多数路线 CAD 软件不能自动处理并行横断面设计,由手工人为指定两个路基的填方交线位置(一般与两侧路基边缘等距),两侧路基分别刷坡完成设计。这种方式,简单说就是以人工确定的交线上的点分别对两条设计线做垂线(也就是横断面线)来确定对应关系。这种方式简单粗暴,是一种近似做法,土石方数量难以准确计算。

2)基于横断面求交线

该方法是以一条设计线(假设为主线)的横断面线直接切到另一条设计线(假设为次线)的路幅及其边坡上。根据主线横断面桩号,准确计算主线路幅,也准确计算次线路幅的两侧边缘位置,两设计线之间的边坡、边沟根据二者之间边坡的交线位置来进行设计,以此来完成二者之间的边坡、边沟及排水设计。笔者手工进行并行横断面设计采用的就是该方法，德国IB&T有限公司的CARD/1中文版的并行横断面设计也是采用类似的方法。

一方面，对于次线而言，其边坡、路幅均为斜切断面，其边坡线、路幅在空间里大多数情况下为空间曲线，而在二维设计图上表达为直线段，显然是失真的；另一方面，斜切断面的边坡坡率难以用准确的数据来表达，只能粗略表达或近似表达（一般用正常的坡率来表示）。由此可见，该处理方式并不能比较精确地表达并行横断面之间的边坡、边沟设计，也还是一种粗略的设计方式。较前一种方式，进步的地方在于交线是计算出来的，相对更准确。该方式对于二者横断面线交叉角度较小时，设计误差较小；角度较大时，设计误差较大。

3）基于空间计算求交线

基于横断面设计绘图后生成每个断面的三维数据，利用相邻断面的填方边坡实体面相交，也就是空间三维面相交确定其交线，再根据交线上的点计算另一条设计线对应的桩号。该方式求得的计算结果最为准确，但只解决了填方模式的并行横断面设计。

上述三种模式是并行横断面设计的简化设计方法，也就是简化为两侧均为填方的模式进行设计，并未彻底解决并行横断面设计的所有情况。

7.1.4.3 参数化自动设计的难点

并行横断面参数化自动设计，是路线CAD软件为数不多的尚未彻底解决的难题之一。在新路线CAD软件研发过程中，对并行横断面的参数化自动设计进行了大量的调查和深入的研究，是当时着力希望解决的难点问题。其主要难点如下：

1）制定合理的规则，建立两条拟建公路桩号之间一一对应关系

建立两条拟建公路的对应关系的原因在前一节已经详细论述过。两条设计线的桩号并不存在严格的一一对应关系，但二维的路基横断面设计图需要建立二者之间的一一对应关系。需要通过制定合理的规则，准确将三维空间实体用二维的方式表达清楚，准确计算土石方和边沟排水数量。

2）将两设计线间的边坡、边沟设计模式进行标准化

两条距离较近的设计线间，相邻的边坡、边沟设计有多种可能的形式。实际上，两条设计线之间的边坡和边沟设计模式各个单位、各个项目的做法均可能不同，需要将这些做法进行标准化、规范化，再针对每一种模式进行参数化设置和自动设计。

3）制定优先级策略，适用设计线间高差与距离变化

两设计线之间的高差和距离并不是恒定不变的，而是始终变化的。沟底高程根据排水设计需要设计。因此并行横断面设计过程中，边坡高度、边坡坡率和平台宽度是可变的。当边坡高度为定值时，只有边坡坡率和平台宽度是可变的，需要制定优先级策略确定是边坡率变化还是平台宽度变化，以此来适用设计线间高差与距离变化。

7.1.4.4 并行横断面参数化自动设计实现

通过研究并行横断面设计的目标，分析二者之间的水平距离和高差的空间变化规律，以及二者在不同情况下设计成果的归纳与总结；在两设计线之间设置三种边坡、边沟设计策略，以及两种边坡坡率和平台宽度变化策略，实现了并行横断面的参数化自动设计。并行横断面设计界面如图7-13所示。二者之间边坡、边沟设计策略分为如下三种形式：

1)两侧均按各自挖方边坡刷坡

两条设计线各自设置挖方边沟,然后各自按挖方边坡刷坡,中间自然形成一条交线(图7-14)。由于道路的平面和纵断面一般为曲线,边坡所在的面是曲面而不是平面,所以边坡上该交线采用边坡的三维曲面求交计算得到。此时两条设计线中间有两个边坡、两个碎落台和两条边沟。该边坡、边沟策略的两个边坡相对独立,计算最简单。两条设计线之间的分界线在挖方边坡交叉点,各自的边坡、边沟纳入各自的横断面内。这种情况应用相对较少,但作为路线CAD软件而言,设计完备是需要的。

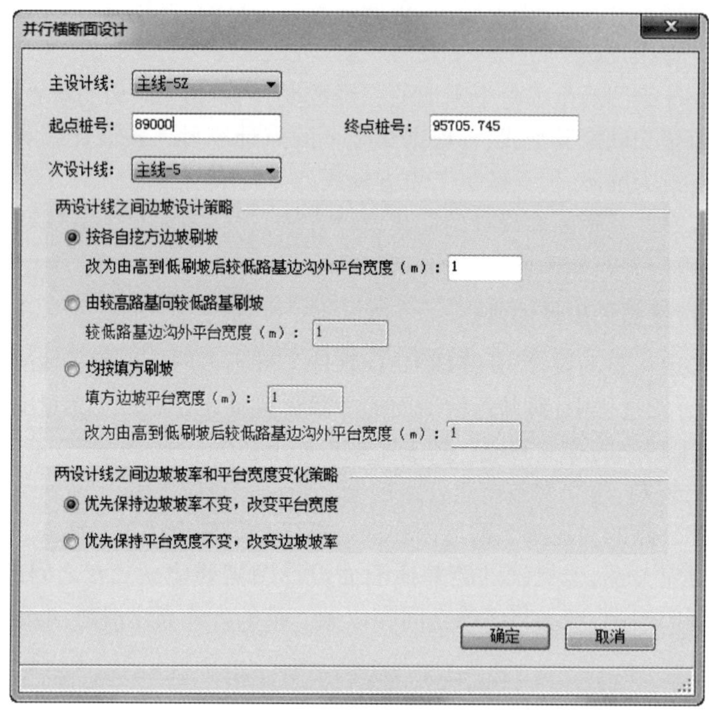

图7-13　并行横断面设计界面

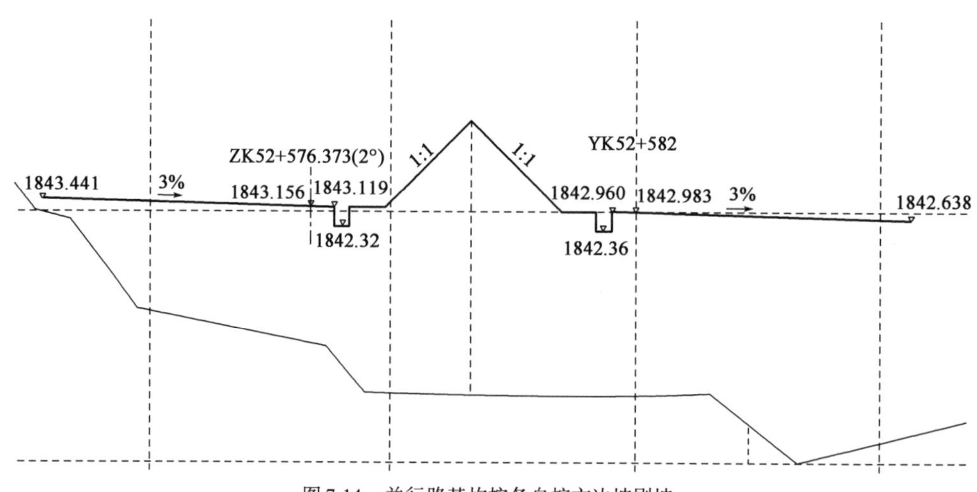

图7-14　并行路基均按各自挖方边坡刷坡

2)两侧均按各自填方边坡刷坡

两条设计线各自从路基边缘按填方边坡刷坡,中间自然形成一条交线,通过空间三维面求交计算可以得到(图7-15)。最后在交线上设置边沟和平台。此时两条设计线之间有两个边坡、两个平台和一条边沟。

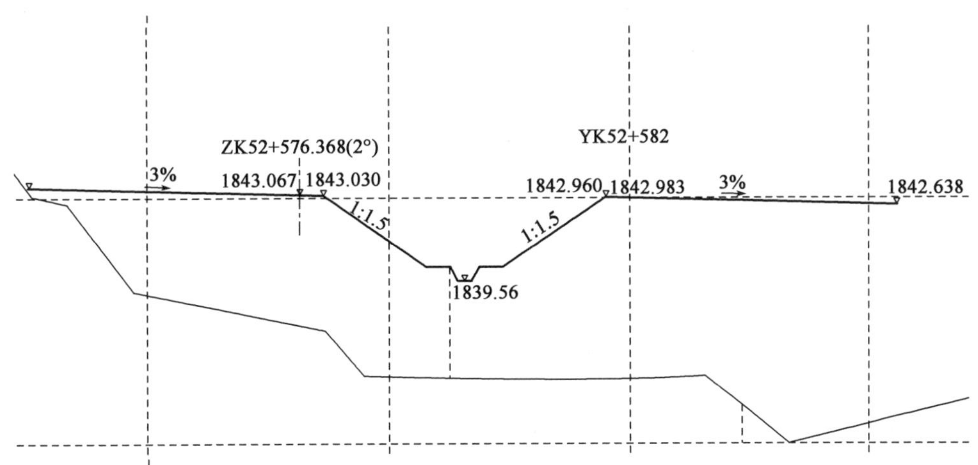

图7-15 并行路基均按各自填方边坡刷坡

若边沟水无法排出,需要人工进行排水设计。进行排水设计后,沟底高程确定,通过调整两侧的边坡坡率来适应排水设计的需要。为保持共同边沟的完整性,简化系统设计,两条设计线之间横断面的分界线为主线的边沟外侧边缘。对应设计线的断面为该线作对应设计线的垂线所在横断面。

3)由高向低刷坡

当路基一侧高、一侧低时,为了排水方便,一般在较低一侧路基边缘设置边沟,采用由高向低一侧刷坡。此时两条设计线之间只有一个边坡、一个平台和一条边沟。而边沟的位置和宽度是固定的,由于两条设计线的平面水平位置和纵断面高程位置时刻在变化,那么二者之间的边坡坡率和平台至少有一个变化来适应二者空间位置变化。由此,为满足各种不同的情况,系统设置了两种不同的边坡坡率和平台设计策略:

①优先保持边坡坡率不变,改变平台宽度。

该策略是平台宽度先变化,边坡坡率后变化。当两个路基之间的水平距离越来越窄或高差越来越大时,保持边坡坡率不变,平台宽度会逐渐变小,直到为零;若两个路基之间的水平距离继续变小或高差继续变大,边坡坡率逐渐变陡,直到最后变成1:0(需设置路肩墙),此时还有一条边沟;若二者之间的距离继续变小,边沟也无法设置,只能设置平台,最后极限情况下平台宽度也变为0,此时高路基和低路基边缘完全重合。

②优先保持平台宽度不变,改变边坡坡率。

该策略是边坡坡率先变化,平台宽度后变化。当两个路基之间的水平距离越来越窄或高差越来越大时,平台宽度优先保持不变,边坡坡率会逐渐变陡,直到变为1:0(需设置路肩墙)。此时,若两个路基之间的水平距离继续变窄,平台宽度会逐渐变窄,极限情况下,直到为0。后面的变化与上一策略完全相同。

这样,设计人员可根据实际需要,选取设计策略,系统可以根据上述情况自适应来进行横断面设计。通过策略优先级的设置,能够在两条设计线之间设置合理的边坡、边沟,来自动适应两条设计线的水平距离变化、垂直高差变化。两条设计线之间的分界线在较低一侧的边沟外侧边缘,也就是边沟纳入较低一侧设计线的横断面内,边坡和平台纳入较高一侧设计线的横断面内。并行横断面由高到低刷坡如图 7-16 所示。

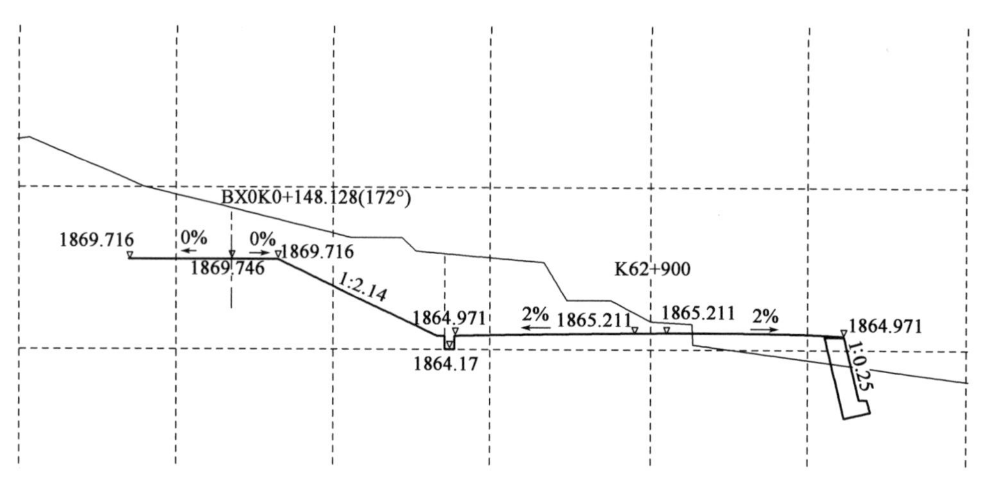

图 7-16　并行横断面由高到低刷坡

这样,实现了并行横断面的全自动化设计。设计人员只需要填好起讫桩号范围,设置刷坡的相关参数,以及各种情况的处理方式,系统就可以根据参数自动进行并行设计。在进行并行横断面设计之前,需要先进行常规横断面设计。

若一条拟建公路两侧均有其他横断面干扰,那么两侧先后做一次并行横断面设计即可。如分离式路基的左侧为左线、右侧为地方道路改建,互通匝道的一侧为主线、一侧为另一条匝道等。这样并行横断面设计不仅仅限于分离式路基或互通立交的匝道,任何距离较近的横断面设计均可。并行横断面设计牵涉空间计算,并不容许手工修改二者之间的边坡坡率和边沟高程,若需修改,通过修改相关参数后重新设计。二级、三级、四级公路中,回头弯路段存在自身相邻段落的横断面设计干扰问题,已进行特殊处理来实现回头弯路段自身不同路段的并行设计问题。

虽然并行横断面是空间实体与实体的关系,但新路线 CAD 软件通过简化以及设计策略设置,通过空间计算确定二者之间的交线位置,全自动处理各种情况,能够准确表达二者之间的边坡、边沟和平台之间的关系和形式。并行横断面自动设计彻底地解决了两条距离较近设计线的横断面设计问题,使两条设计线之间的边坡、边沟关系明确,工程数量计算准确,公路平面总体设计图、路基横断面设计图输出自动化程度高。通过并行横断面参数化自动设计,彻底地解决了一个行业 CAD 软件难题,是公路路线 CAD 软件的一大进步。虽然并行横断面之间并不真正存在一一对应关系,二维的表达方式不能精确表达空间没有规律的三维实体,但现有的设计精度足够满足工程设计的要求。

7.2 设计流程

新路线 CAD 软件的横断面设计流程如下：

(1)横断面地面线输入。纵断面设计完成后,进入横断面设计前,首先输入横断面地面线。

(2)模板定义。进行边坡、边沟模板定义,为横断面设计做准备。

(3)典型横断面设置。将全线挖方和填方中最常见的边坡、边沟、边沟外边坡用模板设置在典型横断面中。

(4)横断面自动设计。典型横断面设置后,即可以进行横断面自动设计。

(5)横断面修改设计。根据横断面自动设计结果,逐桩、逐段判断横断面设计是否合理,若不合理,可以直接修改横断面,或进行边坡、边沟、沟底高程等段落数据填写。同时,根据错误消息,处理横断面设计失败桩号的横断面。若需排水设计,则进行沟底纵坡设计,沟底纵坡设计的结果自动存入沟底高程段落。提醒消息里会出现所有数据修改的桩号。

不断重复第(4)、(5)步骤,消除所有提醒消息和错误消息,最后完成横断面设计,输出横断面设计相关图表。

(6)横断面并行自动设计。若存在并行横断面,需要进行并行横断面设计。

7.3 设计实践

7.3.1 超高横坡与横向力系数

超高设计是横断面设计中的重要工作之一,路线规范第 7.5.3 条的条文说明中重新提供“圆曲线半径与超高值”表供设计参考使用,是十分务实的做法。而《公路路线设计规范》(JTG D20—2006)第 7.5.3 条规定“各圆曲线半径所设置的超高值应根据设计速度、圆曲线半径、公路条件、自然条件等经计算确定”,未提供“圆曲线半径与超高值”选用表,也未提供横向力系数的取值方法,要求设计人员根据项目具体情况经计算后确定。而实际上,设计人员几乎不可能自己去计算超高值,基本上均参考《公路路线设计规范》(JTG D20—2006)送审稿条文说明中的“圆曲线半径与超高值”进行超高横坡值的选用,新路线 CAD 软件在 2017 版路线规范出来之前同样是这么做的。

根据车辆在弯道上行驶时的受力状况及各种力的几何关系,可推导出如下计算公式：

$$R = \frac{v^2}{127(\mu + i)} \tag{7-14}$$

式中:R——圆曲线半径(m);

v——设计速度(km/h);

μ——横向力系数,极限值为路面与轮胎之间的横向摩阻系数;

i——路面的超高横向坡度。

圆曲线半径与超高值表是如何得到的,部分设计人员并不十分清楚。根据式(7-14)可知,在设计速度 v 确定的情况下,圆曲线最小半径 R 取决于横向力系数 μ 和超高横向坡度 i 的取值。从人的承受能力和舒适度考虑,横向力系数 μ 取值:当 $\mu<0.10$ 时,车辆转弯感觉不到有曲线存在,十分平稳;当 $\mu=0.15$ 时,车辆转弯感到有曲线存在,但尚平稳;当 $\mu=0.20$ 时,车辆转弯已感到有曲线存在,并感到不平稳;当 $\mu=0.35$ 时,车辆转弯感到有曲线的存在,并感到不稳定;当 $\mu>0.40$ 时,车辆转弯非常不稳定,有倾覆的危险。

圆曲线最小半径的一般值是指按设计速度行驶的车辆能保证其安全性与舒适性而建议的采用值,极限值与一般值的区别在于曲线行车舒适性的差异。为了让设计人员更进一步清楚了解路线规范的圆曲线最小半径一般值、极限值、不设超高的圆曲线最小半径与横向力系数之间的关系,或清楚这些半径的来源,本书将路线规范计算这些半径所对应的横坡、横向力系数整理到一起,见表 7-8。

圆曲线半径、横坡与横向力系数关系表 表 7-8

设计速度 v(km/h)		120	100	80	60	40	30	20
不设超高的圆曲线最小半径	$i=-1.5\%$	0.035	0.035	0.035	0.035	0.035	0.035	0.035
	$i=-2.0\%$	0.050	0.050	0.050	0.050	0.050	0.050	0.050
圆曲线最小半径(一般值)	$i=6\%$	0.05	0.05	0.06	0.06	0.06	0.05	0.05
圆曲线最小半径(极限值)	$i_{max}=4\%$	0.10	0.12	0.13	0.15	0.15	0.16	0.17
	$i_{max}=6\%$	0.10	0.12	0.13	0.15	0.15	0.16	0.17
	$i_{max}=8\%$	0.10	0.12	0.13	0.15	0.15	0.16	0.17
	$i_{max}=10\%$	0.10	0.12	0.13	0.15	—	—	—

根据路线规范第 7.5.3 条的条文说明提供的"圆曲线半径与超高值"(表 7-9),根据式(7-14)反算横向力系数 μ(表 7-10),以便设计人员更好地理解横向力系数。这里说明一下,横向力系数 μ 值是反算出来的,因超高临界半径经过取整,其值未必十分准确。

路线规范第 7.5.3 条在 2006 版的基础上增加了"必要时应按运行速度验算"。实际上,无论是根据设计速度还是运行速度,根据式(7-14)计算超高值,其核心都在横向力系数 μ,μ 如何取值规范并未明确,设计人员难以确定合理的 μ 值,就难以确定合理的超高值。建议在规范修订中加上横向力系数 μ 的取值方法,方便设计人员进行超高值计算。

2019 年 6 月交通运输部颁布了《小交通量农村公路工程技术标准》(JTG 2111—2019),其中规定了 15km/h 设计速度的最大超高为 4%,但未规定各个超高的半径值范围,部分设计人员不知道如何根据半径值取用超高横坡。超高横坡应根据式(7-14)进行计算,其中 $v=15$km/h,μ 的取值可参考表 7-10 中设计速度为 60km/h、40km/h、30km/h 和 20km/h,最大超高为 4% 时对应 μ 值,取均值,代入式(7-14)计算,计算得到的半径向上取整到 5m,最终结果见表 7-11。

圆曲线半径与超高值 表 7-9

设计速度（km/h）		120				100				80				60				
		一般情况			积雪冰冻	一般情况			积雪冰冻	一般情况			积雪冰冻	一般情况				积雪冰冻
		10%	8%	6%		10%	8%	6%		10%	8%	6%		10%	8%	6%	4%	
超高（%）	2	5500 ~ 2950	5500 ~ 2860	5500 ~ 2730	5500 ~ 2780	4000 ~ 2180	4000 ~ 2150	4000 ~ 2000	4000 ~ 2090	2500 ~ 1460	2500 ~ 1410	2500 ~ 1360	2500 ~ 1390	1500 ~ 900	1500 ~ 870	1500 ~ 800	1500 ~ 610	1500 ~ 860
	3	2950 ~ 2080	2860 ~ 1990	2730 ~ 1840	2780 ~ 1910	2180 ~ 1520	2150 ~ 1480	2000 ~ 1320	2090 ~ 1410	1460 ~ 1020	1410 ~ 960	1360 ~ 890	1390 ~ 940	900 ~ 620	870 ~ 590	800 ~ 500	610 ~ 270	860 ~ 570
	4	2080 ~ 1590	1990 ~ 1500	1840 ~ 1340	1910 ~ 1410	1520 ~ 1160	1480 ~ 1100	1320 ~ 920	1410 ~ 1040	1020 ~ 770	960 ~ 710	890 ~ 600	940 ~ 680	620 ~ 470	590 ~ 430	500 ~ 320	270 ~ 150	570 ~ 410
	5	1590 ~ 1280	1500 ~ 1190	1340 ~ 970	1410 ~ 1070	1160 ~ 920	1100 ~ 860	920 ~ 630	1040 ~ 770	770 ~ 610	710 ~ 550	600 ~ 400	680 ~ 490	470 ~ 360	430 ~ 320	320 ~ 200		410 ~ 290
	6	1280 ~ 1070	1190 ~ 980	970 ~ 710	1070 ~ 810	920 ~ 760	860 ~ 690	630 ~ 440	770 ~ 565	610 ~ 500	550 ~ 420	400 ~ 270	490 ~ 360	360 ~ 290	320 ~ 240	200 ~ 135		290 ~ 205
	7	1070 ~ 910	980 ~ 790			760 ~ 640	690 ~ 530			500 ~ 410	420 ~ 320			290 ~ 240	240 ~ 170			
	8	910 ~ 790	790 ~ 650			640 ~ 540	530 ~ 400			410 ~ 340	320 ~ 250			240 ~ 190	170 ~ 125			
	9	790 ~ 680				540 ~ 450				340 ~ 280				190 ~ 150				
	10	680 ~ 570				450 ~ 360				280 ~ 220				150 ~ 115				

续上表

设计速度（km/h）		40					30					20				
		一般情况				积雪冰冻	一般情况				积雪冰冻	一般情况				积雪冰冻
		8%	6%	4%	2%		8%	6%	4%	2%		8%	6%	4%	2%	
超高（%）	2	600 ~ 470	600 ~ 410	600 ~ 330	600 ~ 75	600 ~ 430	350 ~ 250	350 ~ 230	350 ~ 150	350 ~ 40	350 ~ 270	150 ~ 140	150 ~ 110	150 ~ 70	150 ~ 20	150 ~ 120
	3	470 ~ 310	410 ~ 250	330 ~ 130		430 ~ 280	250 ~ 170	230 ~ 140	150 ~ 60		270 ~ 180	140 ~ 90	110 ~ 70	70 ~ 30		120 ~ 80
	4	310 ~ 220	250 ~ 150	130 ~ 70		280 ~ 190	170 ~ 120	140 ~ 80	60 ~ 35		180 ~ 120	90 ~ 70	70 ~ 40	30 ~ 15		80 ~ 60
	5	220 ~ 160	150 ~ 90			190 ~ 130	120 ~ 90	80 ~ 50			120 ~ 90	70 ~ 50	40 ~ 30			60 ~ 40
	6	160 ~ 120	90 ~ 60			130 ~ 90	90 ~ 60	50 ~ 35			90 ~ 55	50 ~ 40	30 ~ 15			40 ~ 25
	7	120 ~ 80					60 ~ 40					40 ~ 30				
	8	80 ~ 55					40 ~ 30					30 ~ 15				

超高值与对应的横向力系数 表 7-10

设计速度（km/h）		120				100				80				60				
		一般情况			积雪冰冻	一般情况			积雪冰冻	一般情况			积雪冰冻	一般情况				积雪冰冻
		10%	8%	6%		10%	8%	6%		10%	8%	6%		10%	8%	6%	4%	
超高（%）	2	0.040 ~ 0.018	0.040 ~ 0.020	0.040 ~ 0.022	0.040 ~ 0.021	0.040 ~ 0.016	0.040 ~ 0.017	0.040 ~ 0.019	0.040 ~ 0.018	0.040 ~ 0.015	0.040 ~ 0.016	0.040 ~ 0.017	0.040 ~ 0.016	0.039 ~ 0.011	0.039 ~ 0.013	0.039 ~ 0.015	0.039 ~ 0.026	0.039 ~ 0.013
	3	0.018 ~ 0.025	0.020 ~ 0.027	0.022 ~ 0.032	0.021 ~ 0.029	0.016 ~ 0.022	0.017 ~ 0.023	0.019 ~ 0.030	0.018 ~ 0.026	0.015 ~ 0.019	0.016 ~ 0.022	0.017 ~ 0.027	0.016 ~ 0.024	0.011 ~ 0.016	0.013 ~ 0.018	0.015 ~ 0.027	0.026 ~ 0.075	0.013 ~ 0.020
	4	0.025 ~ 0.031	0.027 ~ 0.036	0.032 ~ 0.045	0.029 ~ 0.040	0.022 ~ 0.028	0.023 ~ 0.032	0.030 ~ 0.046	0.026 ~ 0.036	0.019 ~ 0.025	0.022 ~ 0.031	0.027 ~ 0.044	0.024 ~ 0.034	0.016 ~ 0.020	0.018 ~ 0.026	0.027 ~ 0.049	0.075 ~ 0.149	0.020 ~ 0.029
	5	0.031 ~ 0.039	0.036 ~ 0.045	0.045 ~ 0.067	0.040 ~ 0.056	0.028 ~ 0.036	0.032 ~ 0.042	0.046 ~ 0.075	0.036 ~ 0.052	0.025 ~ 0.033	0.031 ~ 0.042	0.044 ~ 0.076	0.034 ~ 0.053	0.020 ~ 0.029	0.026 ~ 0.039	0.049 ~ 0.092		0.029 ~ 0.048
	6	0.039 ~ 0.046	0.045 ~ 0.056	0.067 ~ 0.100	0.056 ~ 0.080	0.036 ~ 0.044	0.042 ~ 0.054	0.075 ~ 0.120	0.052 ~ 0.080	0.033 ~ 0.041	0.042 ~ 0.060	0.076 ~ 0.127	0.053 ~ 0.080	0.029 ~ 0.038	0.039 ~ 0.058	0.092 ~ 0.150		0.048 ~ 0.078
	7	0.046 ~ 0.055	0.056 ~ 0.074			0.044 ~ 0.053	0.054 ~ 0.079			0.041 ~ 0.053	0.060 ~ 0.087			0.038 ~ 0.048	0.058 ~ 0.097			
	8	0.055 ~ 0.064	0.074 ~ 0.094			0.053 ~ 0.066	0.079 ~ 0.117			0.053 ~ 0.068	0.087 ~ 0.122			0.048 ~ 0.069	0.097 ~ 0.147			
	9	0.064 ~ 0.077				0.066 ~ 0.085				0.068 ~ 0.090				0.069 ~ 0.099				
	10	0.077 ~0.100				0.085 ~ 0.120				0.090 ~ 0.129				0.099 ~ 0.146				

续上表

设计速度(km/h)		40					30					20				
		一般情况				积雪冰冻	一般情况				积雪冰冻	一般情况				积雪冰冻
		8%	6%	4%	2%		8%	6%	4%	2%		8%	6%	4%	2%	
超高(%)	2	0.040 ~ 0.007	0.040 ~ 0.011	0.040 ~ 0.018	0.040 ~ 0.148	0.040 ~ 0.009	0.040 ~ 0.008	0.040 ~ 0.011	0.040 ~ 0.027	0.040 ~ 0.157	0.040 ~ 0.006	0.040 ~ 0.002	0.040 ~ 0.009	0.040 ~ 0.025	0.040 ~ 0.137	0.040 ~ 0.006
	3	0.007 ~ 0.011	0.011 ~ 0.020	0.018 ~ 0.067		0.009 ~ 0.015	0.008 ~ 0.012	0.011 ~ 0.021	0.027 ~ 0.088		0.006 ~ 0.009	0.002 ~ 0.005	0.009 ~ 0.015	0.025 ~ 0.075		0.006 ~ 0.009
	4	0.011 ~ 0.017	0.020 ~ 0.044	0.067 ~ 0.140		0.015 ~ 0.026	0.012 ~ 0.019	0.021 ~ 0.049	0.088 ~ 0.162		0.009 ~ 0.019	0.005 ~ 0.005	0.015 ~ 0.039	0.075 ~ 0.170		0.009 ~ 0.012
	5	0.017 ~ 0.029	0.044 ~ 0.090			0.026 ~ 0.047	0.019 ~ 0.029	0.049 ~ 0.092			0.019 ~ 0.029	0.005 ~ 0.013	0.039 ~ 0.055			0.012 ~ 0.029
	6	0.029 ~ 0.045	0.090 ~ 0.150			0.047 ~ 0.080	0.029 ~ 0.058	0.092 ~ 0.142			0.029 ~ 0.069	0.013 ~ 0.019	0.055 ~ 0.150			0.029 ~ 0.066
	7	0.045 ~ 0.087					0.058 ~ 0.107					0.019 ~ 0.035				
	8	0.087 ~ 0.149					0.107 ~ 0.156					0.035 ~ 0.130				

设计速度为 15km/h 的圆曲线半径与超高值表 表 7-11

序号	横向力系数 μ	超高横向坡度 i(%)	半径范围(m)
1	0.020	2	90～45
2	0.076	3	45～20
3	0.150	4	20～10

7.3.2 合成坡度

所谓合成坡度,大多数情况下是指公路中心(或设计高程)处的纵坡与横坡组成的坡度,其方向为流水线方向。但在超高渐变段,横坡的变化不仅影响横坡值,也会影响纵坡的变化。因此,必须将合成坡度分析清楚。

7.3.2.1 计算公式

根据前面分析可知,路面上任意一点的合成坡度计算公式如下:

$$i_{合} = \sqrt{\left(i_z + \frac{b}{B}P\right)^2 + i_h^2} \tag{7-15}$$

式中:$i_{合}$——路面上任一点合成坡度;

i_z——路面上任一点纵坡,上坡为正,下坡为负;

i_h——路面上任一点横坡;

b——路面上任一点到超高旋转轴的宽度(m);

B——计算超高渐变段长度的路面宽度(m);

P——超高渐变率,为与纵坡保持一致,升高为正,下降为负。

7.3.2.2 最小合成坡度

路线规范第 8.5.3 条要求“各级公路最小合成坡度不宜小于 0.5%”。一般情况下,小纵坡路段、竖曲线顶部、竖曲线底部与超高渐变段的零坡段接近或重合段,容易出现合成坡度过小。合成坡度过小,则排水不畅,路面积水容易出现安全事故。

在研究最小合成坡度前,首先研究组成合成坡度的纵坡和横坡对于排水而言哪个重要。这里假设两种极端情况:第一种是纵坡为 0.0%,横坡为 -2.0%,此时路面排水顺畅;第二种是纵坡为 10.0%,横坡为 0.0%,此时路面水始终在路面上纵向流动,永远不能排出路面。由此可见,合成坡度里,当横坡稍大(如横坡大于 0.5%)时,路面排水主要靠横坡而非纵坡,纵坡甚至延缓了路面水排出路面的时间,增加了路面水流动距离,纵坡越小越有利于路面排水;只有当横坡较小、趋近于零时,纵坡较大,才能让路面水流动起来,最后通过横坡排出路面。

1)非超高渐变段

非超高渐变段不存在超高渐变率,即 $P=0$,此时的合成坡度就是平常所说的合成坡度。非超高渐变段就是正常横坡段或全超高路段,横坡始终大于或等于 1.5% 或 2.0%,即使纵坡为零,合成坡度始终会大于 0.5%。由此可见,最小合成坡度可能小于 0.5% 的路段一定是超高渐变段。

2)超高渐变段

由式(7-15)可知,合成坡度不论如何变化,其本质还是由纵坡和横坡组成。在超高渐变段,纵坡不仅仅是纵断面设计的纵坡,而且还包括由于横坡变化引起的附加纵坡。该附加纵坡与超高渐变率大小、所处点到超高旋转轴的距离大小有关。

为方便探讨,对于式(7-15)进行简化,研究 $b=0$ 和 $b=B$ 时两处的合成坡度,也就是超高旋转轴(同时也是设计高程位置)和行车道(设路缘带时为路缘带)外侧边缘(不含硬路肩)两处位置的合成坡度。

当 $b=0$ 时,式(7-15)变为:

$$i_{中} = \sqrt{i_z^2 + i_h^2} \tag{7-16}$$

式中:$i_{中}$——旋转轴处的合成坡度。

当 $b=B$ 时,式(7-15)变为:

$$i_{边} = \sqrt{(i_z + P)^2 + i_h^2} \tag{7-17}$$

式中:$i_{边}$——行车道(设路缘带时为路缘带)外侧边缘处的合成坡度。

合成坡度最不利情况下,超高渐变率采用路线规范要求的最小值 1/330,且横坡为零(即$i_h=0$)时,式(7-16)、式(7-17)变为:

$$i_{中} = |i_z| \tag{7-18}$$

$$i_{边} = |i_z \pm 0.3\%| \tag{7-19}$$

路线规范第 8.5.3 条要求合成坡度不宜小于 0.5%,并未说明此值对应什么位置。从行车安全的角度来说,应该是任意横断面的行车道上任意点的合成坡度均不宜小于 0.5%,也就是式(7-18)、式(7-19)均应满足合成坡度不小于 0.5%。由此不难得出:当由正常横坡渐变为全超高断面时,$i_z \geq +0.5\%$ 或 $i_z \leq -0.8\%$(即坡度大于 0.5% 的上坡或坡度大于 0.8% 的下坡)可以满足合成坡度不小于 0.5%;当由全超高断面渐变为正常横坡时,$i_z \geq +0.8\%$ 或 $i_z \leq -0.5\%$(即坡度大于 0.8% 的上坡或坡度大于 0.5% 的下坡)可以满足合成坡度不小于 0.5%。而一般情况下,当横坡为零时,$i_z \geq +0.5\%$ 或 $i_z \leq -0.5\%$,只能保证旋转轴位置的合成坡度,不能保证行车道或路缘带边缘上任意一点的合成坡度始终不小于 0.5%。该结论与绝大多数设计人员的认知有较大的差距。

更一般地说,若需合成坡度不小于 0.5%,则当由正常横坡渐变为全超高断面时,$i_z \geq +0.5\%$ 或 $i_z \leq -(0.5\% + |P|)$;当由全超高断面渐变为正常横坡时,$i_z \geq +(0.5\% + |P|)$ 或 $i_z \leq -0.5\%$。换句话说,当超高渐变引起的附加纵坡方向与路线纵坡方向相同时,超高渐变引起的附加纵坡叠加纵坡,此时路线纵坡直接控制最小合成坡度(最不利位置在行车道外侧边缘处,设路缘带时为路缘带外侧边缘处),超高渐变率大小不影响最小合成坡度;当超高渐变引起的附加纵坡方向与路线纵坡方向相反时,超高渐变引起的附加纵坡抵消路线纵坡,此时路线纵坡和超高渐变率共同控制最小合成坡度,在路线纵坡不变的情况下,超高渐变率越小,最小合成坡度越大。

路线规范第 7.5.6 条对于超高渐变率不得小于 1/330,是按排水要求的最小纵坡 0.3% 计。从前述结论可知,超高渐变率只是影响超高渐变段零坡点路面排水的因素之一,它与路线纵坡共同影响路面排水,超高渐变率是否大于 1/330 并不重要,甚至当超高渐变引起的附加纵坡方向与路线纵坡方向相反时,超高渐变率越小越有利。因此路线规范要求的最小超高渐变率 1/330,满足最低排水要求的理由并不成立。从前面的分析可知,横断面排水主要靠横坡而非纵坡,横坡[−2, +2]区间存在零坡段,应像《日本高速公路设计要领》一样,控制合理的最小超高渐变率(表 7-5),尽量缩短零坡段长度,从而提高行车安全性,这才是重中之重。

7.3.2.3 合成坡度自动检查

路线规范规定按公路等级不同,最大合成坡度分别不得大于 10.5%、10.0%、9.5%和 9.0%。最大合成坡度一般出现在小半径圆曲线和陡坡组合路段。合成坡度过大,某些情况下会给行车带来危险,如出现横移或斜移。

路线设计时,无论是最小合成坡度还是最大合成坡度,均需要进行检查是否满足规范要求,但往往容易被忽视,导致设计返工。人工检查合成坡度计算烦琐、工作量大,用路线 CAD 软件来自动检查,简单方便。新路线 CAD 软件实现了 1m 间隔的合成坡度检查,可以一次性准确计算出哪些段落小于合成坡度指定值,哪些段落大于合成坡度指定值。设计人员可根据检查结果对纵坡或超高渐变段进行优化与完善。

7.3.3 城镇路段与接近城镇路段的最大超高值

路线规范第 7.5.1 条规定,城镇区域的各级公路圆曲线最大超高值均为 4%。第 7.5.1 条的条文说明解释了该最大超高的取值是考虑了非机动车、行人及排水等因素。而根据第 7.5.2 条,设计速度为 80km/h、60km/h 的二级公路接近城镇且混合交通量较大的路段,在车速受到限制时最大超高值分别可为 6%、4%;设计速度为 40km/h、30km/h 和 20km/h 的二级、三级、四级公路接近城镇且混合交通量较大的路段,在车速受到限制时最大超高值可为 2%。第7.5.2条的条文说明解释为“二级、三级、四级公路接近城镇且混合交通量较大的路段,车辆行驶速度会有所降低,同时城镇路面排水也不允许设置大的超高,因此最大超高应适当降低”。这里的“城镇路面排水也不允许设置大的超高”欠合理,因为只是城镇接近路段,与城镇区域关联较小。

对于设计速度为 80km/h、60km/h 的二级公路在接近城镇路段车速受到限制时,最大超高值分别采用 6%、4%,与城镇区域的最大超高值 4% 衔接是顺适的、合理的。但对于计速度为 40km/h、30km/h 和 20km/h 的二级、三级、四级公路在接近城镇路段车速受到限制时最大超高值采用 2%,此时城镇区域的最大超高值采用 4% 显然有点不合适,但规范并没有明确怎么做。笔者认为,设计速度为 40km/h、30km/h 和 20km/h 的二级、三级、四级公路在城镇区域最大超高可为 4%,那么在接近城镇且混合交通量较大的路段,其最大超高也可为 4%;在车速受到明显限制时,最大超高值可采用 2%,此时城镇区域段最大超高值与接近城镇路段保持一致。这样更符合工程实际。

7.3.4 四车道公路的加宽

路线规范第 7.6.1 条规定“二级公路、三级公路、四级公路的圆曲线半径小于或等于 250m 时,应设置加宽。双车道公路路面加宽值应符合表 7.6.1 的规定”。设计速度为 80km/h 及以上的一级公路、高速公路,其极限最小半径为 250m,因此几乎不涉及加宽问题。

但对于设计速度为60km/h的一级公路或高速公路来说,其极限最小半径为125m,当曲线半径小于或等于250m且大于或等于125m时,是否需要加宽,就出现了不同的做法。有的单位不设置加宽,利用硬路肩宽度;有的单位采用占用中分带加宽,或者按照双幅中线设置,或者公路边缘加宽三种方式。

本书从两个层面来探讨该问题:

(1)路线规范的要求。路线规范第7.6.1条明确是二级公路、三级公路和四级公路才设置加宽,并不包含一级公路。双车道公路和单车道公路才需要加宽。因此从规范要求来看,一级公路不需要加宽,这并不是规范的遗漏。

(2)一级公路曲线半径小于或等于250m且大于或等于125m时如何满足行车要求。对于曲线外侧,当设有中间隔离设施时,需要进行视距加宽,经过计算,视距加宽值较大,一般能够满足路面加宽值的要求;若视距加宽值不能满足路面加宽值的要求或未设中间隔离设施,不加宽的情况下,可以借用另一个车道或硬路肩来通行,此时可能降低公路的通行能力。对于曲线内侧,不加宽的情况下,同样可以借用另一个车道或硬路肩来通行,可能降低公路的通行能力(硬路肩宽度小于路面加宽值要求时);在挖方路段还可能需要进行视距切除。因此,对于设计速度60km/h的一级公路,小半径曲线的布设,除了考虑地形、地质等因素外,还需要结合视距加宽、视距切除和通行能力等方面综合考虑,一般情况下,不建议采用125m的极限最小半径或接近极限半径的半径值。

综上所述,设计速度为60km/h的一级公路或高速公路,当曲线半径小于或等于250m且大于或等于125m时,应结合视距加宽、视距切除等因素综合布设平曲线半径,并充分利用硬路肩宽度满足路面加宽需要,来保证通行能力,合理控制工程规模。在特殊情况下,才考虑进行路面加宽。

7.3.5 二级、三级、四级公路加宽渐变段

路线规范第7.6.4条规定"设置回旋线或超高过渡段时,加宽过渡段长度应采用与回旋线或超高过渡段长度相同的数值"。对于二级、三级、四级公路而言,加宽设置在曲线内侧,而内侧的超高变化值较外侧小,超高渐变段一般小于回旋线长度。此时如何设置加宽渐变段,不同的单位有不同的理解,有的认为可与超高渐变段一致,有的认为必须与外侧(即全回旋线长度)一致。笔者认为,当内侧的超高渐变段长度能够满足加宽需要时,即加宽渐变率不小于1/15时,为方便设计与施工,加宽渐变段采用超高渐变段一致,即在部分回旋线上加宽,不必追求全回旋线超高;当内侧的超高渐变段长度不能满足加宽需要时,即加宽渐变率大于1/15时,采用全回旋线。

7.3.6 四级公路的超高与加宽

四级公路可不设置回旋线。但在一些情况下,仍然设置了回旋线。回旋线长度能够满足超高的需要,但有可能不满足加宽过渡的需要。此时回旋线长度该如何设置,对一部分设计人员来讲,存在困惑。

路线规范第7.6.4条规定"设置回旋线或超高过渡段时,加宽过渡段长度应采用与回旋

线或超高过渡段长度相同的数值”，第7.7.2条规定“四级公路的超高、加宽过渡段长度应分别按超高和加宽的有关规定计算，取其较长者，但最短应符合渐变率为1:15且不小于10m的要求”。这里可以理解为超高过渡段和加宽过渡段长度相等，且取其较长者，当设置回旋线时，应该满足该长度。换句话说，四级公路可以不设回旋线，但设置回旋线时，要按规范要求来设，即同时满足超高和加宽的要求。

7.3.7　边坡上设水渠

公路设计中路线占用水渠的情况不多见，但也偶有发生。当路线占用水渠时，从经济和方便使用的角度出发，改建水渠一般设置在边坡上。当水渠比路基高时，水渠设置在挖方边坡上部，边沟设置在路基边缘，处于路基内侧和水渠下方；当水渠比路基低时，设置在填方边坡上部，排水沟设置在坡脚，处于路基外侧和水渠下方。无论上述哪种情况，同一侧边坡上均存在两条沟渠。一般而言，水渠的纵坡与路线的纵坡往往不一致，以致水渠与路基边缘之间的边坡高度不断变化，需要特殊设计。绝大多数路线CAD软件并不支持边坡上设置水渠。

经过深入研究，新路线CAD软件支持边坡上设置水渠。系统针对路线占用水渠的情况，横断面边坡、边沟设计模块进行了特殊设计，实现了边坡上两条沟渠的自动处理。两条沟渠可以独自拉坡，各自设置沟底高程段落，系统根据两条沟渠的高程对边坡、边沟进行计算，确定两条沟渠水平和垂直方向的位置以及水渠两侧的边坡高度，实现横断面自动设计。

本质上，水渠和边沟/排水沟并无不同，功能上均为过水，之所以叫水渠，一方面是为了适应大多数情况，另一方面是为了与边沟进行区分。对挖方而言，路基边缘的沟渠是边沟，边坡中部的沟渠是水渠；对填方而言，边坡中部的沟渠是水渠，边坡底部的沟渠是排水沟（图7-17）。当实际情况与此不同时，需要按照既定规则在系统里填入相关数据，实现自动处理。如有的项目要求填方路基排水沟和地方灌溉渠分开设置，当路线占用地方灌溉渠时，路基排水沟在内侧设置，灌溉渠在外侧改建。此时，需要变通处理，将排水沟当水渠设置、灌溉渠当排水沟设置即可。

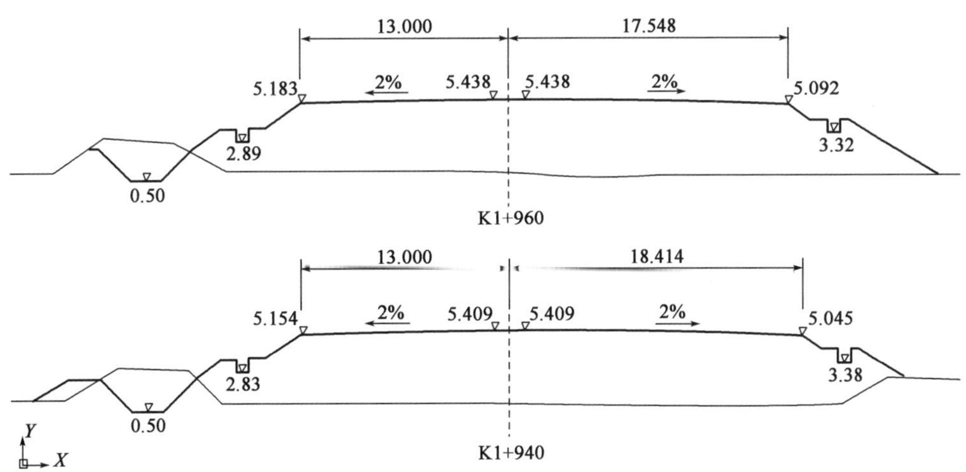

图7-17　填方边坡上设置水渠/排水沟(尺寸单位:m)

7.3.8 横断面优化设计

一般情况下,横断面自动设计结束后,设计人员会从减少用地宽度、方便施工及降低工程规模等角度出发,对横断面进一步优化。在新路线CAD软件研发过程中,通过深入研究,从减少手工操作的角度出发,根据设计人员的优化原则,制定对应的规则,由软件系统直接进行优化,进一步提升系统自动化和智能化程度。目前主要包括以下三个方面:

1)最后一级边坡优化

在连续的一个挖方或填方段中,最高或最低的那级边坡,其最大高度小于某一控制高度时,如2m,那么整段挖方或填方的最后一级边坡不设,直接由倒数第二级边坡一坡到顶或一坡到底,这样在不影响边坡稳定性的前提下,减少用地,方便施工。新路线CAD软件制定了最后一级边坡优化规则,设计人员输入最后一级边坡的最高控制高度,系统根据参数自动进行优化。

2)边沟外边坡优化

在一面坡的地形中,横断面自动设计时,靠山体内侧的边沟一般是贴地面挖沟。这时,边沟外边坡较高,有的甚至达到3~5m,明显不合理。在不影响排水的前提下,稍微抬高沟底高程即可大幅度降低边沟外边坡高度,减少用地,更为经济合理。新路线CAD软件制定了边沟外边坡优化规则,设计人员输入边沟外边坡的高度控制值,系统根据参数自动进行优化。

3)低填方边沟优化

在一面坡的地形中,横断面自动设计时,靠山体内侧的边沟经常出现低填方边沟,或者在长段的挖方边沟中,出现少量低填方边沟。此时从路容美观、施工便利的角度出发,将低填方边沟抬高沟底高程,做成挖方边沟,靠山体侧若能填平,则尽量填平,这样更为合理。JSL-路线专家系统制定了边沟优化规则,当低填方边沟的沟底高程和路基边缘的高差小于最大沟深时,系统自动进行优化成挖方边沟。横断面(优化)自动设计界面如图7-18所示。

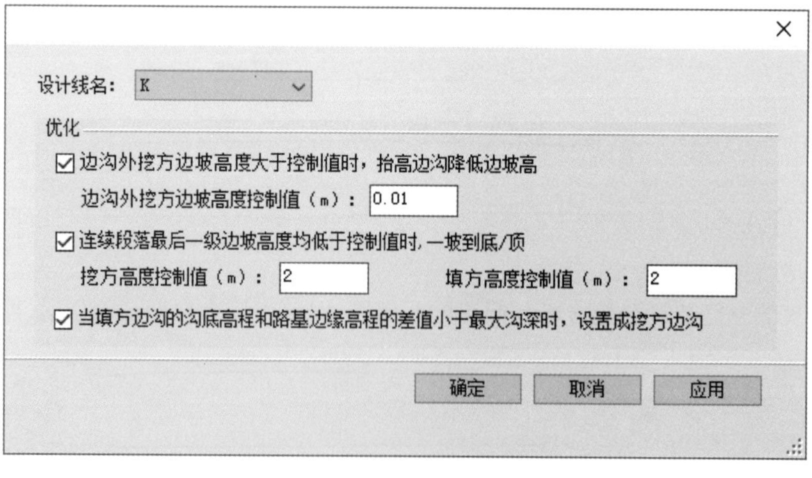

图7-18 横断面(优化)自动设计界面

8 土石方调配

路基土石方是公路工程的主要工程量之一,在公路设计和路线方案比选中,路基土石方数量的多少是评价公路方案的主要技术经济指标之一。

土石方调配是公路设计不可缺少的组成部分,主要用于施工组织计划和工程概预算编制。土石方调配的目的是确定填方用土的来源、挖方弃土的去向,以及计价土石方的数量和运量等。通过调配合理地解决各路段土石方平衡与利用问题,使从路堑挖出的土石方在经济合理地调运条件下移挖作填,达到填方有所"取",挖方有所"用",避免不必要的路外借土和弃土,以减少占用耕地和降低公路造价。

通过调研发现,在实际工程中,由于项目特点不同(如新建工程、改扩建工程)、地区不同(如内蒙古荒漠地区、贵州喀斯特地区)、填料特性(如普通土、膨胀土、沙石)与来源(如粉煤灰)不同以及施工工艺差异等因素,土石方调配的要求和过程在不同项目间存在相当大的不同。例如:①改扩建项目要求左右幅分开调配;②石方开挖靠近边坡线1~2m范围要求采用光面爆破,需单独计量;③填石路基、粉煤灰路基需要土方包边;④土质较差的项目要求填方分层填筑,填方材料不同,各种填料需单独计量等。另一方面,土石方调配、图表输出习惯差异大,不同单位甚至同一单位的不同部门之间均存在较大差异,土石方调配的标准化程度较低。因此,难以把各个项目中的所有个性化需求全部解决,路线CAD软件重点解决大部分常规项目土石方调配的需要,复杂的需求在以后逐步解决。

8.1 土石方调配研究

在路基横断面设计完成后,就可以进行土石方调配了。土石方调配前,需要进行逐桩横断面的填挖面积计算、土石比例确定、压实系数确定、清除表土厚度、填前夯实厚度、加宽填筑宽度、路面结构层厚度、取土坑及弃土堆位置和规模确定等。少数项目需要确定掺石灰的段落和比例,确定不可利用段落的土方等。

地面形状十分复杂,填、挖方不是简单的几何体,因此其计算只能是近似的,计算的精确度取决于中桩间距、测绘横断面时采点的密度和计算公式与实际情况的接近程度等。计算时一般按工程的要求,在保证计算精确度的前提下力求简化。

8.1.1 面积计算

8.1.1.1 横断面理论面积计算

在计算土石方数量前,需要进行逐桩横断面的填挖面积计算。每个横断面的路基设计线,包括路基宽度、碎落台、挖方边坡、填方边坡、护坡道、边沟及边沟外边坡等,与横断面地面线围成的面积,该面积暂且叫理论面积,包括理论挖方面积和理论填方面积。横断面理论面积可以由设计数据直接计算得到。一般常用的计算方法如下:

1)积距法

积距法就是把断面面积垂直分割成宽度相等的若干小条块,每个小条块的面积近似等于每个小条块中心高度与宽度的乘积,最后求所有小条块的面积之和,即为所求面积。在早期路线 CAD 软件尚未普及前,路基横断面设计图一般绘制在厘米格纸上,多采用积距法。目前路线 CAD 软件已经普及多年,积距法已经被弃用。

2)坐标法

已知断面上各转折点的坐标,则断面面积为:

$$A = \frac{1}{2}\sum_{i=1}^{n}(x_i y_{i+1} - x_{i+1} y_i) \tag{8-1}$$

式中: A——断面面积(m^2);

x_i、y_i——断面图上第 i 个折点坐标(m);

x_{i+1}、y_{i+1}——断面图上第 $i+1$ 个折点坐标(当 $i=n$ 时,该点为x_1、y_1)。

坐标法的面积计算精度高,虽然坐标计算的过程较麻烦,但规律性强,适合用计算机计算。新路线 CAD 软件采用坐标法计算断面面积。

8.1.1.2 修正面积计算

除了理论断面面积以外,还需要考虑路槽、清除表土、填前压(夯)实、顶面超填、边坡加宽填筑等因素对面积的影响。在《公路工程概算定额》(JTG/T 3831—2018)和《公路工程预算定额》(JTG/T 3832—2018)中明确要求,"下列数量应由施工组织设计提出,并入路基填方数量内计算:(1)清除表土或零填方地段的基底压实、耕地填前夯(压)实后,回填至原地面高程所需的土、石方数量。(2)因路基沉陷需增加填筑的土、石方数量。(3)为保证路基边缘的压实度需加宽填筑时,所需的土、石方数量。"

1)路槽

路槽,即铺装路面结构层的部分。对于填方路基而言,路槽部分应不填土石方;对于挖方路基而言,路槽部分土石方应挖除。因此计算路槽会导致填方面积减少,挖方面积增加。一般情况下,土石方数量计算需要计算路槽部分的面积。

对于培路肩数量,《公路工程预算定额》(JTG/T 3832—2018)第 2-3-3 节的说明中明确:"本定额中培路肩的填方数量已计入路基填方内,使用定额时,不得再计填料的开挖、远运费用。"说明土路肩部分的填方数量需要计入填方内。对于中间带填土数量,《公路工程预算定额》(JTG/T 3832—2018)第 6-1-5 节附注:"1. 中间带……填土如需远运时,可按'路基工程'项目的土方运输定额另行计算",说明该部分数量并未明确计入土石方数量。但实际工程中,土建工程交付的是路床顶面的高程;进行工程量计量时,中央分隔带培土和土路肩培土均计入路面工程。因此,路槽减少的填方包括路面结构层厚度的整个路基宽度范围,路槽增加的挖方包括路面结构层厚度的整个路基宽度范围减去挖方边沟的衬砌厚度,因挖方边沟的衬砌厚度较小,该部分数量一般忽略。

2)顶面超填

顶面超填,即在一些路基沉降较为严重的路段,如软土地基、高填方路基,需要在路基土石方中考虑因路基沉降而引起的土石方数量增加。一般路段不需要考虑顶面超填。

3)边坡加宽填筑

边坡加宽填筑,即填筑路基时,为保证路基边缘有足够的压实度,一般在施工时需超出设计宽度填筑。路基每侧加宽的填筑宽度根据需要而定,通常在0.20~0.50m之间,边坡加宽填筑会增加填方数量。边坡加宽填筑示意图如图8-1所示。

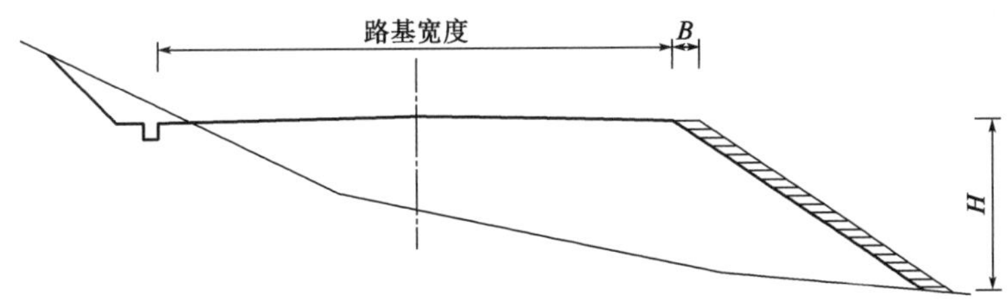

图8-1 边坡加宽填筑示意图

加宽填筑的填方数量可用下列公式计算:

$$S_{加宽} = B \cdot H \tag{8-2}$$

式中:$S_{加宽}$——加宽填筑面积(m^2);

B——加宽填筑宽度(m);

H——边坡高度(m)。

这里存在一个误区,部分设计人员认为加宽填筑面积计算为加宽填筑宽度B乘以边坡的斜长L。根据《公路工程标准施工招标文件》(2018年版)"第八章 工程量清单计量规则"的要求,"满足施工需要,预留路基宽度宽填的填方量作为路基填筑的附属工程,不另行计量",那么加宽填筑不另行计量,设计规范与施工规范相矛盾。设计是为施工服务的,设计的计算方法应该与施工的计量规则保持一致,因此笔者认为加宽填筑不应另行计量。路线CAD软件为了考虑适应性,增加了该功能。

4)清除表土

清除表土,就是将工程范围内的草皮、腐殖土等清除干净,清除出来的表土可以用来对边坡、中央分隔带、弃土堆等位置进行绿化。近年来随着对耕植土的保护,挖方也开始清除表土。

清除表土的厚度以0.10~0.30m为宜,平原区可以略厚一点,具体厚度根据项目的具体情况取用。清除表土的数量,根据文件编制办法,在土石方数量表中单列计算,其挖方并不参与土石方调配。表土清除后,会增加填方数量。

5)填前压(夯)实

填前压(夯)实,就是在填方开始前,对原始地面或清除表土后的地面进行压(夯)实,以满足路床压实度的要求。采用压路机等碾压设备压实地面时,会导致地面下沉,从而导致填方面积增加。

6)挡土墙

挡土墙是圬工结构,路肩墙和路堤墙的设置会减少土石方填方数量。当其设置较少时,圬工体积对土石方数量的影响较小,可以忽略不计;当挡土墙设置较长、较高时,圬工的总体积数量较大或者在土石方数量中占较大比例,此时不能忽略不计。规范对于填方中是否扣除挡土墙的圬工数量没有明确要求,一些项目明确要求扣除填方中挡土墙的圬工数量,只计算地面线以上的部分,即填方面积中包含的部分。

对于路槽、顶面超填、边坡加宽填筑、清除表土、填前压(夯)实及挡土墙等数量分项按填方、挖方分别计算后,汇总得到横断面挖方和填方面积。

8.1.2 压实系数确定

土方和石方的压实系数在概(预)算定额规范中有明确规定,具体见表8-1。

土石方压实系数 表8-1

公路等级	土方			石方
	松土	普通土	硬土	
二级及二级以上公路	1.23	1.16	1.09	0.92
三、四级公路	1.11	1.05	1.00	0.84

一般而言,一个项目的压实系数是一定的。特殊项目的土石方压实系数可以根据实际具体情况确定。

8.1.3 土石方数量计算

土石方数量计算是公路设计中的一个重要步骤,它直接关系到工程的费用概预算及方案比选。路基土石方计算工作量较大,加之路基填挖变化的不规则性,要精确计算土石方体积是十分困难的。在工程上通常采用近似计算。

目前工程中土石方体积计算方法应用最多的就是平均断面法,计算简单,验算方便。平均断面法假定相邻断面间为一棱柱体,则其体积为:

$$V = (A_1 + A_2) \times \frac{L}{2} \tag{8-3}$$

式中:V——体积,即土石方数量(m^3);

A_1、A_2——分别为相邻两断面的面积(m^2);

L——相邻断面之间的距离(m)。

根据《公路工程标准施工招标文件》(2018年版)"第八章 工程量清单计量规则"的土方说明"土方体积可采用平均断面法计算,但与似棱体公式(Prismoidal Formula)计算结果比较,如果误差超过±5%时,监理人可指示采用似棱体公式。"似棱体计算公式如下:

$$V = (A_1 + A_2 + \sqrt{A_1 \times A_2}) \times \frac{L}{3} \tag{8-4}$$

新路线CAD软件采用平均断面法来进行土石方体积计算。

8.2 设计流程

土石方调配的具体流程如下：

1)面积计算

(1)路面结构参数设置。首先按照项目采用的路面结构，进行路面结构模板定义；然后进行路面结构一般设置，也就是哪些路面板块需要设置路面结构；再进行路面结构段落设置。

(2)顶面超填参数设置。顶面超填厚度一般设置为0，即一般情况下不需要考虑顶面超填。对软土路基或高填方路基等需要进行顶面超填的段落进行设置。若没有这些段落，可以不填段落。

(3)加宽填筑参数设置。加宽填筑是以加宽宽度来设置的，按照施工计量规则一般不计。左右两侧可以设置为不同参数。对于不同于一般设置的段落可以在段落数据中进行单独设置。

(4)清除表土参数设置。根据野外调查情况，确定清除表土的厚度。在面积一般设置里进行清表厚度设置。

(5)填前压(夯)实。根据野外调查情况，确定填前压(夯)实的段落及厚度。填前压(夯)实一般也设置为0，需要进行填前压(夯)实的段落在段落设置里输入。

2)面积计算、编辑及浏览

在基础数据填写完毕后，就可以进行面积计算。选择需要计算的项目，开始进行横断面面积计算。

计算的各个分项面积可以在"数据→土石方→面积表"中进行浏览和编辑。如果是其他软件生成的横断面面积，可以进行数据导入。导入时注意数据列内容与面积表列内容必须一致，合计列的内容在导入时无论正确与否均无效，系统会重新根据分项内容进行挖方和填方面积分别合计。

3)土石方初始化

土石方初始化就是进行压实系数选用、调配的设计线及起讫桩号范围、本桩利用规则等设定，最后根据这些设置进行土石方数量计算以及本桩利用计算。

在初始化完成后可以直接输出路基土石方数量表和路基土石方每公里数量表。这是为满足方案设计时，不进行土石方调配就初步掌握土石方的填挖方总数量及其分布情况。

4)调配

在进行了相关数据的准备和土石方计算之后，就可以进行土石方调配。路基土石方调配的任务是：设计挖方的利用和填方的来源及运距，为编制工程预(概)算、确定合理的施工方案以及计量支付提供依据。

土石方调配方法有多种，如累积曲线法、调配图法及土石方计算表调配法等，目前工程中多采用土石方计算表调配法，该法不需要绘制累积曲线图与调配图，直接可在土石方表上进行调配，其优点是方法简捷，调配清晰，精度符合要求。调配过程中可以任意步回退，也可以退出土石方调配后进行取土坑、弃土堆设置再继续调配。

调配原则:

(1)就近利用,以减少运量。在半填半挖断面中,应首先考虑在本路段内移挖作填进行横向调配,然后再作纵向调配,以减少总的运输量。

(2)不跨沟调运。土石方调配应考虑桥涵位置对施工运输的影响,一般大沟不作跨越调运。

(3)高向低调运。应注意施工的可能与方便,尽可能避免和减少上坡运土;位于山坡上的回头曲线段优先考虑从上线向下线的土方竖向调运。

(4)经济合理性。根据项目的具体情况、地形情况和施工条件,确定合理的经济运距,用以分析工程用土是远运还是借方。

5)表格输出

调配结束后,对土石方表格输出样式、施工机具进行设置,之后就可以进行土石方表格输出了。输出表格包括“路基土石方数量表”“路基每公里土石方数量表”和“路基土石方运量统计表”。

8.3 设计实践

8.3.1 培土路肩及中央分隔带回填土

《公路工程标准施工招标文件》(2018 年版)“第八章工程量清单计量规则”→“二、计量规则”→“第300 章 路面”→“第313 节 路肩培土、中央分隔带回填土、土路肩加固及路缘石”→“表313 路肩培土、中央分隔带回填土、土路肩加固及路缘石”中,培土路肩和中央分隔带回填土的工程计量规则均为“依据图纸所示断面尺寸,按照压实体积以立方米为单位计量”。

目前,土石方数量计算中,只是计算路槽,而《公路工程预算定额》(JTG/T 3832—2018)中也说明培土路肩填方已计入路基填方内,不得再计挖运费用。培土路肩是路面独立项目,土方部分计入路基当中。路基施工只进行到路床顶面高程,上面属于路面结构层。至于路面结构层有多厚,路基施工不需要知道,他们只需要准备好培土路肩的土方数量即可。

目前有建设单位已提出,路肩培土、中央分隔带回填土不应计入路基土石方中,应单独计列,列入路面工程。

8.3.2 路基土石方数量表检查

路基每公里土石方数量表中,需要满足挖方 + 借方 = 填方 + 废方。但在实际工程中,经常遇到路基每公里土石方数量表中挖方 + 借方 ≠ 填方 + 废方,因此设计中应重点注意。除此之外,填方 = 本桩利用方 + 远运利用方 + 借方,挖方 = 本桩利用方 + 远运利用方 + 废方。上述公式,土方和石方需要分别满足。

8.3.3 土石方数量的表示方法

在《公路工程概算定额》(JTG/T 3831—2018)和《公路工程预算定额》(JTG/T 3832—

2018)中,土方挖方按天然密实体积计算,填方按压(夯)实后的体积计算,石方爆破按天然密实体积计算。虽然如此,土石方的表示方法,各个单位不同,甚至一个单位的各个部门之间均不同。有的挖方和填方总数量、本桩利用方、远运利用方、借方、废方全部用压实方表示;有的除了填方总数量外,其余均用天然密实方表示。

实际上,对于挖方,用天然密实方符合实际情况。对于填方而言,包括填方总数量,是计算的理论填方数量,应该为压实方。《公路工程标准施工招标文件》(2018 年版)“第八章 工程量清单计量规则”要求,利用方和借方均应以压实方计量,弃方未予以明确。但有的省份对弃方超运进行计量,明确以天然密实方计量,这是符合实际情况的。综上所述,挖方、废方按天然密实方表示,填方总数量、本桩利用方、远运利用方、借方按压实方表示,方便与施工计量规则对接。新路线 CAD 软件的土石方相关表格用天然密实方还是压实方表示,可以进行自由设置。

8.3.4 土石方的运量计算

关于土石方的运量计算,《公路工程预算定额》(JTG/T 3832—2018)的“第三章 隧道工程”说明中规定:“洞内出渣运输定额已综合洞门外 500m 运距,当洞门外运距超过此运距时,可按照路基工程自卸汽车运输土石方的增运定额加计增运部分的费用。”说明隧道出渣包含了 500m 运距,计算利用隧道出渣时,需要扣除该运距。临时取土坑不计开挖的数量。

8.3.5 土石方计算参数说明

面积计算内容包含较多,除了理论断面面积之外,还包括路槽、清除表土、填前夯(压)实、加宽填筑等,每个项目的每项内容的计算参数不同。在笔者的工作经历中,项目的建设单位、施工单位、监理单位和审计单位经常来检查核对断面面积,当各方发现按他们自己的方法进行核对与设计文件出现偏差时,便要求设计单位给予说明。在施工期间或竣工审计时,往往距离设计完成时间较久远,在复查清除表土的厚度、填前夯实的厚度等参数时需要去反推这些厚度来解释。为减少项目实施过程中断面面积的计算给各方带来的困扰,减少设计单位自身的麻烦,建议在设计文件“第三篇　路基、路面”的说明中,将路槽厚度、清除表土厚度、填前夯实厚度和加宽填筑宽度等相关参数写清楚,并注明是否扣除了挡土墙的面积、是否考虑了顶面超填、是否扣除了涵洞(或通道)体积等因素,以便日后建设单位、施工单位、监理单位、审计单位和设计单位自己进行查阅与核实。

路线 CAD 软件中也保存了各项参数的具体数字,以及每个断面的面积组成,当建设各方对断面面积质疑时,只需要逐项核实参数的合理性以及对应面积的正确性即可。

9 图 表 输 出

设计图表是路线设计思想的表达，也是设计成果的载体。虽然有文件编制办法要求，但实际上，各个地区、各个设计单位甚至各个设计人员的图表输出习惯均存在差异。设计图表是设计过程的临门一脚，如何实现差异化的图表输出是路线 CAD 软件需要研究的重点。

9.1 图表输出研究

与路线相关的设计图表有十几种，设计图主要有路线方案比较图、公路平面总体设计图、路线平面图、路线纵断面图、公路用地图、路基横断面设计图 6 种；设计表主要有主要技术经济指标表，直线、曲线及转角表，纵坡、竖曲线表，总里程及断链桩号表，路线逐桩坐标表，征地边桩坐标表，路基设计表，边沟（排水沟）设计表，平曲线上路面加宽表，路基土石方数量表，路基每公里土石方数量表和路基土石方运量统计表 12 种。因此，为了尽可能减少手工修改工作量，新路线 CAD 软件图表输出的终极目标是输出后可以直接打印出版。

通过对设计图与设计表的特点进行分析可知，路线 CAD 软件输出设计图和设计表分别采用不同的方案。

9.1.1 设计图样式

设计图一般由标准图框和绘图区域组成。因此，设计图的样式设置分为图框和绘图内容两部分来分别处理。

1）图框

为提高图框的统一性，标准图框一般由设计项目组制定后分发插入或外部参考到具体的设计图纸中。标准图框包括纸边界线、图框线、标题栏和页码栏等，其中标题栏包括项目名称（有时含施工合同段名称）、业主名称、图名、比例尺、图号、日期以及签名栏等。对一个工程项目而言，不同图纸的图名、施工合同段、比例尺、图号、页码栏等内容是不同的。因此，在需要图框时，路线 CAD 软件最好的方式不是直接绘制图框，而是调用现有的标准图框，并对图框进行部分参数化，对变化的内容进行软件自动替换或者填充，减少手工修改内容，达到一次成图的目的。

考虑到有时是草图，不需要插入标准图框，此时路线 CAD 软件绘制图纸边界线，以便于打印出版。图框设置界面如图 9-1 所示。

插入的图框中，图名、图号、施工合同段、页码和总页数等需要填写的内容，用类 Excel 页眉设置的宏替换来填充，这样用户可以设置填写内容的字体、字高、插入点和对齐方式等内容，系统在插入图框之后，直接修改内容即可满足设计人员的要求。图框模板示例如图 9-2 所示。

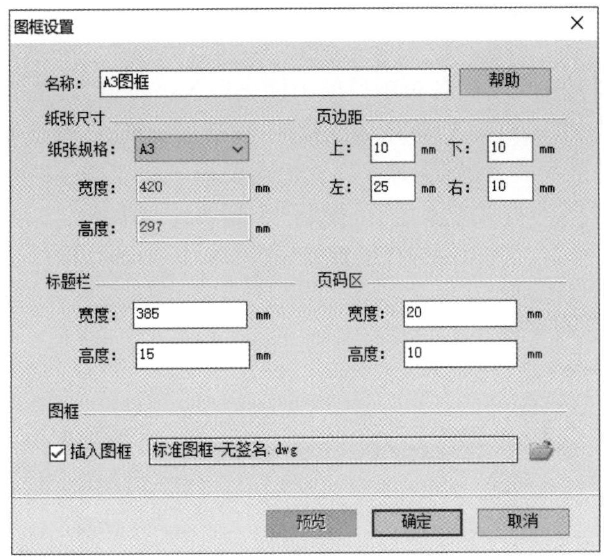

图 9-1　图框设置界面

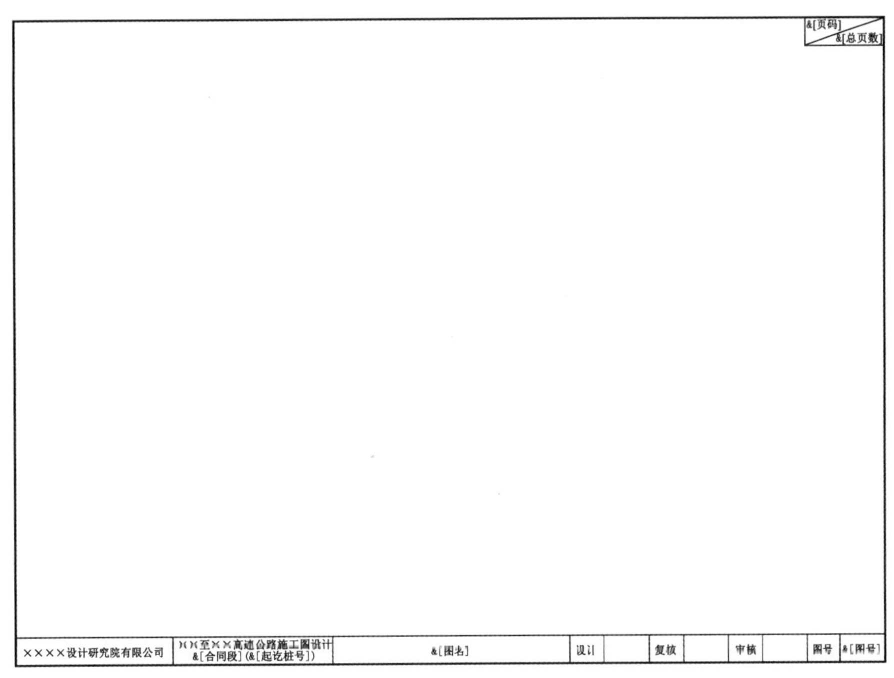

图 9-2　图框模板示例

2)绘图内容

对于绘图内容,每种设计图的内容不同。为满足不同图纸输出的要求,将每一种设计图的输出要求做成样式,满足各个地区、各个单位甚至单个设计人员的个性化需求,一方面样式便于存储、传递,避免重复设置;另一方面也便于统一同一个项目、同一个单位甚至同一个省份的各个项目之间的标准化出图要求,如一个项目 6 个互通立交由 3 个设计人员设计时可以要求设计人员采用同样的设置来进行设计图输出,这样不同设计人员设计出来的图纸差异小甚至完全相同。

通过样式设置,可将各个地区、各个项目的个性化需求进行设置,从而满足各种设计需求。系统设置了线位图样式、平面图样式、纵断面图样式、横断面图样式、构造物样式、总体图样式和路线交叉样式7种设计图样式,能够满足多样化出图要求。对于每一种样式,设计了样式管理器,同一种图纸可以设置多个样式来满足不同地区、不同项目、不同设计阶段的要求,也能极大地减少用户重复设置的工作量。线位图样式管理器如图9-3所示,线位图样式如图9-4所示。

线位图样式管理器
当前样式: 1:2000
样式列表
1:1000
1:2000
1:10000
1:50000
1:100000
线位图
置为当前
新建
修改
删除
重命名
上移
下移
关闭

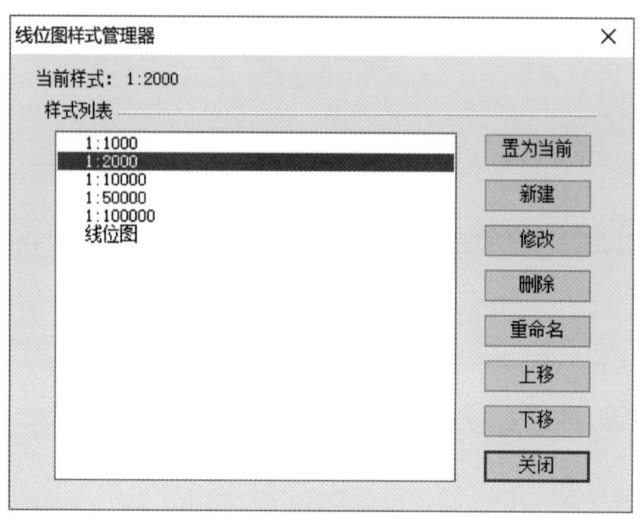

图9-3　线位图样式管理器

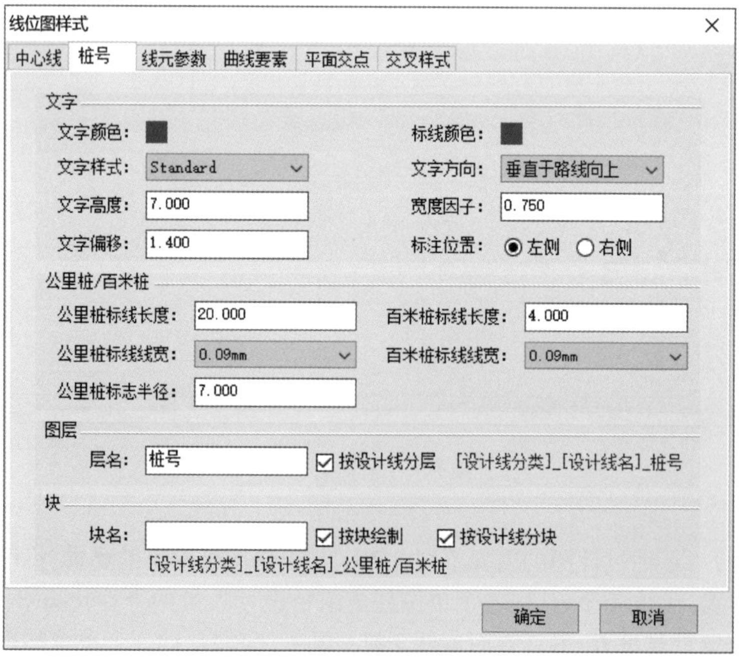

线位图样式
中心线
桩号
线元参数
曲线要素
平面交点
交叉样式
文字
文字颜色:
标线颜色:
文字样式: Standard
文字方向: 垂直于路线向上
文字高度: 7.000
宽度因子: 0.750
文字偏移: 1.400
标注位置: 左侧 右侧
公里桩/百米桩
公里桩标线长度: 20.000
百米桩标线长度: 4.000
公里桩标线线宽: 0.09mm
百米桩标线线宽: 0.09mm
公里桩标志半径: 7.000
图层
层名: 桩号
按设计线分层
[设计线分类]_[设计线名]_桩号
块
块名:
按块绘制
按设计线分块
[设计线分类]_[设计线名]_公里桩/百米桩
确定
取消

图9-4　线位图样式

9.1.2 设计表样式

相对于图形输出,表格内容输出相对简单。本着表格输出即可打印的目标,考虑不同省份、不同地区、不同项目、不同单位对于表格的多样化需求,以及表格的打印设置个性化需求,路线 CAD 软件采用模板表格的方式。

1)表格模板

系统提供一套设置好的模板表格,用户不满意可以用自己的表格模板按照系统的要求制定模板,然后在系统内进行参数化设置。表格模板也设置了管理器进行管理,方便设计人员进行不同表格样式的输出。表格样式管理器如图 9-5 所示,表格样式如图 9-6 所示。

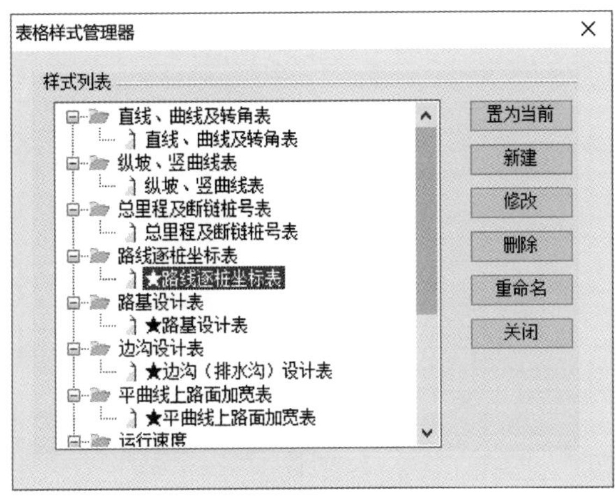

图 9-5 表格样式管理器

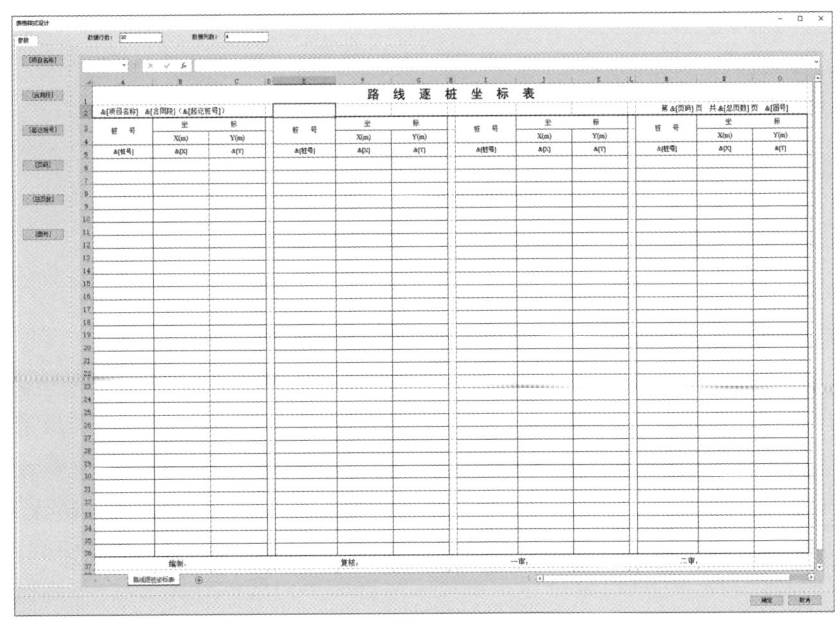

图 9-6 表格样式

2)表格内容

系统所做的工作就是填数据,填一些表头内容,如项目名称、合同段起讫桩号、合同段号、图号、页码、总页数等。系统对于表格每一列的内容采用 Excel 页眉设置的宏样式来设置,系统知道对应的数据填在哪一列,如 &[桩号];项目名称、合同段起讫桩号、合同段号、图号、页码、总页数等内容,其字体大小、字体名称、字体颜色等由用户自定义指定,其具体值也通过前面的宏来指定位置和样式,系统只负责替换为具体的值。表格模板示例如图 9-7 所示。

路 线 逐 桩 坐 标 表

&[项目名称] &[合同段](&[起讫桩号])　　　第&[页码]页 共&[总页数]页 &[图号]

桩号	坐标		桩号	坐标		桩号	坐标		桩号	坐标	
	X(m)	Y(m)		X(m)	Y(m)		X(m)	Y(m)		X(m)	Y(m)
&[桩号]	&[X]	&[Y]	&[桩号]	&[X]	&[Y]	&[桩号]	&[X]	&[Y]	&[桩号]	&[X]	&[Y]

编制:　　　复核:　　　一审:　　　二审:

图 9-7　表格模板示例

9.2 设 计 实 践

1)直线、曲线及转角表

路线平面设计的成果文件是“直线、曲线及转角表”。现有的文件编制办法提供的直线、曲线及转角表样例,交点信息由原来的一个交点一行变为一个交点三行,主要是增加了要素桩的坐标 X、Y。对于基本型平曲线而言,通过直线、曲线及转角表提供的信息能够完全恢复平面设计线;但对于卵形曲线而言,一方面因缺乏统一的卵形曲线交点定义,各个路线 CAD 软件的定义方法均不同,导致根据卵形曲线交点坐标和信息计算卵形曲线的方法不明确;另一方面即使给定了卵形曲线的定义方式,部分施工单位未掌握卵形曲线的计算方法,不能根据表中的信息恢复卵形曲线交点段的平面设计线。这样,直线、曲线及转角表没有达到准确表达平面设计成果的目的,该表提供的信息还不够完备。为了解决该问题,有的单位在直线、曲线及转角表后面再增加一个曲线要素表作为补充。

在新路线 CAD 软件中,将直线、曲线及转角表进一步优化,一个交点再增加一行,变为四行,增加了各个要素桩的方位角,这样使直线、曲线及转角表具备了曲线要素表的所有元素。当卵形曲线的交点定义方式不明确或者未掌握卵形曲线的计算方法时,可以通过曲线要素信息来恢复平面设计线。

直线、曲线及转角表示例如图 9-8 所示。

2)公路平面总体设计图

公路平面总体设计图是公路设计中设计成果最重要的图纸之一,是公路空间三维带状曲面的平面表达。在路线设计中采用手工处理占用了大量的时间,因此公路平面总体设计图在 JSL-路线专家系统研发过程中是一个重点研究对象。

公路平面总体设计图的第一个特点是内容复杂且干扰多。它反映全线路基的加宽变化、填挖的边坡高低、桥梁与涵洞的结构类型、孔数及孔径、隧道的进出口位置及形式、互通式立体交叉位置及布置形式、分离式立体交叉的结构类型、孔数及孔径、平面交叉形式、通道类别、天桥、渡槽、服务区、停车区及收费站等内容。

第二个特点是用离散的单个横断面连线来表示整体。这里会带来三个难点问题:

(1)不清楚填挖交界。测量的横断面绝大多数情况下要么处于填方,要么处于挖方,基本上不可能刚好处于填挖交界点。以往的路线 CAD 软件一般就是把前后两个横断面的对应线直接相连,此方法填挖交界处的边坡、边沟表达是不准确的。新路线 CAD 软件针对填挖交界做了特别处理,线性内插计算填挖交界点(不一定准确,但别无他法),将填方和挖方的边坡、边沟分别处理并清晰表达出来。

(2)边坡平台起点或终点的表达。这和填挖交界类似,横断面的边坡级数变化往往在两个横断面之间。以往的路线 CAD 软件一般就是把前后两个横断面的对应线直接相连,此方法边坡平台的开始和结束绘图是不正确的。新路线 CAD 软件同样进行了处理,虽然边坡平台开始或结束的位置不一定准确,但绘图表达是正确的,与实际差距也不会过大。

(3)小半径平曲线示坡线的表达。当平曲线半径较小时,如互通匝道和低等级公路,且横断面的间距为 10 ~ 20m 时,两个横断面的连线会出现弦弧差较大,导致示坡线绘制出来明显失真,甚至出现连线与路基边缘线相交的现象,显然是不合适的。最好的方案是横断面测量时加桩,但往往难以达到。这时,公路平面总体设计图需要内插增加横断面,从而让图形看起来更真实。新路线 CAD 软件根据平曲线半径的大小、横断面桩号的间距来自动判断,自动增加横断面来使小半径平曲线或桩距大的边沟、边坡绘制更为合理。

第三个特点是锥坡、涵洞进出口难以准确表达。锥坡是一个三维空间体,最为准确的表达应该是在三维地形的基础上进行三维面与面求交,这样得到的结果最为准确。但事实上很难做到,只能大致计算和绘制。新路线 CAD 软件结合桥台处的填土高度采用一定的规则进行锥坡绘制,基本效果还不错。

第四个特点是隧道进出口难以准确表达。隧道洞门实际上也是三维空间处理,该处因洞门的形式不同而不同,难以进行软件自动化处理。目前尚无较好的方案来实现系统自动处理。

直线、曲线及转角表

某二级公路一阶段施工图设计　第1合同段(K0+000～K63+500)　　　　第1页　共25页　S2-4

交点编号	交点桩号及交点坐标		交点间距(m)	计算方位角(°′″)	曲线间直线长(m)	转角Δ(°′″)	曲线参数(m)						曲线要素桩位置								备注
							圆曲线R	回旋线A1 A2	线无长Ls1 Ls2	曲线长L	切线长T1 T2	外距E	第一回旋线起点		第一回旋线起点或圆曲线起点		第二回旋线起点或圆曲线终点		第二回旋线终点		
KQD	桩	K0+105.500											桩		桩		桩		桩		项目起点K0+105.500
	X	2848772.226											X		X		X		X		
	Y	613793.491											Y		Y		Y		Y		
	方		101.927	235°11′48.8″	12.072								方		方		方		方		
JD01	桩	K0+207.427						70.711	50.000		89.855		桩	K0+117.572	桩	K0+167.572	桩	K0+231.773	桩	K0+281.774	
	X	2848714.050				左65°25′57.5″	100		64.201	164.202		20.091	X	2848765.336	X	2848733.569	X	2848675.261	X	2848625.625	
	Y	613709.797											Y	613783.579	Y	613745.146	Y	613721.017	Y	613725.764	
	方		201.544	169°45′51.3″				70.711	50.000		89.855		方	235°11′48.8″	方	220°52′22.2″	方	184°05′18.0″	方	169°45′51.3″	
JD02	桩	K0+393.463						122.474	50.000		111.689		桩	K0+281.774	桩	K0+331.773	桩	K0+476.574	桩		
	X	2848515.714				右32°25′46.0″	300		144.800	194.800		12.609	X	2848625.625	X	2848576.209	X	2848434.336	X		
	Y	613745.611											Y	613725.764	Y	613733.277	Y	613712.412	Y		
	方		153.882	202°11′37.3″				0	0.000		87.889		方	169°45′51.3″	方	174°32′19.9″	方	202°11′37.3″	方		
JD03	桩	K0+542.567						154.919	40.000		65.993		桩	K0+476.574	桩	K0+516.574	桩	K0+572.793	桩	K0+622.793	
	X	2848373.232				右32°49′00.7″	200		56.219	146.219		8.936	X	2848434.336	X	2848398.627	X	2848355.574	X	2848325.243	
	Y	613687.484											Y	613712.412	Y	613694.492	Y	613658.627	Y	613618.921	
	方		292.269	235°00′38.0″	81.802			100	50.000		83.689		方	202°11′37.3″	方	211°44′34.6″	方	227°50′54.9″	方	235°00′38.0″	
JD04	桩	K0+831.372						88.034	50.000		126.777		桩	K0+704.595	桩	K0+754.595	桩	K0+873.143	桩	K0+943.143	
	X	2848205.638				左66°00′01.0″	155		118.548	238.548		31.002	X	2848278.336	X	2848247.541	X	2848141.746	X	2848072.379	
	Y	613448.041											Y	613551.904	Y	613512.586	Y	613465.796	Y	613473.919	
	方		251.283	169°00′37.0″				104.163	70.000		135.749		方	235°00′38.0″	方	225°46′09.6″	方	181°56′52.6″	方	169°00′37.0″	
JD05	桩	K1+058.677						111.31	70.000		115.535		桩	K0+943.143	桩	K1+013.142	桩	K1+048.247	桩	K1+138.247	
	X	2847958.963				右48°28′12.3″	177		35.105	195.105		18.528	X	2848072.379	X	2848003.054	X	2847968.200	X	2847887.420	
	Y	613495.944											Y	613473.919	Y	613482.695	Y	613479.018	Y	613441.086	
	方		190.282	217°28′49.3″				262.926	90.000		90.154		方	169°00′37.0″	方	180°20′23.6″	方	191°42′13.1″	方	217°28′49.3″	
JD06	桩	K1+238.375						0	0.000		100.128		桩		桩	K1+138.247	桩	K1+290.063	桩	K1+360.063	
	X	2847807.962				右46°32′17.0″	230		151.816	221.816		20.850	X		X	284887.420	X	2847804.902	X	2847794.099	
	Y	613380.159											Y		Y	613441.086	Y	613316.933	Y	613247.845	
	方		231.944	264°01′06.3″				126.886	70.000		133.039		方		方	217°28′49.3″	方	255°17′58.0″	方	264°01′06.3″	
JD07	桩	K1+458.968						233.41	60.000		98.905		桩	K1+360.063	桩	K1+420.063	桩	K1+497.586	桩	K1+557.587	
	X	2847783.792				左8°40′40.4″	908		77.523	197.524		2.776	X	2847794.099	X	2847787.190	X	2847773.305	X	2847758.762	
	Y	613149.478											Y	613247.845	Y	613188.247	Y	613112.001	Y	613053.793	
	方		355.194	255°20′25.9″	150.858			233.41	60.000		98.905		方	264°01′06.3″	方	262°07′31.3″	方	257°14′00.9″	方	255°20′25.9″	
JD08	桩	K1+813.875						86.603	50.000		105.430		桩	K1+708.445	桩	K1+758.445	桩	K1+855.560	桩	K1+905.561	
	X	2847693.902				左56°11′39.1″	150		97.116	197.116		20.825	X	2847720.583	X	2847705.283	X	2847640.498	X	2847594.303	
	Y	612805.847											Y	612907.845	Y	612860.308	Y	612790.241	Y	612771.268	
	方		196.440	199°08′46.9″				86.603	50.001		105.430		方	255°20′25.9″	方	245°47′28.1″	方	208°41′44.7″	方	199°08′46.9″	
JD09	桩	K1+996.571						161.183	60.000		91.010		桩	K1+905.561	桩	K1+965.561	桩	K2+026.697	桩	K2+086.697	
	X	2847508.328				右16°01′4.5″	433		61.136	181.136		4.621	X	2847594.303	X	2847538.104	X	2847483.755	X	2847433.937	
	Y	612714.418	274.136	215°10′31.3″	105.600								Y	612771.268	Y	612750.290	Y	612722.405	Y	612688.989	
	方							161.183	60.000		91.010		方	199°08′46.9″	方	203°06′57.7″	方	211°12′20.5″	方	215°10′31.3″	

编制：　　　　复核：　　　　审核：

图9-8　直线、曲线及转角表示例

总之，新路线 CAD 软件针对公路平面总体设计图的特点，经过长期不断的优化以及完善，绘制效果较以往的路线 CAD 软件有较大的提升，自动化程度较高，并且提供了丰富的样式供设计人员设置以满足个性化需求，未来将进一步优化与完善，如降低文字重叠现象等。

公路平面总体设计图示例如图 9-9 所示。

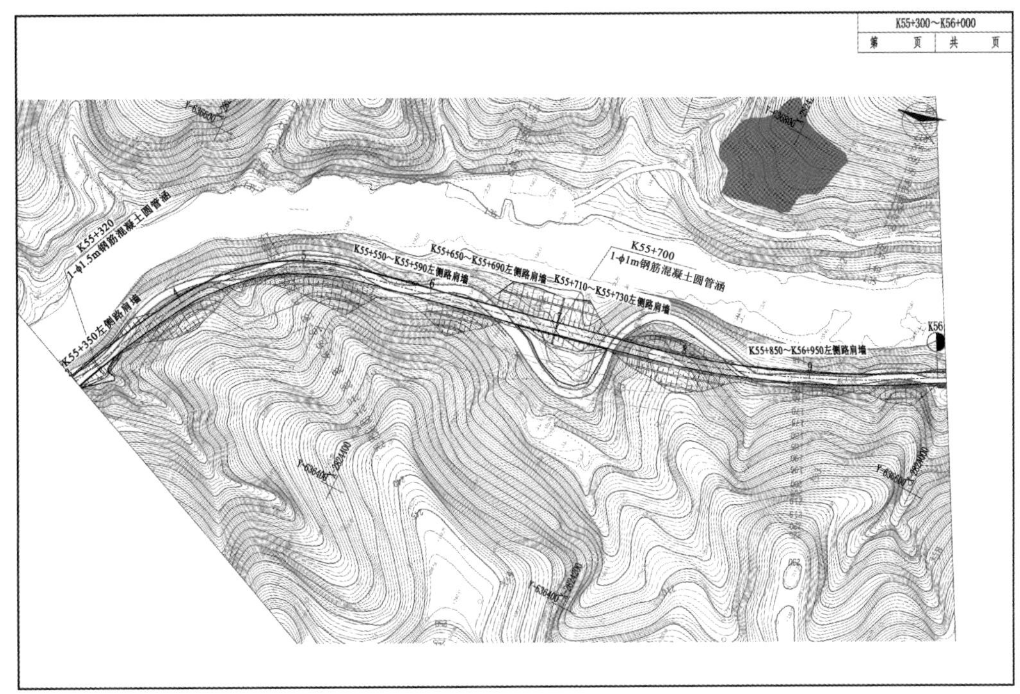

图 9-9　公路平面总体设计图示例

3）路线纵断面图

路线纵断面图是出版次数相当多的一种设计图。从设计开始的草图，到最终的设计图出版，中间经过无数次的反复出版和打印。每个阶段打印的设计图的图幅大小、比例尺不同，因此需设置多个样式来满足需要，以减少反复设置。下面列举常用的纵断面样式设置：

(1)第一篇“路线平、纵面缩图”需要的 A3 加长纵断面图样式，用于正式出版。

(2)第一篇“路线方案比较图”需要的部分 A3 图幅纵断面图样式，用于正式出版。

(3)第二篇“路线纵断面图”需要的标准 A3 图幅样式，用于正式出版。

(4)不同长度的 A1、A2、A3 加长草图纵断面图样式，用于纵断面设计方案审查出版。

(5)标准 A3 草图纵断面图样式，不能打印 A3 加长图时，用于纵断面设计方案的审查。

总而言之，根据工程设计实际需要，制定纵断面图样式，一次设置，多次使用，省时省力。

4）路基每公里土石方数量表和路基土石方运量统计表

在进行平纵面方案调整时，为了测算路基土石方的工程规模，需要统计土石方总数量。针对该需求，土石方初始化之后可以直接输出路基每公里土石方数量表，得到未调配的土石方数量。

路基每公里土石方数量表和路基土石方运量统计表，各个地区、各个项目均可能有差异，需要进行个性化出表,设计人员可以制作表格模板来满足要求。

5)图表输出标准化

通过图表样式的设置,能够满足各种个性化图表输出的要求。从另一个角度来看,图表样式设置使路线设计图表标准化出版成为可能。一个项目、一个部门、一个单位甚至一个省市,若想图表做标准化出版,就可制定一个标准化的图表样式,导出并分发给所有路线设计人员导入即可。这样,减少了文字图表出版要求可能出现的各种偏差,省时省力。

10　BIM 技术应用

近年来,BIM(Building Information Model)技术在建筑设计等领域应用很多,取得了不错的效果。与建筑工程(为点状工程)不同的是,公路是带状的三维空间工程实体。无论是建设场景还是工程模型,公路工程与建筑工程的 BIM 技术应用存在相当大的差异。国内公路设计、施工行业对 BIM 技术应用均进行了诸多尝试,但大多数的企业仍然处于观望当中,总体而言,国内公路工程的 BIM 技术应用还处于初步应用、逐步推广的阶段。

新路线 CAD 软件包含拟建公路的平纵横三维设计数据,以及路基边坡、边沟、路面、桥梁、涵洞、隧道和互通立交等诸多公路设计数据,具备自动生成公路基础 BIM 模型的现实基础。配合 BIM 技术应用的需要,开发了路线 BIM 模块,能够实现整个公路的基础模型生成,其中路基路面采用 3D FACE 生成,桥梁采用空间实体生成,桩号、边坡、边沟、桥梁等信息以扩展数据方式存储。在公路 BIM 云平台等软件中,获取扩展数据进行应用。

BIM 应用最重要的基础是图形平台,是 BIM 模型展示的载体以及功能开发的基础。目前正在研究利用 Unity 3D 进行跨平台的 BIM 应用开发,未来的 BIM 软件除在 Windows、macOS 和 Linux 系统的 PC 机上运行外,也可以在苹果和安卓等系统的手机、平板电脑上运行。新路线 CAD 软件核心计算采用独立的代数库和几何库,与 AutoCAD 图形平台无关,具备现实的物质基础,使公路平纵横计算跨平台成为可能。目前正在进行这方面的研发工作。

11 路线设计相关知识

与路线设计密切相关的地形图、影像以及野外踏勘等内容,在路线勘察设计中占有重要的位置,甚至影响路线设计效率。

11.1 地形图应用

地形图是公路勘察设计的一项重要基础资料。随着测绘技术和计算机技术的结合与不断发展,地图不再局限于以往的模式,现代数字地图主要由 DOM(Digital Orthophoto Map,数字正射影像图)、DEM(Digital Elevation Model,数字高程模型)、DRG(Digital Raster Graphic,数字栅格地图)、DLG(Digital Line Graphic,数字线划地图)以及复合模式组成。公路设计中,设计人员主要使用数字线划图和数字栅格图。地形图一方面作为拟建道路沿线信息获取的重要来源,另一方面是绝大多数项目数字地面模型的数据来源,再者它是设计成果表达的载体。勘察设计过程中,设计人员使用地形图时间较长。为提高地形图使用的便利性和效率,本书针对地形图使用过程中的一些问题,将地形图的使用经验进行归纳总结。

11.1.1 图幅编号转换

在公路项目前期,获取地形图是必不可少的工作,一般情况下,1∶10000 和 1∶50000 等地形图需要从测绘单位采购。采购项目区域的地形图时涉及地形图的分幅编号,需要通过经纬度得到图幅编号,或根据已知图幅编号进行转换、推算得到所需的图幅编号。

为了便于管理和使用地形图,需要将大面积的各种比例尺的地形图进行统一的分幅和编号。我国基本比例尺地形图的分幅与编号方法多次改变,情况复杂。随着计算机的广泛应用,旧的编号方法不便于计算机统计与排序,在 1992 年以后,我国基本比例尺地形图的分幅与编号完全摆脱了原来的分幅与编号方法的束缚,开始实施直接在 1∶1000000 图幅基础上进行分幅、按行列式编号的全新方案。故此之后的分幅与编号方法称为新的分幅与编号方法,而 1992 年以前的分幅与编号方法统称为旧的分幅与编号方法。

1)1∶1000000 地形图的分幅和编号

我国 1∶1000000 地形图的分幅采用国际 1∶1000000 地图分幅标准。每幅 1∶1000000 地形图范围是经差 6°、纬差 4°;纬度 60° ~76°之间为经差 12°、纬差 4°;纬度 76° ~88°之间为经差 24°、纬差 4°(在我国范围内没有纬度 60°以上需要合幅的图幅)。

从赤道起算,每个纬度差 4°为一行,至南、北纬 88°各分为 22 行,依次用大写拉丁字母(字符码)A、B、…、V 表示其相应行号。行号前分别冠以 N 和 S,区别北半球和南半球(我国地处北半球,编号前的 N 全部省略)。从 180°经线起算,自西向东每个经度差 6°为一列,全球分为

60 列,依次用阿拉伯数字(数字码)1、2、…、60 表示其相应列号。行号、列号组合即为该图幅的编号。例如,北京某地为东经 116°24′20″,北纬 39°56′30″,则所在的 1:1000000 比例尺的地形图编号为 J-50。

2)1:1000000 地形图以下旧分幅与编号方法

1992 年以前,1:500000、1:250000 和 1:100000 地形图的分幅在 1:1000000 地形图的基础上进行。

按经差 3°、纬差 2°分成 4 幅 1:500000 地形图,编为 A、B、C、D,如 J-50-A。

按经差 1°30′、纬差 1°分成 16 幅 1:250000 地形图,编为[1]、[2]、…、[16],如 J-50-[1]。

按经差 30′、纬差 20′分成 144 幅 1:100000 地形图,编为 1、2、…、144,如 J-50-1。

1:50000、1:25000 和 1:10000 地形图的分幅在 1:100000 地形图的基础上进行。

在 1:100000 图的基础上,按经差 15′、纬差 10′分成 4 幅 1:50000 地形图,编为 A、B、C、D,如 J-50-1-A。

1:50000 图的基础上,按经差 7′30″、纬差 5′分成 4 幅 1:25000,编为 1、2、3、4,如 J-50-1-A-1。

1:100000 图的基础上,按经差 3′45″、纬差 2′30″分成 64 幅 1:10000 地形图,编为(1)、(2)、…、(64),如 J-50-1-(1)。

3)1:1000000 地形图以下新分幅与编号方法

1992 年以后,1:500000 ~ 1:5000 地形图的编号均以 1:1000000 地形图编号为基础,采用行列编号方法。1:500000 ~ 1:5000 地形图的图号均由其所在的 1:1000000 地形图的图号、比例尺代码和各图幅的行列号共十位码组成。具体如下:第一位为 1:1000000 地形图图幅行号(字符码),第二、三位为 1:1000000 地形图图幅列号(数字码),第四位为比例尺代码,第五、六、七位为图幅行号(数字码),第八、九、十位为图幅列号(数字码),如 J50B001002。

1:500000 ~ 1:10000 地形图的行、列编号是将 1:1000000 地形图按所含各比例尺地形图的经差和纬差划分为若干行和列,横行从上至下、纵列从左至右按顺序分别用三位阿拉伯数字(数字码)表示,不足三位者前面补零。1:500000 ~ 1:10000 地形图的比例尺代码见表 11-1。

1:500000 ~ 1:10000 地形图的比例尺代码 表 11-1

比例尺	1:500000	1:250000	1:100000	1:50000	1:25000	1:10000
代码	B	C	D	E	F	G

4)图号转换工具

新老图号之间的转换、不同比例尺之间的图号转换,若采用手工转换较复杂,工作量也大。笔者将工作中遇到的各种地形图图号转换编制了一个 Excel 工作簿,开发了 VBA 小工具来解决地形图图号转换问题,可以实现 1:10000、1:50000 和 1:100000 新老图号的相互转换,以及根据经纬度转换为新 1:10000 地形图图号。如可从谷歌地球上直接读取需要购买地点的经度和纬度,通过 Excel VBA 工具可以直接计算新 1:10000 地形图图号。有兴趣的读者也可以自己查阅《国家基本比例尺地形图分幅和编号》(GB/T 13989—2012)附录 B 来计算图幅编号。

对于更老的 1:10000 地形图图号,如 I-49-46-丙-1-(2),Excel VBA 工具也可以转换为最新的 1:10000 地形图图号。

11.1.2 地形图识别

地形图采用符号和注记来表示各种自然和人工地物、地貌要素。在地形图使用过程中,难免遇到一些不认识的符号或注记,可以查阅《国家基本比例尺地图图式　第1部分:1∶500　1∶1000　1∶2000地形图图式》(GB/T 20257.1—2017)、《国家基本比例尺地图图式　第2部分:1∶5000　1∶10000地形图图式》(GB/T 20257.2—2017)、《国家基本比例尺地图图式　第3部分:1∶25000　1∶50000　1∶100000地形图图式》(GB/T 20257.3—2017)。

11.1.3 数字线划图处理

当接收测绘单位提供的数字线划地图(DWG或DGN图形)后,在应用到公路勘察设计之前,第一步就是对接收的电子地形图进行处理后再使用,这样会更方便,且避免重复工作。

11.1.3.1 地形图清理

地形图文件一般比较大,加载、使用和打印速度比较慢,因此要尽一切办法减小地形图的大小。主要通过以下几个方面来实现:

1)删除图廓整饰信息

测绘单位提供的地形图有时是正规的分幅地形图,带有图廓整饰信息,这些信息对于设计来讲是多余的,影响设计图纸出版,必须删除。

2)删除图幅外的多余对象

地形图制作过程中,有时候会在图幅以外产生一些多余的对象,这些对象对设计无用,相反会影响设计。通过AutoCAD ZOOM命令将地形图放大到最大,检查图幅外是否有多余的对象。若图幅外有多余对象,则删除。通过多次ZOOM命令,将地形图图幅外的无用对象删除干净。

3)删除图幅内的多余实体

除了图幅外有多余的对象,由于各种各样的原因,地形图图幅内也会或多或少出现多余的对象。逐段检查地形图内的对象,将地形图内的多余对象进行确认、删除,如多余的线条、重复的行政区划注记、河流名称注记等。

4)检查关闭或冻结图层

在交付的地形图里,经常有关闭或冻结的图层等。将关闭或冻结的图层,逐一打开检查,若不是必需的地形图内容,应删除清理;若是必需的地形图内容,应打开显示。

5)删除重复实体

有些地形图范围较窄,地物较少,但地形图的对象数目较多,文件较大,对象重复较多。重复对象虽然不影响出版,但会导致地形图文件打开慢、显示慢,对使用影响较大。产生地形图对象重复的原因较多,如在用CASS画图时,由于操作原因(比如复制、粘贴或重新生成),会导致图面有重叠的点、线、块和文字注记等。如果手工删除,一方面难以查出重合的实体有哪些,另一方面工作量大。可以采用以下两个方法尝试解决:

(1)用CASS软件“检查入库→删除重复实体”。

(2)使用AutoCAD的命令“删除重复对象”。

这样,有助于减少文件的大小,提高打开、显示速度。

6)检查0层

设置当前层为0层,检查0层上是否有对象,有的话将其转移到对应图层或新建图层上。

7)清除图层过滤器

在AutoCAD中,图层过滤器的作用是:当同一图形存在大量的层时,可以根据层的特征或者特性对其进行分组,从而达到将具有某种共同特点的层过滤出来的目的。其中,过滤的途径包括状态过滤、层名过滤,颜色过滤和线型过滤等。将图层过滤器删除可缩小文件大小。

8)Purge 文件

在做完上面的处理后,用Purge清理整个图形,将无用的信息清理干净,缩小文件存储大小,提高文件加载、处理和打印速度。若文件比较大,可以尝试用Wblok命令进行"写块"。"写块"可清除一部分无用内容,如组,有时可有效减少文件大小。此时若地形图中存在用户坐标系,"写块"后用户坐标系会丢失。

11.1.3.2 数模前处理

地形图一般用来构建数字地面模型。为降低构建数模失败的概率,将等高线、高程点等构建数字地面模型的必须资料外的其余图形删除,将大大降低建模过程出错和结果出错的概率。通过前视图(立面图)来检查高程的线或高程点是否异常,将高于或低于正常地形的异常等高线或高程点修正或删除。

11.1.3.3 地形图修订

1)修订地形图错误

在地形图使用过程中,发现地形图调绘不正确或有错误时,应予以订正备用,以避免后续文件出版时多次修订。

2)完善地形图

由于航片老、调绘遗漏等各种原因,地形图上有时候会遗漏一些标注内容,当这些信息影响设计方案时,需要根据调绘或测量成果对地形图进行补充和完善。

11.1.3.4 等高线处理

近几年,地形图文件越来越大。通过检查发现,其等高线均为三维多段线,每一个等高线的节点均是一个AutoCAD顶点实体,这无疑大大增加了文件的大小,降低了地形图使用时读取、重新生成及存储等操作的速度,甚至有时导致难以打印。CASS生成的地形图(标志是等高线图层名为"DGX")往往是三维多段线,该线形将地形图大小迅速增大,AutoCAD提供的ConvertPoly转换有时无效,可以使用JSL-路线专家系统提供的"辅助→三维多段线转换",将三维多段线转换为轻多段线,文件大小会迅速减小。笔者曾经将最美水上公路不到11km的地形图由60MB降为10MB;某二级公路80km地形图由180M降为118MB;西藏某高速公路70km地形图200MB降为140MB,降幅比例较大。这样无疑将大大降低AutoCAD崩溃的概率。

在地形图中,总存在一些等高线,经常由于各种原因被分成多段,笔者曾经以为将多条高程相等的多段线实体连接成一条等高线实体,地形图将会变小。经验证,用开发的小工具将地形图内所有高程相等的等高线连接成一条,地形图变小幅度很有限。如将50000余条等高线减少为20000余条等高线,等高线实体数量减少超过一半,文件大小仅降低1MB左右,降低比例在5%以下,实际效果不明显。也就是说,等高线的实体数量多少并不改变其顶点坐标数量,对地形图的大小影响极小。因此不必做类似优化处理。

11.1.3.5 其他处理

1)清除教育版标记

有些地形图是用AutoCAD的教育版编辑,那么打开时会有教育版提醒,打印时也会有教育版标记。为了消除该标记,可通过先存储为DXF文件,然后再存储为DWG文件的方式来消除。

2)统一单位

在AutoCAD的高版本中需要统一"单位"才能正确插入图形。为了便于地形图插入其他图形,或在地形图中插入其他图形,在使用地形图之前,建议改为"无单位"。

11.1.4 数字栅格图处理

数字栅格图是纸制地形图栅格形式的数字化产品,存储格式一般为TIFF或JPG。对于文件大小,一般扫描的DPI较高,单个文件就达几十兆。此时加载和打印速度较慢,可以用ACDSee、Photoshop等图像处理软件进行压缩,一般情况下一张1:10000或1:50000地形图扫描后,控制在5~10M的大小,可以保证大多数情况下的显示和打印出版需要。

1:10000地形图如果是JPG格式,可以将其转换为TIFF文件。一方面TIFF文件更小,另一方面TIFF文件在AutoCAD中可修改颜色。这样可以指定颜色彩色出版,相当方便。在Photoshop中,JPG文件转TIFF文件步骤如下:

(1)图像→模式:由"RGB颜色"改为"灰度"。

(2)图像→调整→自动对比度。

(3)图像→调整→自动色阶。

(4)图像→调整→阈值,根据实际情况调整该值。

(5)图像→模式:由"灰度"改为"位图","使用"中选择"50%阈值",像素不要改变,否则DWG文件中要重新拼图。

(6)存储为TIFF即可。

11.1.5 地形图保密

公路设计中,使用的绝大部分地形图是秘密级或机密级文件。根据《中华人民共和国保守国家秘密法》《测绘地理信息管理工作国家秘密范围的规定》(自然资发〔2020〕95号)等国家法律法规的有关规定,要求严格遵守"上网不涉密、涉密不上网"。例如,国家大地坐标系、地心坐标系以及独立坐标系之间的相互转换参数,国家等级天文、三角、导线、卫星大地测量的观测成果,1:10000、1:25000、1:50000、1:100000、1:200000、1:250000和1:500000国家基本比例尺地形图数字化成果,1:500、1:1000与1:2000多张连续的、覆盖范围超过6km^{2}的地形图数字化成果,军事禁区、国家安全要害部门与国民经济重要工程设施等涉及国家秘密范围的文件不得在连接互联网的计算机使用或作为电子邮件传递。若造成泄密,触犯相关的法律法规,需要承担相应的后果。因此,在地形图的使用中,应严格遵守相关法律法规,不能掉以轻心。

11.2 网络 DEM/DOM 应用

自20世纪末、21世纪初以来，以IKONOS和QuickBird卫星的相继发射为标志，商业卫星技术，包括数据采集处理以及商业化进入飞速发展期，卫星分辨率由米级迅速提高为亚米级。随着2005年Google Earth和Google Maps的推出，用户可以免费浏览、下载全球各地的高清晰度卫星影像。另一方面，由于卫星摄影测量技术的发展，全球DEM数据测量也得到迅猛发展。目前全球大部分地区能够下载到精度较高的免费DEM数据，如SRTM和ASTER GDEM等。

在公路勘察设计领域，一方面在青海、西藏等西部地区，或某些特殊区域，尤其是在海外项目的公路勘察设计中，1:50000或1:10000地形图资料缺乏，前期工作难以开展；另一方面，即使在地形图资料完备的地区，清晰的卫星影像和数字化的DEM也能够给勘察设计带来较多便利。

通过手工截屏或者第三方工具软件下载Google Earth或Google Maps影像，进行公路设计成果展示应用较多。通过第三方下载工具下载卫星影像，通过手工下载SRTM或ASTER GDEM的DEM数据，借助Global Mapper软件来生成等高线图，进而构建数字地面模型来进行公路前期工作，通过特征点将卫星影像和等高线图进行粗略叠加，是成熟可行的。只是第三方影像下载工具只支持标准3°带或6°带的坐标转换，并不支持公路任意度带、任意投影面的坐标转换。因此，如何快速、有效地利用现有的免费卫星影像和DEM资源，是一个值得研究的课题。

针对现状，开发了DEM/DOM下载工具。主要实现了如下功能：

1)从网站自动下载指定路径的影像和DEM

根据项目的KML路基文件，系统自动搜索指定区域的Google Maps的影像和SRTM或ASTER GDEM数据。

2)将影像和DEM转换到指定坐标系

根据默认坐标系或指定坐标系，进行WGS-84坐标系到平面直角坐标系的坐标转换，坐标系可以为任意度带、任意投影面的公路独立坐标系。当转换为指定坐标系时，需要至少3对控制点资料计算7个参数来进行坐标转换。对下载的TIFF影像文件，同时生成TIFF影像坐标信息的TFW文件。

3)对坐标转换后的DEM建立数字地面模型

在下载完成后，对DEM进行坐标转换，然后根据DEM建立数字地面模型。

4)影像在AutoCAD中进行拼接

根据TFW文件，依次对TIFF文件进行拼图，实现影像的自动拼接，而不需要进行手工拼接。TFW(TIFF World File)是关于TIFF影像坐标信息的文件，是一个包含六行内容的ASCII文本文件。该文件定义了影像像素坐标与实际地理坐标的仿射关系。TFW文件的名字与其相对应的TIFF文件的名字相同，而且放在和源文件相同的目录下。JPGW文件与TFW文件完全类似。新路线CAD软件提供了TIFF/JPG拼图辅助工具。

5)等高线和影像的叠合

在公路设计中,地面的等高线图是设计的重要原始资料之一,是公路平纵面设计的基础,因此从DEM内插等高线是其服务于公路设计的基本任务之一,也是DEM最重要的应用之一。数字地面模型建成后,可以输出等高线图。与影像拼接文件直接进行叠合(坐标系完全一致),进行公路平纵面设计。

根据相关文献结论,ASTER GDEM存在系统误差,且误差的方向一致。这样,对于一些缺纸质地形图的地区,STRM或ASTER GDEM可以用来进行预可行性研究以及方案研究。即使有纸质地形图的地区,STRM或ASTER GDEM也可以用来建立数字地面模型,以确定预可、工可阶段走廊带的选取。

11.3　手机GPS应用

智能手机已经与大多数人的日常生活息息相关,成为生活中不可或缺的一部分。智能手机中带GPS功能,排除卫星钟及大气干扰等因素,其定位精度也能保证在几十米至几米。通过手机的GPS模块来接收卫星信号进行定位,可绕过移动通信运营商,不需要增加运营成本,用户也无须负担额外的服务费用,可以快速实时地找到当前位置。不过,目前绝大多数GPS手机用户还仅仅停留在GPS的定位与导航应用,其在工程勘察设计中几乎未被开发利用。基于GPS导航手机,用Google Earth辅助完成野外地质勘察工作,也仍然处于定位的简单应用阶段。

近年来,随着手机Google Earth卫星影像越来越清晰,在原来东南部经济发达地区和大中城市卫星影像较为清晰的基础上,中西部地区的影像越来越清晰,卫星影像的精度也越来越高。如在湖北省孝感市周边的卫星影像已经可以达到0.5m左右的分辨率。因此,手机GPS和手机Google Earth结合应用于工程勘察设计成为可能。本书研究的目的就是利用手机GPS、手机Google Earth及二者的结合,通过坐标系转换,将手机GPS应用于道路勘察设计。

11.3.1　坐标转换

1)坐标转换方法

手机GPS和手机Google Earth采用的坐标系均为WGS-84大地坐标系,而道路勘察设计中常用的坐标系为平面直角坐标系,过去一般为1954北京坐标系或1980西安坐标系,现在为CGCS2000,也经常采用独立坐标系或假定坐标系。把手机GPS和手机Google Earth应用到道路勘察设计中,必须解决WGS-84与道路坐标系之间的坐标转换问题。

坐标转换的方法较多,一般情况下,应根据已知条件的不同而使用不同的坐标转换方法。当道路勘察设计的坐标系为1954北京坐标系、1980西安坐标系、CGCS2000坐标系或者为已知转换关系的独立坐标系时,WGS-84坐标系与之采用的椭球基准不同,需要进行转换参数计算,宜采用布尔莎七参数法实现WGS-84坐标系与道路勘察设计坐标系之间的高精度坐标转换。当道路勘察设计坐标系的椭球参数和投影参数缺失或者为假定坐标系(在前期工作中常见)时,坐标系的椭球参数以及投影参数未知。GPS坐标向地方坐标转换时二维转换方法比较简便,效果较好,通过相似变换,得到4个参数(x平移,y平移,尺度变化m,旋转角度α)。

该方法不需要知道道路勘察设计坐标系的椭球参数和投影参数等坐标系相关参数。

2)公共点的获取

无论采用布尔莎七参数法还是二维转换方法,分别需要至少3个和2个以上公共点来进行坐标转换参数的计算,以实现坐标转换。

当能够获取精确公共点资料时,采用精确的公共点进行转换参数的计算。但在实际道路项目中,获取精确的公共点资料对一般设计人员而言并不是一件容易的事情。一方面可能坐标系是年代久远、资料不全的地方局部坐标系,或者本身是假定坐标系,根本就不存在精确的公共点。另一方面,即使坐标系椭球参数和投影参数已知,公共点的获取也相当困难,要么需要从测绘部门获得公共点资料,而公共点资料往往保密或者需要购买;要么还未进行控制测量,实际测量需要时间也需要费用。手机GPS应用到道路勘察设计必须通过公共点资料来实现坐标系的转换,因此公共点资料需要寻求更加容易的来源。

手机GPS定位精度在几十米至几米之间,精度并不高,通过分析研究,对于公共点的要求也不需要那么高。当不能获取精确的公共点时,通过直接从地形图和Google Earth读取同一地形或地物特征点坐标来作为公共点进行转换参数计算,经过实践验证,这是一种行之有效的方法。

具体的坐标转换过程在此不再论述,有众多文献可以查阅。

11.3.2 功能开发

1)功能实现

通过手机GPS在勘察设计中的应用研究以及坐标转换方法,利用Google Earth二次开发技术,在安卓手机端的"JSL-路途系统"中,实现了如下功能:

(1)测量点大地坐标,并导出KML文件,应用于道路方案设计。

(2)记录车行或步行轨迹,并导出KML文件,应用于道路勘察。

(3)拍摄GPS照片,应用于道路勘察和设计。

在PC端实现了如下功能:

(1)将KML文件中的大地坐标点和轨迹转换为AutoCAD实体对象,应用于道路设计。

(2)将道路设计中心线根据数据转换成KML文件,实现了道路中心线的KML一键生成,在"JSL-路途系统"中结合手机GPS使用。

(3)将任意AutoCAD DWG文件,包括但不限于道路的线位图、公路平面总体设计图和道路三维模型等,实体包括直线(Line)、圆弧(Arc)、多段线(LWPolyline)、曲面(3DFace)和文字(Text)等常用CAD对象,转换成KML文件,在"JSL-路途系统"结合手机GPS使用。

(4)将GPS照片文件名追加道路路线里程桩号,便于照片检索,应用于道路设计。

这样,实现了手机Google Earth资料与道路勘察设计资料的相互转换,可以应用到道路勘察设计中。

2)转换精度分析

手机GPS应用于道路勘察设计时,其应用的精度取决于两个方面:一方面是手机定位本身的精度,它受卫星信号等多方面因素控制,人为控制因素少;另一方面是坐标转换的精度,由于坐标系参数、公共点等原因,人为可控因素多,是研究重点。

对于坐标转换而言,高精度的公共点进行七参数,其转换精度足够满足勘察设计的需求。但对于低精度的公共点资料,如何提高转换坐标的精度值得研究。第一,由于人工读取坐标,错误或偶然误差会比较多,可以通过公共点的残差剔除一些精度较低的点,来提高坐标转换的精度;第二,直接从地形图和 Google Earth 读取的公共点精度较低,根据文献[4]以及实际工程项目验证,适当均匀地增加公共点个数,能有效地提高坐标转换精度,公共点分布范围越广越均匀,所得转换坐标精度越稳定;第三,由于公共点的大地高直接从 Google Earth 上读取,误差较大,根据相关文献,即使公共点中高程存在 500m 的误差,其平面坐标的差异也在 1m 以内,高程误差对坐标转换的影响较小。

经过多个实际项目验证,直接从地形图和 Google Earth 读取公共点,通过最小二乘法进行参数计算,坐标转换精度可达到 10m 左右。因手机 GPS 以及手机 Google Earth 本身精度并不高,在道路勘察设计中 10m 左右的精度还是可以接受的,能够满足道路勘察设计的较多应用需求。

11.3.3 工程应用

1)寻找控制点

在野外勘察中,测量阶段需要寻找控制点所在位置。通常情况下,根据点之记去寻找控制点,往往浪费时间。通过把控制点转换为 KML,结合手机定位和手机 Google Earth,寻找控制点往往会事半功倍。

2)寻找线位

通过新路线 CAD 软件将设计线或公路平面总体设计图转成 KML 文件。现场踏勘时,可以根据手机 GPS 和手机 Google Earth,显示当前位置和路线的相对关系,从而找到准确的路线位置,大大方便现场踏勘,也可用于现场测量、外业调查和地质钻探等找位置以及现场核对等方面。

在内蒙古自治区某项目中,业主要求抽查现场钻孔情况,项目里程 260 多公里,全线均为戈壁滩,没有明显的地形或地物特征点,人工根本无法快速找到指定位置,项目组通过手机 GPS 和手机 Google Earth 以及线位 KML,快速地找到了钻孔位置,而另一项目组则无法快速找到指定钻孔的位置。由此可见,手机 GPS 在一些特殊地区的道路勘察设计中应用非常重要。

3)测量地物坐标

利用 GPS 的定位功能,在野外采用"JSL-路途系统"或者 OruxMaps 等软件直接测量地形或地物特征点的 WGS-84 系统坐标,导出地形或地物特征点 KML 文件。

通过新路线 CAD 软件,将 KML 文件直接转成 AutoCAD 中的实体,作为路线方案的控制点,精度可以达到 10m 左右。这主要用于工程可行性研究阶段或初步设计阶段,方案研究或未进行控制测量时,用于测量路线控制点。

某项目一级公路改建工程中,在路线走廊中存在众多 500kV 和 220kV 的高压线,由于时间紧迫,地形图和控制测量尚未完成,如何避开高压电塔,以满足规范要求的角度穿越高压线,减少或避免高压电塔的拆迁,确定合理的路线方案,是一个难以完成的任务。通过手机 GPS 测量电塔坐标,转换为 AutoCAD 实体,根据手机 GPS 测量结果进行路线方案设计,取得了较理想的结果。

4)记录轨迹

野外现场踏勘经常会出现找不到进场的道路,或者因为道路不通畅,在实际踏勘中经常出现走错路或走回头路的情况。通过手机 GPS 的记录轨迹,可以让未到过现场的人员通过轨迹跟踪功能在地形复杂的地方也能找到别人走过的正确路线,方便进行勘察设计。

5)拍摄 GPS 照片

在现场踏勘和地质调绘等外业调查中,经常会拍一些现场照片,作为勘察设计资料。当这些照片较多时,其整理是一个大问题。一方面整理工作量大,另一方面若未进行整理,时间久了会忘记照片的具体位置。现在能够通过带 GPS 的手机或相机拍摄 GPS 照片,GPS 照片跟普通 JPG 图片在外观上没有任何不同,只是其 EXIF 信息里记录有 GPS 定位信息。GPS 照片拍摄后,可以读取照片的 EXIF 信息,经坐标转换后在道路的平面直角坐标系找到对应的桩号,最后在照片的文件名上追加对应桩号信息,便于以后设计中查找、使用。另一方面,可以把 GPS 照片在 Google Earth 上进行展示,方便资料整理,也方便方案汇报。

手机 GPS 应用到道路勘察设计中,具有重要的实用价值,给勘察设计带来便利。但由于其单点定位精度较低,还不能直接应用于中桩等外业测量中,仅作为常规测量的一种粗略补充测量手段,为道路勘察设计服务。本书中研究手机 GPS 在勘察设计中的应用尝试,未来可进一步研究,以提高手机 GPS 的定位精度,更多地应用到道路勘察设计中。手机 GPS 同样也可以应用到铁路、水利和电力等工程行业的勘察设计中。

11.4 打印到 JPG 或 PNG 文件

设计过程中,经常需要将文件打印成 JPG 或 PNG,以方便作为说明插图、PPT 素材或作为投标文件等。如何快速地得到合适分辨率的图像文件,值得研究。

一般情况下,大多数设计人员打印 JPG 或 PNG 时,先选择一定像素的图纸,然后打印,若结果不满足要求,则选择或定义更大像素的图纸重新打印,直到满足要求为止。有一种可以直接控制图像质量的方法,即按照常规打印的方式来模拟图像打印。其步骤如下:

(1)确定绘图比例因子 S_d。绘图比例是在图形文件中绘制对象尺寸(图形单位)与实际对象尺寸(单位为毫米)的比值。工程设计中,为绘图方便,将实物绘制到 AutoCAD 中,一般用 1 图形单位代表 1m、或 1dm、或 1cm、或 1mm,绘图比例分别对应为 1:1000、1:100、1:10、1:1,绘图比例因子 S_d 分别对应为 1000、100、10、1。

(2)确定图纸比例因子 S_0。图纸比例是在图纸上绘制对象尺寸与实际对象尺寸的比值,即平常所说的比例尺。如比例 1:2000,在图纸上 1mm 的长度代表实际长度为 2m,$S_0 = 2000$。根据绘图比例因子和图纸比例因子,可以计算打印比例因子 $S_p = S_0/S_d$。打印比例是在图纸上绘制对象尺寸与在图形文件中绘制对象尺寸的比值。

(3)量取打印区域的图形单位长度 L_d 和宽度 W_d。根据打印比例,可以计算出需要的图纸尺寸长度为 $L_d \cdot (1/S_p) = L_d S_d / S_0$(mm)、宽度为 $W_d S_d / S_0$(mm)。

(4)确定图像分辨率 r。图像分辨率是单位英寸中所包含的像素点数,也就是 DPI(Dots Per Inch,每英寸点数)。假设打印到纸张上的图形,再通过扫描进行数字化,此时需要确定扫描图像分辨率 r。根据图像使用的要求,通过图像分辨率 r 的控制,可以准确控制图像的质量来达到使用要求。如人眼分辨的极限就是300DPI(实验测试得出),打印最大分辨率300DPI就足够了。根据Word图片压缩的选项:330DPI,适合高清晰度显示;220DPI,在多数打印机和屏幕上质量良好;150DPI,适用于网页和投影仪;96DPI,尽可能缩小文档以便共享。

(5)计算打印的像素尺寸。根据图纸长度、分辨率及英寸与毫米的换算关系(1in = 25.4mm),可以计算出所需像素的长度L_{pix}和宽度W_{pix}:

$$L_{pix} = \frac{L_d S_d r}{25.4 S_0} \tag{11-1}$$

$$W_{pix} = \frac{W_d S_d r}{25.4 S_0} \tag{11-2}$$

根据式(11-1)、式(11-2)可知,图像分辨率是决定图像质量的重要因素,根据图像分辨率等参数可以直接计算图像的像素大小。

12 结　　语

作为新一代路线 CAD 软件的代表，JSL-路线专家系统从 2010 年 4 月开始着手准备，2011 年 1 月正式开始代码开发，到 2013 年 9 月正式发布，2014 年 8 月互通立交功能完成。开发和应用过程中，对现有规范规定、设计习惯、设计需求进行深入的调查和研究，得到了大量的研究成果；同时，根据广大设计人员的反馈，对系统不断进行完善和优化，才有了今天更加完善易用的 JSL-路线专家系统。软件的生命力就在于持续的技术支持和不断的优化完善，在此过程中，笔者本人的专业水平及软件产品需求分析水平均得到了较大地提高。

在 JSL-路线专家系统多年的应用中，平纵面设计应用良好。鉴于横断面设计的复杂性，边坡、边沟模板的数据库存储，点段落，提醒消息和错误消息的机制等设计思想和手段均是第一次应用，系统设计难免欠周到，在横断面设计使用过程中逐步反映出一些易用性问题。如最初的设计思想是设计人员输入设计数据，系统使用数据进行设计得到设计成果，在单次设计中，该做法没有问题。但在反复地修改设计中，这样的做法就体现出使用不方便。设计人员在横断面修改设计界面中，想改变一侧边坡的模板，而该模板在边坡模板库中并没有，现有的做法是做了一个设计人员并不可见的内置模板，保存起来，下次不再使用的时候就删除了。这样做，给系统开发增加了工作量，也未给设计人员带来便利。随着对这些新方法的深入研究，针对已发现的问题，结合城市道路的需求对横断面设计模块，系统进行了一次大规模的迭代，现已完成。通过迭代优化，使人工输入数据和系统辅助产生数据相结合，设计人员使用更顺手，开发工作量也降低，横断面设计更方便，效率更高。

对笔者而言，软件开发其实是一件让人愉悦的事情，能够清晰地表达自己思想，也能够给设计人员带来便利，规范使用习惯，最大限度地发挥自己的强项，实现自己的价值。对工程设计行业的设计人员而言，工作中或多或少存在非技术性的重复工作。因此掌握一定的简单开发技能，通过学习编程，一方面能够最大限度地用好 AutoCAD、Word 和 Excel 的功能，另一方面当这些软件的功能不满足工作需要的时候，能够进行定制开发，降低重复工作量，大幅度提高工作效率，提高工作的愉悦度。在这里，推荐 Visual Basic 进行开发，Visual Basic 上手十分容易，相比 Visual C + + 等编程语言要容易得多；其次，VBA 支持 AutoCAD、Word 和 Excel 等应用程序编程，不需要额外的编程环境支持，即编即用；再者，AutoCAD VBA 与 AutoCAD 版本无关，版本维护少，不需要像 ObjectARX 程序一样一个 AutoCAD 版本维护一个版本。希望路桥设计人员在工作中能够运用包括路线 CAD 软件在内的各种软件、二次开发工具，快速、高效地完成设计工作。

参 考 文 献

[1] 中华人民共和国交通部. 道路工程术语标准:GBJ 124—1988[S]. 北京:中国计划出版社,1989.

[2] 中华人民共和国交通部. 公路工程名词术语:JTJ 002—1987[S]. 北京:人民交通出版社,1987.

[3] 中华人民共和国交通运输部. 公路工程技术标准:JTG B01—2014[S]. 北京:人民交通出版社股份有限公司,2014.

[4] 中华人民共和国交通运输部. 公路路线设计规范:JTG D20—2017[S]. 北京:人民交通出版社股份有限公司,2017.

[5] 中华人民共和国交通运输部. 公路项目安全性评价规范:JTG B05—2015[S]. 北京:人民交通出版社股份有限公司,2015.

[6] 中华人民共和国交通部. 公路勘测规范:JTG C10—2007[S]. 北京:人民交通出版社,2007.

[7] 中华人民共和国交通运输部. 公路工程概算定额:JTG/T 3831—2018[S]. 北京:人民交通出版社股份有限公司,2018.

[8] 中华人民共和国交通运输部. 公路工程预算定额:JTG/T 3832—2018[S]. 北京:人民交通出版社股份有限公司,2018.

[9] 中华人民共和国国家质量监督检验检疫总局,中国国家标准化管理委员会. 道路交通标志和标线 第3部分:道路交通标线:GB 5768.3—2009[S]. 北京:中国标准出版社,2009.

[10] 中华人民共和国国家质量监督检验检疫总局,中国国家标准化管理委员会. 国家基本比例尺地形图分幅和编号:GB/T 13989—2012[S]. 北京:中国标准出版社,2012.

[11] 中华人民共和国交通部. 公路工程基本建设项目设计文件编制办法(交公路发〔2007〕358号)[M]. 北京:人民交通出版社,2007.

[12] 中华人民共和国交通运输部. 公路工程标准施工招标文件(2018年版)(交通运输部公告2017年第51号)[M]. 北京:人民交通出版社股份有限公司,2018.

[13] 中华人民共和国国家环境保护局,国家发展与改革委员会,中华人民共和国交通运输部. 公路工程项目建设用地指标(建标〔2011〕124号)[M]. 北京:人民交通出版社,2011.

[14] 中华人民共和国自然资源部、国家保密局. 测绘地理信息管理工作国家秘密范围的规定(自然资发〔2020〕95号).

[15] 中交第二公路勘察设计研究院有限公司. JSL-路线专家系统技术报告[R]. 2014.

[16] 中交第二公路勘察设计研究院有限公司. JSL-路线专家系统用户手册[R]. 2019.

[17] 日本道路公团. 日本高速公路设计要领(几何设计·休息设施)[M]. 交通部工程管理司译制组,译. 陕西:陕西旅游出版社,1991.

[18] 日本道路协会. 日本道路构造法说明与应用[M]. 2011.

[19] 杨宏志,贾兴利. 道路工程CAD[M]. 2版. 北京:人民交通出版社股份有限公司,2017.

[20] 杨少伟. 道路勘测设计[M]. 3版. 北京:人民交通出版社,2009.

[21] 石桥. 浅谈回旋线的平行线[J]. 交通世界(运输·车辆),2012(9):102-103.

[22] 易昕,张军华. 浅谈超高渐变段合成坡度设计[J]. 工程与建设,2016(5):615-617.

[23] 张华安,丁正林,陈中治. 动态间隔取点拟合缓和曲线算法实现及若干问题分析[C]. 中国公路学会计算机应用分会2008年学术年会论文集,2008.

[24] 刘利民. 任意坐标反算对应桩号的完备算法研究[J]. 中外公路,2014(2):27-30.

[25] 刘利民,刘华辉. 最少直线逼近回旋线的算法研究[J]. 中外公路,2014(3):340-343.

[26] 刘利民,郑东. 一种公路设计线构建新方法[J]. 中外公路,2014(5):1-3.

[27] 刘利民,刘艳娟. 手机 GPS 在道路勘察设计中的应用研究[J]. 测绘通报,2016(3):80-82.
[28] 刘利民,王智. 三次抛物线与线性超高渐变的对比研究[J]. 中外公路,2018(3):1-3.
[29] 刘利民. 保证公路横断面设计正确性的方法研究与应用[J]. 中外公路,2019(5):31-33.
[30] 刘利民,代恩,刘东升. 一种公路缓和曲线的简化设计方法:201210348908.2[P]. 2013-01-30.
[31] 刘利民,代恩,刘东升. 一种公路路线构建方法:201310087135.1[P]. 2013-07-10.
[32] 刘利民,代恩,卢昶,等. 一种保证道路平纵面及其相关数据一致性的方法:201410438341.7[P]. 2015-01-21.
[33] 刘利民,刘东升,董继恩,等. 一种道路并行横断面设计的方法:201710979292.1[P]. 2018-04-13.
[34] 中国社会科学院语言研究所词典编辑室. 现代汉语词典[M]. 7 版. 北京:商务印书馆,2016.